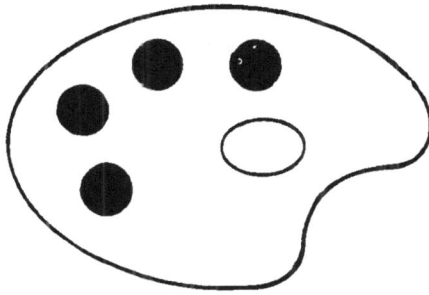

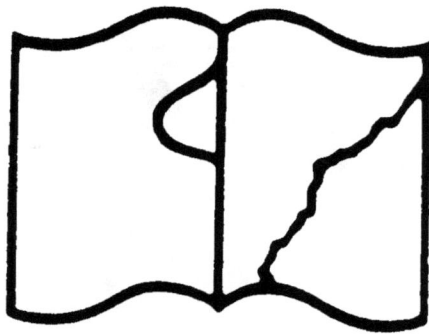

ROMANS NATIONAUX

L'INVASION

PAR

ERCKMANN-CHATRIAN

ILLUSTRATIONS PAR FUCHS

ŒUVRES COMPLÈTES
ILLUSTRÉES

**ROMANS
NATIONAUX**

Le Conscrit
de 1813
Madame Thérèse
ou les
Volontaires de 92
L'Invasion
Waterloo
L'Homme du peuple
Le Blocus
La Guerre

HISTOIRE
DE LA
RÉVOLUTION
FRANÇAISE
RACONTÉE
PAR UN PAYSAN
1789 à 1815

ŒUVRES COMPLÈTES
ILLUSTRÉES

**ROMANS
POPULAIRES**

*L'illustre
Docteur Mathéus
Hugues le Loup
Daniel Rock
Contes
des
Bords du Rhin
L'ami Fritz
Confidences
d'un
Joueur de Clarinette
Maison forestière
Le Juif Polonais*

CONTES ET ROMANS
ALSACIENS

*Histoire
du Plébiscite
Histoire
d'un Sous-maitre
Les Deux Frères
Brigadier Frédéric
Une Campagne
en Kabylie
Gaspard Fix
Souvenirs
d'un ancien Chef
de chantier*

PARIS

J. HETZEL ET Cie, ÉDITEURS, 18, RUE JACOB

3me Série.   Tous droits réservés   Prix : 1 fr. 60 c.

ŒUVRES ILLUSTRÉES DE VICTOR HUGO

LES MISÉRABLES. Édition illustrée par Brion. —
Prix relié 17 fr. — Toile 15 fr. — Broché........ 12

Romans :

Édition illustrée par Brion, Gavarni, Beaucé,
Gérard Seguin et Riou.

NOTRE-DAME. — Prix broché...............
HAN D'ISLANDE. — Prix broché...............
BUG-JARGAL. — Prix broché...............
DERNIER JOUR D'UN CONDAMNÉ. — CLAUDE
GUEUX. — Prix broché...............
Réunis en un volume grand in-8. — Prix relié 14 fr.
Toile 12 fr. — Broché...............

Théâtre :

Édition illustrée par Beaucé, Nanteuil et Riou.

CROMWELL...............
RUY-BLAS...............
MARION DELORME...............
MARIE TUDOR. — LA ESMERALDA...............
HERNANI...............
LE ROI S'AMUSE...............
ANGELO...............
LES BURGRAVES...............
LUCRÈCE BORGIA...............
Réunis en un volume gr. in-8. — Prix relié 11 fr. —
Toile 10 fr. — Broché...............

Poesies :

Édition illustrée par Beaucé, E. Lorsay et Gérard Seguin.
ODES ET BALLADES...............
VOIX INTÉRIEURES. — RAYONS ET OMBRES.
ORIENTALES...............
FEUILLES D'AUTOMNE. — CHANTS DU CRÉ-
PUSCULE...............
Réunis en un volume grand in-8. — Prix relié 9 fr. —
Toile 7 fr. 50. — Broché...............
LES CHATIMENTS, illustrés par Th. Schuler, 10 c.
le numéro. 3 séries à 50 c. L'ouvrage complet....
TRAVAILLEURS DE LA MER. Ed. ill. par
Flart .... gr. in-8. — Pr. rel. 8 fr. — Toile 6 fr.
en trois séries à 1 fr. 20 et u
par Beaucé et l
— Toile 7

AVENTURES DE 3 RUSSES ET DE 3 ANGLAIS.
Édition illustrée par Férat. — 1 vol. in-8. — Toile,
7 fr. — Broché...............
Ces deux ouvrages sont réunis aussi en un seul vol.
grand in-8. — Relié 12 fr. — Toile 10 fr. — Br.
LES ENFANTS DU CAPITAINE GRANT. Édition
illustrée par Riou. — 1 vol. gr. in-8, relié 14 fr. —
Toile 12 fr. — Broché...............
VINGT MILLE LIEUES SOUS LES MERS. Édition
illustrée par de Neuville. — 1 vol. gr. in-8,
relié 12 fr. — Toile 10 fr. — Broché...............
LE TOUR DU MONDE EN 80 JOURS. Édition
illustrée par de Neuville et Benett. — 1 vol. in-8.
— Toile, 7 fr. — Broché...............
LE DOCTEUR OX. Édition illustrée par Schuler,
Bayard, Marie, Bertrand et Frœlich. — 1 vol. in-8.
— Toile 7 fr. — Broché...............
Ces deux ouvrages sont réunis aussi en un seul vo-
lume grand in-8. — Relié 12 fr. — Toile 10 fr. —
Broché...............
LE PAYS DES FOURRURES. Édition illustrée
par Férat et de Beaurepaire. — 1 volume in-8.
Relié 12 fr. — Toile 10 fr. — Broché............... 7
LE CHANCELLOR. Édition illustrée par Riou,
Férat. — 1 vol. in-8. — Toile 7 fr. — Broché 4
L'ILE MYSTÉRIEUSE. Édition illustrée par Férat
— 1 vol. gr. in-8. — Rel. 14 fr. — Toile 12 fr. — Br. 9
MICHEL STROGOFF. Illustrations par Férat.
1 vol. gr. in-8. — Relié 12 fr. — Toile 10 fr. — Broch. 7
Tous ces ouvrages se vendent aussi en séri

ŒUVRES ILLUSTRÉES D'ERCKMANN-C. TRIAN

Romans Nationaux :

Édition .... Th. Schuler, Riou RS.
LE C.... .... 1 40
... . 1 40
.. 1 60
1 80

L'INVASION

PAR

ERCKMANN-CHATRIAN

Louise guettait le retour des hirondelles. (Page 2.)

Si vous tenez à connaître l'histoire de la grande invasion de 1814, telle que me l'a racontée le vieux chasseur Frantz du Hengst, il faut vous transporter au village des Charmes, dans les Vosges. Une trentaine de maisonnettes couvertes de bardeaux et de joubarbe vert sombre se suivent à la file le long de la Sarre, vous en apercevez les pignons tapissés de lierre et de chèvrefeuille flétris, — car l'hiver approche, — les ruchers fermés avec des bouchons de paille, les petits jardins, les palissades, les bouts de haie qui les séparent les unes des autres.

À gauche, sur une haute montagne, s'élèvent

les ruines de l'antique château de Falkeinstein, détruit, il y a deux cents ans, par les Suédois. Ce n'est plus qu'un amas de décombres hérissés de ronces; un vieux chemin de *schlitte*,[*] aux échelons vermoulus, y monte à travers les sapins. A droite, sur la côte, on aperçoit la ferme du Bois-de-Chênes : une large construction avec granges, écuries, et hangars, la toiture plate chargée de grosses pierres, pour résister aux vents du nord. Quelques vaches se promènent dans les bruyères, quelques chèvres dans les rochers.

Tout cela est calme, silencieux.

Des enfants, en pantalons de toile grise, la tête et les pieds nus, se chauffent autour de leurs petits feux sur la lisière des bois; les spirales de fumée bleue s'effilent dans l'air, de grands nuages blancs et gris restent immobiles au-dessus de la vallée; derrière ces nuages on découvre les cimes arides du Grosmann et du Donon.

Or il faut savoir que la dernière maison du village, dont le toit en équerre est percé de deux lucarnes vitrées, et dont la porte basse s'ouvre sur la rue fangeuse, appartenait, en 1813, à Jean-Claude Hullin, un ancien volontaire de 92, mais alors sabotier au village des Charmes, et jouissant d'une grande considération parmi les montagnards. Hullin était un homme trapu et charnu, avec des yeux gris, de grosses lèvres, un nez court, fendu par le bout, et d'épais sourcils grisonnants. Il était d'humeur joviale et tendre, et ne savait rien refuser à sa fille Louise, une enfant qu'il avait recueillie jadis de ces misérables *heimatshlös*, — ferblantiers, forgerons, — sans feu ni lieu, qui vont de village en village étamer les casseroles, fondre les cuillers et raccommoder la vaisselle fêlée. Il la considérait comme sa propre fille, et ne se souvenait plus qu'elle était d'une race étrangère.

Outre cette affection naturelle, le brave homme en avait encore d'autres : il aimait surtout sa cousine, la vieille fermière du Bois-de-Chênes, Catherine Lefèvre, et son fils Gaspard, enlevé par la conscription de cette année, un beau garçon fiancé à Louise, et dont toute la famille attendait le retour à la fin de la campagne.

Hullin se rappelait toujours avec enthousiasme ses campagnes de Sambre-et-Meuse, d'Italie et d'Egypte. Il y pensait souvent, et, parfois, le soir, après le travail, il se rendait à la scierie du Valtin, cette sombre usine formée de troncs d'arbres encore revêtus de leur écorce,

[*] On appelle chemins de *schlitte* les chemins ou l'on transporte les troncs d'arbres abattus en pleine forêt

et que vous apercevez là-bas au fond de la gorge. Il s'asseyait au milieu des bûcherons, des charbonniers, des *schlitteurs*, en face du grand feu de sciure, et tandis que la roue pesante tournait, que l'écluse tonnait et que la scie grinçait, lui, le coude sur le genou, la pipe aux lèvres, il leur parlait de Hoche, de Kléber, et finalement du général Bonaparte, qu'il avait vu cent fois, et dont il peignait la figure maigre, les yeux perçants, le profil d'aigle, comme s'il eût été présent.

Tel était Jean-Claude Hullin.

C'était un homme de la vieille souche gauloise, aimant les aventures extraordinaires, les entreprises héroïques, mais cloué au travail par le sentiment du devoir depuis le jour de l'an jusqu'à la Saint-Sylvestre.

Quant à Louise, la fille des *heimatshlös*, c'était une créature svelte, légère, les mains longues et délicates, les yeux d'un bleu d'azur si tendre qu'ils vous allaient jusqu'au fond de l'âme, le teint d'une blancheur de neige, les cheveux d'un blond paille, semblables à de la soie, les épaules inclinées comme celles d'une vierge en prière. Son naïf sourire, son front rêveur, enfin toute sa personne rappelait le vieux *lied* du *minnesinger* Erhart, lorsqu'il dit : « J'ai vu passer un rayon de lumière, mes yeux en sont encore éblouis... Était-ce un regard de la lune à travers le feuillage?... Était-ce un sourire de l'aurore au fond des bois? — Non... c'était la belle Edith, mon amour, qui passait... Je l'ai vue, et mes yeux en sont encore éblouis. »

Louise n'aimait que les champs, les jardins et les fleurs. Au printemps, les premières notes de l'alouette lui faisaient répandre des larmes d'attendrissement. Elle allait voir naître les bluets et l'aubépine derrière les buissons de la côte; elle guettait le retour des hirondelles au coin des fenêtres de la mansarde. C'était toujours la fille des *heimatshlös* errants et vagabonds, seulement un peu moins sauvage. Hullin lui pardonnait tout; il comprenait sa nature et lui disait parfois en riant :

« Ma pauvre Louise, avec le butin que tu nous apportes, — tes belles gerbes de fleurs et d'épis dorés, — nous mourrions de faim dans trois jours! »

Alors elle lui souriait si tendrement et l'embrassait de si bon cœur, qu'il se remettait à l'ouvrage en disant :

« Bah! qu'ai-je besoin de grouder? Elle a raison, elle aime le soleil... Gaspard travaillera pour deux, il aura du bonheur pour quatre... Je ne le plains pas, au contraire... Des femmes qui travaillent, on en trouve assez, et ça ne les rend pas plus belles; mais des femmes qui

...ment! quelle chance d'en rencontrer une, quelle chance! »

Ainsi raisonnait le brave homme, et les jours, les semaines, les mois, se suivaient dans l'attente prochaine du retour de Gaspard.

La mère Lefèvre, femme d'une extrême énergie, partageait les idées de Hullin au sujet de Louise.

« Moi, disait-elle, je n'ai besoin que d'une fille qui nous aime; je ne veux pas qu'elle se mêle de mon ménage. Pourvu qu'elle soit contente! Tu ne me gêneras pas, n'est-ce pas, Louise? »

Et toutes deux s'embrassaient!...

Mais Gaspard ne revenait toujours pas, et depuis deux mois on n'avait plus de ses nouvelles.

Or ce jour-là, vers le milieu du mois de décembre 1813, entre trois et quatre heures de l'après-midi, Hullin, courbé sur son établi, terminait une paire de sabots ferrés pour le bûcheron Rochart. Louise venait de déposer une écuelle de terre fleuronnée sur le petit poêle de fonte, qui pétillait et bruissait d'un ton plaintif, tandis que la vieille horloge comptait les secondes de son tic-tac monotone. Au dehors, tout le long de la rue, on remarquait de ces petites flaques d'eau, recouvertes d'une couche de glace blanche et friable, annonçant l'approche des grands froids. Parfois on entendait courir de gros sabots sur la terre durcie, on voyait passer un feutre, un capuchon, un bonnet de coton, puis le bruit s'éloignait, et le sifflement plaintif du bois vert dans la flamme, le bourdonnement du rouet de Louise et le bouillonnement de la marmite reprenaient le dessus. Cela durait depuis deux heures, lorsque Hullin, jetant par hasard un coup d'œil à travers les petites vitres de la fenêtre, suspendit sa besogne, et resta les yeux tout grands ouverts, comme absorbé par un spectacle inusité.

En effet, au tournant de la rue, en face du cabaret des *Trois-Pigeons*, s'avançait alors, — au milieu d'une bande de gamins sifflant, sautant et criant « le roi de Carreau! le roi de Carreau! » — s'avançait, dis-je, le plus étrange personnage qu'il soit possible d'imaginer. Figurez-vous un homme roux de barbe et de cheveux, la figure grave, l'œil sombre, le nez droit, les sourcils joints au milieu du front, un cercle de fer-blanc sur la tête, une peau de chien-berger gris de fer aux longs poils flottant sur le dos, les deux pattes de devant nouées autour du cou; la poitrine couverte de petites croix de cuivre en breloques, les jambes revêtues d'une sorte de caleçon de toile grise noué au-dessus de la cheville, et les pieds nus. Un corbeau de grande taille, les ailes noires lustrées de blanc,

était perché sur son épaule. On aurait dit, à sa démarche imposante, un de ces anciens rois mérovingiens tels que les représentent les images de Montbéliard; il tenait de la main gauche un gros bâton court, taillé en forme de sceptre, et de la main droite il faisait des gestes magnifiques, levant le doigt au ciel et apostrophant son cortège.

Toutes les portes s'ouvraient sur son passage; derrière toutes les vitres se pressaient les figures des curieux. Quelques vieilles femmes, sur l'escalier extérieur de leurs baraques, appelaient le fou, qui ne daignait pas tourner la tête; d'autres descendaient dans la rue et voulaient lui barrer le passage, mais lui, la tête haute, le sourcil relevé, d'un geste et d'un mot les forçait de s'écarter.

« Tiens! fit Hullin, voici Yégof... Je ne m'attendais pas à le revoir cet hiver... Cela n'entre pas dans ses habitudes... Que diable peut-il avoir pour revenir par un temps pareil? »

Et Louise, déposant sa quenouille, se hâta d'accourir pour contempler le *Roi de Carreau.* C'était tout un événement que l'arrivée du fou Yégof à l'entrée de l'hiver; les uns s'en réjouissaient, espérant le retenir et lui faire raconter sa fortune et sa gloire dans les cabarets; d'autres, et surtout les femmes, en concevaient une vague inquiétude, car les fous, comme chacun sait, ont des idées d'un autre monde : ils connaissent le passé et l'avenir, ils sont inspirés de Dieu; le tout est de savoir les comprendre, leurs paroles ayant toujours deux sens, l'un grossier pour les gens ordinaires, l'autre profond pour les âmes délicates et les sages. Ce fou-là, d'ailleurs, plus que tous les autres, avait des pensées vraiment extraordinaires et sublimes. On ne savait ni d'où il venait, ni où il allait, ni ce qu'il voulait, car Yégof errait à travers le pays comme une âme en peine; il parlait des races éteintes, et se prétendait lui-même empereur d'Austrasie, de Polynésie et autres lieux. On aurait pu écrire de gros livres sur ses châteaux, ses palais et ses places fortes, dont il connaissait le nombre, la situation, l'architecture, et dont il célébrait la grandeur, la beauté, la richesse d'un air simple et modeste. Il parlait de ses écuries, de ses chasses, des officiers de sa couronne, de ses ministres, de ses conseillers, des intendants de ses provinces; il ne se trompait jamais ni sur leurs noms ni sur leur mérite, mais il se plaignait amèrement d'avoir été détrôné par la race maudite, et la vieille sage-femme Sapience Coquelin, chaque fois qu'elle l'entendait gémir à ce sujet, pleurait à chaudes larmes, et d'autres aussi. Alors lui, levant le doigt au ciel, s'écriait :

« O femmes! ô femmes! souvenez-vous!...

souvenez-vous!... L'heure est proche... l'esprit des ténèbres s'enfuit... La vieille race... les maîtres de vos maîtres s'avancent comme les flots de la mer! »

Et chaque printemps il avait l'habitude de faire un tour dans les vieux nids de hibou, les antiques castels et tous les décombres qui couronnent les Vosges au fond des bois, au Nideck, au Géroldseck, à Lutzelbourg, à Turkestein, disant qu'il allait visiter ses *leudes*, et parlant de rétablir l'antique splendeur de ses États, et de remettre les peuples révoltés en esclavage, avec l'aide du *Grand Gôlo*, son cousin.

Jean-Claude Hullin riait de ces choses, n'ayant pas l'esprit assez élevé pour entrer dans les sphères invisibles; mais Louise en éprouvait un grand trouble, surtout lorsque le corbeau battait de l'aile et faisait entendre son cri rauque.

Yégof descendait donc la rue sans s'arrêter nulle part, et Louise, tout émue, voyant qu'il regardait leur maisonnette, se prit à dire : « Papa Jean-Claude, je crois qu'il vient chez nous.

—C'est bien possible, répondit Hullin ; le pauvre diable aurait grand besoin d'une paire de sabots fourrés par un froid pareil, et s'il me la demande, ma foi, je serais bien en peine de la lui refuser.

—Oh! que vous êtes bon! fit la jeune fille en l'embrassant avec tendresse.

—Oui... oui... tu me câlines, dit-il en riant, parce que je fais ce que tu veux... Qui me paiera mon bois et mon travail?... Ce ne sera pas Yégof! »

Louise l'embrassa de nouveau, et Hullin, la regardant d'un œil attendri, murmura : « Cette monnaie en vaut une autre. »

Yégof se trouvait alors à cinquante pas de la maisonnette, et le tumulte croissait toujours. Les gamins, s'accrochant aux loques de sa veste, criaient: « Carreau! Pique! Trèfle! » Tout à coup il se retourna levant son sceptre, et d'un air digne, quoique furieux, il s'écria :

« Retirez-vous, race maudite!... Retirez-vous... ne m'assourdissez plus... ou je déchaîne contre vous la meute de mes molosses! »

Cette menace ne fit que redoubler les sifflets et les éclats de rire; mais comme au même instant Hullin parut sur le seuil avec sa longue tarière, et que, distinguant cinq ou six des plus acharnés, il les prévint que le soir même il irait leur tirer les oreilles pendant le souper, chose que le brave homme avait déjà faite plusieurs fois avec l'assentiment des parents, toute la bande se dispersa, consternée de cette rencontre. Alors, se tournant vers le fou :

« Entre, Yégof, lui dit le sabotier, viens te réchauffer au coin du feu.

—Je ne m'appelle pas Yégof, répondit le malheureux d'un air offensé, je m'appelle Luitprand, roi d'Austrasie et de Polynésie.

—Oui, oui, je sais, fit Jean-Claude, je sais! Tu m'as déjà raconté tout cela. Enfin, n'importe, que tu t'appelles Yégof ou Luitprand, entre toujours. Il fait froid; tâche de te réchauffer.

—J'entre, reprit le fou, mais c'est pour une affaire bien autrement grave, c'est pour une affaire d'État... pour former une alliance indissoluble entre les Germains et les Triboques.

—Bon, nous allons causer de cela. »

Yégof, se courbant alors sous la porte, entra tout rêveur, et salua Louise de la tête en abaissant son sceptre; mais le corbeau ne voulut pas entrer. Déployant ses grandes ailes creuses, il fit un vaste circuit autour de la baraque, et vint s'abattre de plein vol contre les vitres pour les briser.

« Hans, lui cria le fou, prends garde! J'arrive!... »

Mais l'oiseau ne détacha point ses griffes aiguës des mailles de plomb, et ne cessa pas d'agiter aux fenêtres ses grandes ailes, tant que son maître resta dans la cassine. Louise ne le quittait pas des yeux; elle en avait peur. Quant à Yégof, il prit place dans le vieux fauteuil de cuir, derrière le poêle, les jambes étendues, comme sur un trône, et promenant autour de lui des regards superbes, il s'écria:

« J'arrive de Jérôme en ligne droite pour conclure une alliance avec toi, Hullin. Tu n'ignores pas que j'ai daigné jeter les yeux sur ta fille, et je viens te la demander en mariage. »

Louise, à cette proposition, rougit jusqu'aux oreilles, et Hullin partit d'un éclat de rire retentissant.

« Tu ris! s'écria le fou d'une voix creuse. Eh bien! tu as tort de rire... Cette alliance peut seule te sauver de la ruine qui te menace, toi, ta maison et tous les tiens... En ce moment même mes armées s'avancent... elles sont innombrables... elles couvrent la terre... Que pouvez-vous contre moi? Vous serez vaincus, anéantis ou réduits en esclavage, comme vous l'avez déjà été pendant des siècles, car moi, Luitprand, roi d'Austrasie et de Polynésie, j'ai décidé que tout rentrerait dans l'ancien ordre de choses... Souviens-toi! »

Ici le fou leva le doigt d'un air solennel:

« Souviens-toi de ce qui s'est passé!... Vous avez été battus!... Et nous, les vieilles races du Nord, nous vous avons mis le pied sur la tête... Nous vous avons chargé les plus grosses pierres sur le dos, pour construire nos châteaux forts et nos prisons souterraines... Nous vous avons attelés à nos charrues, vous avez été devant nous comme la paille devant l'ouragan... Souviens-toi, souviens-toi, Triboque, et tremble !

—Je me souviens très-bien, dit Hullin toujours en riant ; mais nous avons pris notre revanche... Tu sais ?

—Oui, oui, interrompit le fou en fronçant le sourcil ; mais ce temps est passé. Mes guerriers sont plus nombreux que les feuilles des bois... et votre sang coule comme l'eau des ruisseaux. Toi, je te connais, je te connais depuis plus de mille ans !

—Bah! fit Hullin.

—Oui, c'est cette main, entends-tu, cette main qui l'a vaincu, lorsque nous sommes arrivés la première fois au milieu de vos forêts... Elle t'a courbé la tête sous le joug, elle te la courbera encore ! Parce que vous êtes braves, vous vous croyez à tout jamais les maîtres de ce pays et de toute la France... Eh bien, vous avez tort ! nous vous avons partagés, et nous vous partagerons de nouveau : nous rendrons l'Alsace et la Lorraine à l'Allemagne, la Bretagne et la Normandie aux hommes du Nord, avec les Flandres et le Midi à l'Espagne. Nous ferons un petit royaume de France autour de Paris... un tout petit royaume, avec un descendant de la vieille race à votre tête... et vous ne remuerez plus... vous serez bien tranquilles... Hé! hé! hé!

Yégof se prit à rire.

Hullin, qui ne connaissait guère l'histoire, s'étonnait que le fou sût tant de noms.

« Bah ! laisse cela, Yégof, dit-il, et tiens, mange un peu de soupe pour te réchauffer l'estomac.

—Je ne te demande pas de soupe, je te demande cette fille en mariage... la plus belle de mes États... Donne-la-moi volontairement, et je t'élève aux marches de mon trône ; sinon, mes armées la prendront de force, et tu n'auras pas le mérite de me l'avoir donnée. »

En parlant ainsi, le malheureux regardait Louise d'un air d'admiration profonde.

« Qu'elle est belle !... fit-il. Je la destine aux plus grands honneurs... Réjouis-toi, ô jeune fille, réjouis-toi... Tu seras reine d'Austrasie !

—Écoute, Yégof, dit Hullin, je suis très-flatté de ta demande ; cela prouve que tu sais apprécier la beauté... C'est très-bien... mais ma fille est déjà fiancée à Gaspard Lefèvre.

—Et moi, s'écria le fou d'un accent irrité, je ne veux pas entendre parler de cela ! »

Puis se levant :

« Hullin, dit-il en reprenant son air solennel. c'est ma première demande : je la renouvellerai

deux fois encore... entends-tu... deux fois ! Et si tu persistes dans ton obstination... malheur... malheur sur toi et sur ta race !

—Comment ! tu ne veux pas manger de soupe ?

—Non! non! hurla le fou, je n'accepterai rien de toi tant que tu n'auras pas consenti... rien ! rien ! »

Et se dirigeant vers la porte à la grande satisfaction de Louise, qui voyait toujours le corbeau battre de l'aile contre les vitres, il dit en levant son sceptre :

« Deux fois encore !... »

Et sortit.

Hullin partit d'un immense éclat de rire.

« Pauvre diable ! s'écria-t-il. Malgré lui, son nez se tournait vers la marmite... Il n'a rien dans l'estomac... ses dents claquent de misère... Eh bien ! la folie est plus forte que le froid et la faim.

—Oh ! qu'il m'a fait peur ! dit Louise.

—Allons, allons, mon enfant, remets-toi... Le voilà dehors... Il te trouve jolie, tout fou qu'il est ; il ne faut pas que cela t'effraye.

Malgré ces paroles et le départ du fou, Louise tremblait encore et se sentait rougir, en songeant aux regards que le malheureux dirigeait vers elle.

Yégof avait repris la route du Valtin. On le voyait s'éloigner gravement, son corbeau sur l'épaule, et faire des gestes bizarres, quoiqu'il n'y eût plus personne autour de lui. La nuit approchait ; bientôt la haute taille du *Roi de Carreau* se fondit dans les teintes grises du crépuscule d'hiver et disparut.

II

Le soir du même jour, après le souper, Louise, ayant pris son rouet, était allée faire la veillée chez la mère Rochart, où se réunissaient les bonnes femmes et les jeunes filles du voisinage jusqu'à près de minuit. On y racontait de vieilles légendes, on y causait de la pluie, du temps, des mariages, des baptêmes, du départ ou du retour des conscrits... que sais-je ? Et cela vous aidait à passer les heures d'une manière agréable.

Hullin, resté seul en face de sa petite lampe de cuivre, ferrait les sabots du vieux bûcheron ; il ne songeait déjà plus au fou Yégof ; son marteau s'élevait et s'abaissait, enfonçant les gros clous dans les épaisses semelles de bois, et tout cela machinalement, à force d'habitude. Cependant mille idées lui passaient par la tête ; il était rêveur sans savoir pourquoi. Tantôt il songeait à Gaspard, qui ne donnait plus signe de vie, tantôt à la campagne, qui se prolongeait indéfiniment. La lampe éclairait de son reflet jaunâtre la petite cassine enfumée. Au dehors, pas un bruit. Le feu commençait à s'éteindre; Jean-Claude se leva pour y remettre une bûche, puis il se rassit en murmurant :

« Bah ! tout cela ne peut durer... nous allons recevoir une lettre un de ces jours. »

La vieille horloge se mit à tinter neuf heures, et comme Hullin reprenait sa besogne, la porte s'ouvrit, et Catherine Lefèvre, la fermière du Bois-de-Chênes, parut sur le seuil à la grande stupéfaction du sabotier, car elle ne venait pas d'habitude à pareille heure.

Catherine Lefèvre pouvait avoir soixante ans, mais elle était encore droite et ferme comme à trente; ses yeux gris clair, son nez crochu tenaient de l'oiseau de proie; ses joues tirées et les coins de sa bouche abaissés par la réflexion avaient quelque chose de sombre et d'amer. Deux ou trois grosses mèches de cheveux d'un gris verdâtre tombaient le long de ses tempes; une capuche brune rayée descendait de sa tête sur ses épaules et jusqu'au bas des coudes. En somme, sa physionomie annonçait un caractère ferme, tenace, et je ne sais quoi de grand et de triste, qui inspirait le respect et la crainte.

« C'est vous, Catherine ? dit Hullin tout surpris.

— Oui, c'est moi, répondit la vieille fermière d'un ton calme. Je viens causer avec vous, Jean-Claude... Louise est sortie ?

— Elle fait la veillée chez Madeleine Rochart.

— C'est bien. »

Alors Catherine rejeta sur son cou la capuche, et vint s'asseoir au coin de l'établi. Hullin la regardait fixement; il lui trouvait quelque chose d'extraordinaire et de mystérieux qui le saisissait.

« Que se passe-t-il donc ? » dit-il en déposant son marteau.

Au lieu de répondre à cette question, la vieille, regardant vers la porte, sembla prêter l'oreille; puis, n'entendant rien, elle reprit son expression méditative :

« Le fou Yégof a passé la nuit dernière à la ferme, dit-elle.

— Il est aussi venu me voir cette après-midi, fit Hullin, sans attacher d'autre importance à ce fait, qui lui paraissait indifférent.

— Oui, reprit la vieille à voix basse, il a passé la nuit chez nous, et hier soir, à cette heure dans la cuisine, devant tout le monde, cet homme, ce fou nous a raconté des choses **épouvantables !** »

Elle se tut, et les coins de ses lèvres semblèrent s'abaisser davantage.

« Des choses épouvantables ! murmura le sabotier, de plus en plus étonné, car il n'avait jamais vu la fermière dans un pareil état, mais quoi donc, Catherine... dites... quoi ?

— Des rêves que j'ai eus !

— Des rêves !... Vous voulez rire de moi, sans doute !

— Non. »

Puis, après un instant de silence, regardant Hullin ébahi, elle poursuivit lentement :

« Hier soir donc, tous nos gens étaient réunis après souper dans la cuisine, sous le manteau de la cheminée, la table restait encore là avec les écuelles vides, les assiettes et les cuillers. Yégof avait soupé avec nous, et il nous avait réjouis de l'histoire de ses trésors, de ses châteaux et de ses provinces. Il pouvait être alors neuf heures; le fou venait de s'asseoir sur le coin de l'âtre, qui flamboyait... Duchêne, mon garçon de labour, repiquait la selle de Bruno, le pâtre Robin tressait une corbeille, Annette rangeait ses pots sur l'étagère; moi, j'avais approché mon rouet du feu pour filer une quenouille avant d'aller me coucher. Au dehors, les chiens aboyaient à la lune; il devait faire très froid. Nous étions là, causant de l'hiver qui vient; Duchêne disait qu'il serait rude, car il avait vu de grandes bandes d'oies sauvages. Et le corbeau de Yégof, sur le rebord du manteau de la cheminée, sa grosse tête dans ses plumes ébouriffées, semblait dormir; mais de temps en temps, il allongeait le cou, se nettoyait une plume du bec, puis nous regardait, écoutant une seconde, et se renfonçant ensuite la tête dans les épaules.

La fermière se tut un moment comme pour recueillir ses idées : elle baissa les yeux, son grand nez crochu se recourba jusque sur ses lèvres, et une pâleur étrange parut s'étendre sur sa face.

« Où diable veut-elle en venir ? » se disait Hullin.

La vieille poursuivit :

« Yégof au bord de l'âtre, avec sa couronne de fer-blanc, son bâton court entre les genoux, rêvait à quelque chose. Il regardait la grande cheminée noire, le grand manteau de pierre, où l'on voit taillés des figures et des arbres, et la fumée qui montait en grosses boules autour des quartiers de lard. Tout à coup, comme nous y pensions le moins, il frappa du bout de son bâton sur la dalle, et s'écria comme en rêve :

« —Oui... oui... j'ai vu ça... il y a longtemps... longtemps ! » Et comme nous le regardions tous, stupéfaits : « Dans ce temps-là, reprit-il, les forêts de sapins étaient des forêts de

chênes.. Le Nideck, le Dagsberg, le Falkenstein, le Geroldsek. tous les vieux châteaux en ruine n'existaient pas encore. Dans
« ce temps-là, on chassait les bœufs sauvages
« au fond des bois, on péchait le saumon dans
« la Sarre, et vous autres, les hommes blonds,
« enterres dans les neiges six mois de l'année.
« vous viviez de lait et de fromage, car vous
« aviez de grands troupeaux sur le Hengst, le
« Schneeberg, le Grosmann, le Donon. En été
« vous chassiez, vous descendiez jusqu'au Rhin,
« à la Moselle, à la Meuse : je me rappelle tout
« cela ! »

« Chose étrange, Jean-Claude, à mesure que
le fou parlait, il me semblait revoir ces pays
d'autrefois, et m'en souvenir comme d'un
songe... J'avais laisse tomber ma quenouille,
et le vieux Duchène, Robin, Jeanne, enfin tout
le monde écoutait. « Oui, il y a longtemps,
reprit le fou. Dans ce temps-là vous bâtissiez
« déjà ces grandes cheminées, et tout autour,
« à deux ou trois cents pas, vous plantiez vos
« palissades hautes de quinze pieds et la pointe
« durcie au feu... Et là dedans vous teniez vos
« grands chiens aux joues pendantes, qui
« aboyaient nuit et jour. »

« Ce qu'il disait, Jean-Claude, nous le
voyions... Lui ne semblait pas faire attention à
nous, il regardait les figures de la cheminée, la
bouche béante; mais, au bout d'un instant,
ayant baissé la tête et nous voyant tous attentifs, il se prit à rire d'un rire de fou, en criant :
« Et, dans ces temps, vous croyiez être les sei-
« gneurs du pays, oh ! hommes blonds, aux
« yeux bleus, à la chair blanche, nourris de
« lait et de fromage, et ne buvant le sang qu'en
« automne, aux grandes chasses, vous vous
« croyiez les maîtres de la plaine et de la mon-
« tagne, lorsque nous, les hommes roux aux
« yeux verts, venus de la mer... nous qui bu-
« vions le sang toujours et n'aimions que la
« bataille un beau matin nous sommes arrivés
« avec nos haches et nos épieux, en remontant
« la Sarre à l'ombre des vieux chênes!... Ah !
« ce fut un rude guerre, et qui dura des se-
« maines et des mois... Et la vieille... la —
« dit-il en me montrant avec un sourire
« étrange, — la Margareth du clan des Kilbe-
« rix, cette vieille au nez crochu, dans ses pa-
« lissades, au milieu de ses chiens et de ses
« guerriers, elle s'est défendue comme une
« louve ! mais au bout de cinq lunes la faim
« arriva... les portes des palissades s'ouvrirent
« pour la fuite, et nous, embusqués dans le
« ruisseau, nous avons tout massacré!.....
« tout!..... excepté les enfants et les belles
« jeunes filles!... La vieille seule, avec ses
« ongles et ses dents, se défendit la dernière.

« Et moi, Luitprandt je lui fendis sa tête grise,
« et je pris son père, l'aveugle, le vieux des
« vieux, pour l'enchaîner à la porte de mon
« château fort comme un chien ! »

« Alors, Hullin, poursuivit la fermière en
courbant la tête, alors le fou se mit à chanter
une longue chanson : — la plainte du vieillard
enchaîné à sa porte.—Attendez que je me rappelle... C'était triste... triste comme un mi-
serere! Je ne puis me la rappeler. Jean-Claude;
mais il me semble encore l'entendre : elle
nous faisait froid dans les os. Et comme il riait
toujours, à la fin tous nos gens poussèrent un
cri terrible; la colère les prit tous à la fois. Le
vieux Duchène sauta sur le fou pour l'étran-
gler; mais lui, plus fort qu'on ne pense, le repoussa, et, levant son bâton d'un air furieux,
il nous dit : « A genoux, esclaves, a genoux!
« Mes armées s'avancent... Entendez-vous? la
« terre en tremble! Ces châteaux, le Nideck, le
« Haut-Barr, le Dagsberg, le Turkestein, vous
« allez les rebâtir... A genoux ! »

« Je n'ai jamais vu de figure plus épouvantable que celle de ce Yégof en ce moment;
mais pour la seconde fois, voyant mes gens se
jeter sur lui, il me fallut le défendre. « C'est
un fou, leur dis-je; n'avez-vous pas honte de
croire aux paroles d'un fou! » Ils s'arrêtèrent
a cause de moi; mais moi, je ne pus fermer
l'œil de la nuit. Ce que ce misérable m'avait
dit me revenait d'heure en heure. Il me semblait entendre le chant du vieillard, l'aboiement
de nos chiens, et des bruits de bataille. Depuis
longtemps je n'ai pas éprouvé de pareilles inquiétudes. Voilà pourquoi je suis venue vous
voir... Que pensez-vous de tout cela, Hullin ?

— Moi! fit le sabotier, dont la figure rouge
et charnue trahissait une sorte d'ironie triste
et de pitié; si je ne vous connaissais pas aussi
bien, Catherine, je dirais que vous avez perdu
la tête... vous, Duchène, Robin et tous les
autres.... Tout cela me produit l'effet d'un conte
de Geneviève de Brabant, une histoire faite
pour effrayer les petits enfants, et qui nous
montre la bêtise de nos anciens.

— Vous ne comprenez pas ces choses-là, dit
la vieille fermière d'un ton calme et grave,
vous n'avez jamais eu d'idées de ce genre!

— Alors, vous croyez à ce que Yégof vous a
chanté?

— Oui, j'y crois.

— Comment, vous, Catherine, vous, une
femme de bon sens ! Si c'était la mère Rochart,
je ne dis pas... mais vous ! »

Il se leva comme indigné, détacha son ta-
blier, haussa les épaules, puis se rassit brusquement en s'écriant :

« Ce fou, savez-vous ce que c'est! Je vai

Oui..., oui... j'ai vu ça. (Page 6.)

vous le dire, moi : c'est bien sûr un de ces maîtres d'école allemands qui se farcissent la tête de vieilles histoires de ma tante l'Oie, et vous les débitent gravement. A force d'étudier, de rêvasser, de ruminer, de chercher midi à quatorze heures, leur cervelle se détraque ; ils ont des visions, des idées biscornues, et prennent leurs rêves pour des vérités. J'ai toujours regardé Yégof comme un de ces pauvres diables, il sait une foule de noms, il parle de la Bretagne et de l'Austrasie, de la Polynésie et du Nideck, et puis du Géroldseck, du Turkestein, des bords du Rhin, enfin de tout, au hasard ; ça finit par avoir l'air de quelque chose et ça n'est rien. Dans des temps ordinaires, vous penseriez comme moi, Catherine ; mais vous souffrez de ne recevoir aucune nouvelle de Gas-

pard... Ces bruits de guerre, d'invasion, qu'on fait courir, vous tourmentent et vous dérangent... Vous ne dormez plus... et ce qu'un pauvre fou vient vous raconter, vous le regardez comme parole d'Evangile.

— Non, Hullin, ce n'est pas cela... Vous-même, si vous aviez entendu Yégof...

— Allons donc ! s'écria le brave homme. Si je l'avais entendu, je lui aurais ri au nez comme tantôt... Savez-vous qu'il est venu me demander Louise pour la faire reine d'Austrasie ?

Catherine Lefèvre ne put s'empêcher de sourire ; mais, reprenant aussitôt son air sérieux :

« Toutes vos raisons, Jean-Claude, dit-elle, ne peuvent me convaincre ; mais, je l'avoue, le silence de Gaspard m'effraye... Je connais mon

Il entrait en ville, à la suite d'une longue file de voitures. (Page 10.)

garçon, il m'a certainement écrit. Pourquoi ses lettres ne me sont-elles point arrivées?... La guerre va mal, Hullin, nous avons tout le monde contre nous. On ne veut pas de notre Révolution, vous le savez comme moi. Tant que nous étions les maîtres, que nous remportions victoire sur victoire, on nous faisait bonne mine; mais, depuis nos malheurs de Russie, ça prend une vilaine tournure.

—Là, là, Catherine, comme votre tête s'emporte!... Vous voyez tout en noir.

—Oui, je vois tout en noir, et j'ai raison... Ce qui m'inquiète le plus, c'est de ne recevoir aucune nouvelle du dehors; nous vivons ici comme dans un pays de sauvages, on ne sait rien de ce qui se passe.. Les Autrichiers et les Cosaques nous tomberaient sur le dos du

jour au lendemain, qu'on en serait tout surpris.»

Hullin observait la vieille femme dont le regard s'animait, et malgré lui il subissait l'influence des mêmes craintes.

« Écoutez, Catherine, dit-il tout à coup, lorsque vous parlerez d'une manière raisonnable, ce n'est pas moi qui viendrai vous contredire... Tout ce que vous dites maintenant est possible... Je n'y crois pas, mais il faut avoir le cœur net. Je me proposais d'aller à Phalsbourg, dans la huitaine, acheter des peaux de mouton pour faire des garnitures de sabots. J'irai demain. A Phalsbourg, place forte et bureau de poste, on doit avoir des nouvelles sûres... Croirez-vous alors à celles que je vous rapporterai de là-bas ?

—Oui.

—Bon, c'est donc entendu... Je partirai demain de bonne heure... Il y a cinq lieues, vers six heures je serai de retour... Vous verrez, Catherine, que toutes vos idées tristes n'ont pas le sens commun.

—Je le souhaite, répondit la fermière en se levant, je le souhaite. Vous m'avez un peu rassurée, Hullin... Maintenant je remonte à la ferme, et j'espère mieux dormir que la nuit dernière... Bonne nuit, Jean-Claude! »

III

Le lendemain, du petit jour, Hullin, revêtu de sa culotte de gros drap bleu des dimanches, de son ample veste de velours brun, de son gilet rouge à boutons de cuivre, et coiffé du large feutre montagnard, relevé en cocarde sur le devant de sa face vermeille, se mettait en route pour Phalsbourg, un grand bâton de cormier au poing.

Phalsbourg est une petite place forte, à cheval sur la route impériale de Strasbourg à Paris; elle commande la côte de Saverne, les défilés du haut Barr, de la Roche-Plate, de la Bonne-Fontaine et du Graufthal. Ses bastions, ses avancées, ses demi-lunes se découpent en zigzags sur un plateau rocheux: de loin on croirait pouvoir en franchir les murs d'une enjambée; mais, en arrivant, on découvre le fossé large de cent pieds, profond de trente, et les sombres remparts taillés dans le roc en face. Cela vous arrête tout court. Du reste, sauf l'église, la maison commune, les deux portes de France et d'Allemagne en forme de mitre, les aiguilles des deux poudrières, tout le reste se cache derrière les glacis. Telle est la petite ville de Phalsbourg, qui ne manque pas d'un certain caractère de grandeur, surtout lorsqu'on traverse ses ponts et qu'on pénètre sous ses portes trapues, garnies de herses à dents de fer. A l'intérieur, les maisons se distribuent par quartiers réguliers: elles sont basses, bien alignées, construites en pierre de taille; tout y porte le cachet militaire.

Hullin, poussé par sa robuste nature et son humeur joyeuse à ne jamais s'alarmer pour les choses à venir, considérait tous les bruits de retraite, de débâcle et d'invasion qui circulaient dans le pays, comme autant de mensonges propagés par la mauvaise foi. Aussi, qu'on juge de sa stupéfaction, lorsqu'au sortir de la montagne et sur la lisière des bois, il vit le tour de la ville rasé comme un ponton:

plus un jardin, plus un verger, plus une promenade, plus un arbre, plus une broussaille; tout était abattu à portée de canon. Quelques pauvres diables ramassaient les derniers débris de leurs maisonnettes et les portaient en ville. On ne voyait plus rien à l'horizon que le cordon des remparts, traçant sa ligne sombre au-dessus des chemins couverts. Ce fut un coup de foudre pour Jean-Claude; durant quelques minutes, il ne put articuler une parole ni faire un pas.

« Oh! oh! dit-il enfin, cela va mal, cela va très-mal! On attend l'ennemi! »

Puis, ses instincts guerriers reprenant le dessus, un flot de sang colora ses joues brunes.

« Ce sont pourtant ces gueux d'Autrichiens, de Prussiens, de Russes, et tous ces misérables ramassés jusqu'au fond de l'Europe qui sont cause de tout cela? s'écria-t-il en agitant sa trique; mais gare! nous leur ferons payer le dégât?... »

Il était possédé d'une de ces colères blanches, telles qu'en éprouvent les honnêtes gens lorsqu'on les pousse à bout. Malheur à celui qui l'aurait regardé de travers en ce moment!

Vingt minutes après, il entrait en ville, à la suite d'une longue file de voitures attelées de cinq et six chevaux, traînant à grand'peine d'énormes troncs d'arbres destinés à construire des *blockhaus* sur la place d'armes. Entre les conducteurs, les paysans et les chevaux hennissant, tempêtant, faisant feu des quatre pieds, marchait gravement un gendarme à cheval, le père Kels, qui semblait ne rien entendre et disait d'un ton rude:

« Courage, courage, mes amis... nous ferons encore deux tournées jusqu'à ce soir... Vous aurez bien mérité de la patrie! »

Jean-Claude franchit le pont.

Un nouveau spectacle s'offrit à lui dans la ville. Là régnait l'ardeur de la défense: toutes les portes étaient ouvertes, hommes, femmes, enfants, allaient, couraient, aidaient à transporter les poudres et les projectiles. On s'arrêtait par groupes de trois, quatre, six, pour s'informer des nouvelles.

« Hé! voisin!

—Quoi donc?

—Un courrier vient d'arriver ventre à terre... Il est entré par la porte de France.

—Alors il vient annoncer la garde nationale de Nancy.

—Ou peut-être un convoi de Metz.

—Vous avez raison... les boulets de seize manquent... Il faudrait aussi de la mitraille. On va casser les fourneaux pour en faire. »

Quelques bons bourgeois en manches de chemise, debout sur des tables, le long des trottoirs, s'occupaient à blinder leurs fenêtres avec de grosses pièces de bois et des paillasses ; d'autres roulaient devant leurs portes des cuves d'eau. Cet enthousiasme ranima Hullin.

« A la bonne heure ! s'écria-t-il, tout le monde est de la fête ici...... Les alliés seront bien reçus. »

En face du collége, la voix glapissante du sergent de ville Harmentier criait : « Faisons « savoir que les casemates vont être ouvertes, « à cette fin que chacun puisse y faire trans-« porter un matelas et deux couvertures par « personne. — Et que messieurs les commis-« saires de la place vont commencer leur « tournée d'inspection, pour reconnaître que « chaque habitant a trois mois de vivres d'a-« vance, dont il devra justifier. — Ce jourd'hui « 20 décembre 1813. — Jean-Pierre Meunier, « gouverneur. »

Tout cela, Hullin le vit et l'entendit en moins d'une minute, car toute la ville était en l'air.

Des scènes étranges, sérieuses, comiques, se succédaient sans interruption.

Vers la ruelle de l'arsenal, quelques gardes nationaux traînaient une pièce de vingt-quatre. Ces braves gens avaient une pente assez rapide à gravir ; il n'en pouvaient plus. « Hue ! de l'ensemble, mille tonnerres ! Encore un coup d'épaule !... En avant ! » Tous criaient à la fois, poussaient aux roues, et la grosse pièce, allongeant son long cou de bronze sur son immense affût, au-dessus des têtes, roulait lentement et faisait frémir le pavé.

Hullin, tout réjoui, n'était plus le même homme : ses instincts de soldat, le souvenir du bivac, des marches, de la fusillade et de la bataille, tout cela lui revenait au pas de charge ; son regard étincelait, son cœur battait plus vite, et déjà des idées de défense, de retranchements, de lutte à mort, allaient et venaient dans sa tête.

« Ma foi ! se disait-il, tout va bien ! J'ai fait assez de sabots dans ma vie, et puisque l'occasion se présente de reprendre le mousquet, eh bien ! tant mieux : nous allons montrer aux Prussiens et aux Autrichiens que nous n'avons pas oublié la charge en douze temps. »

Ainsi raisonnait le brave homme, entraîné par ses souvenirs belliqueux ; mais sa joie ne fut pas de longue durée.

Devant l'église, sur la place d'armes, stationnaient quinze ou vingt charrettes de blessés, arrivant de Leipzig et de Hanau. Ces malheureux, pâles, hâves, l'œil sombre, les uns déjà amputés, les autres n'ayant pas même été pansés, attendaient tranquillement la mort. Auprès d'eux, quelques vieilles haridelles rousses, le dos couvert d'une peau de chien, mangeaient

leur maigre pitance, tandis que les conducteurs, de pauvres diables mis en réquisition en Alsace, enveloppés de leurs grands manteaux troués, dormaient, malgré le froid, le feutre rabattu et les bras repliés, sur les marches de l'église. On frissonnait à voir ces groupes d'hommes mornes, avec leurs grandes capotes grises, entassés sur la paille sanglante, l'un portant son bras cassé sur ses genoux, l'autre la tête bandée d'un vieux mouchoir ; un troisième, déjà mort, servant de siége aux vivants, les mains noires pendant entre les échelles. Hullin, en face de ce lugubre spectacle, resta cloué au sol. Il ne pouvait en détacher ses yeux. Les grandes douleurs humaines ont ce pouvoir étrange de nous fasciner ; nous voulons voir comment les hommes périssent, comment ils regardent la mort : les meilleurs ne sont pas exempts de cette affreuse curiosité. Il semble que l'éternité va nous livrer son secret !

Là donc, près du timon de la première charrette, à droite de la file, étaient accroupis deux carabiniers en petite veste bleu de ciel, deux véritables colosses, dont la puissante nature fléchissait sous l'étreinte du mal : on eût dit deux cariatides écrasées sous le poids d'une masse énorme. L'un, aux grosses moustaches rousses, les joues terreuses, vous regardait de ses yeux ternes, comme du fond d'un affreux cauchemar ; l'autre, plié en deux, les mains bleues, l'épaule déchirée d'un coup de mitraille, s'affaissait de plus en plus, puis se relevait par sursaut en parlant tout bas comme au milieu d'un rêve. Derrière, étaient étendus deux à deux des soldats d'infanterie, la plupart frappés d'une balle, une jambe, un bras fracassés. Ils semblaient supporter leur sort avec plus de fermeté que les colosses. Ces malheureux ne disaient rien : quelques-uns seulement, les plus jeunes, demandaient d'un air furieux de l'eau et du pain. Et, dans la charrette voisine, une voix plaintive, la voix d'un conscrit, appelait : « Ma mère ! ma mère !... » tandis que les vieux souriaient d'un air sombre, comme pour dire : « Oui... oui... elle va venir ta mère ! » Peut-être aussi ne pensaient-ils à rien.

De temps en temps une sorte de frisson parcourait tout le convoi. Alors on voyait plusieurs blessés se lever à demi avec de longs gémissements et retomber aussitôt, comme si la mort eût fait sa tournée en ce moment.

Puis tout redevenait silencieux.

Et, comme Hullin regardait ainsi, sentant ses entrailles frémir, voilà qu'un bourgeois du voisinage, Sôme le boulanger, sortit de chez lui portant une grande marmite pleine de bouillon. Alors, il fallut voir tous ces spectres s'agiter, leurs yeux étinceler, leurs narines se dilater; ils semblaient renaître : les malheureux mouraient de faim !

Le bon père Sôme, les larmes aux yeux, s'approcha disant :

« J'arrive, mes enfants! Un peu de patience... C'est moi, vous me reconnaissez! »

Mais à peine fut-il près de la première charrette, que le grand carabinier aux joues verdâtres, se ranimant, plongea le bras jusqu'au coude dans la marmite bouillante, y saisit la viande et la cacha sous sa veste. Cela se fit avec la rapidité de l'éclair; des hurlements sauvages s'élevèrent aussitôt de tous côtés. — Ces gens, s'ils avaient eu la force de bouger, auraient dévoré leur camarade. — Lui, les deux bras serrés contre la poitrine, la dent sur sa proie, l'œil louche, épiant en tout sens, ne semblait rien entendre. A ces cris, un vieux soldat, un sergent, s'élança de l'auberge voisine. C'était un vieux routier; il comprit tout d'abord ce dont il s'agissait, et, sans réflexions inutiles, il arracha la viande à la bête féroce en lui disant :

« Tu mériterais de ne pas en avoir!... On va faire les parts. Nous allons découper dix rations! »

—Nous ne sommes que huit! dit un des blessés, fort calme en apparence, mais l'œil étincelant sous son masque de bronze.

—Comment, huit?

—Vous voyez bien, sergent, que ces deux sont en train de battre de l'aile... Ce seraient des vivres perdus!

Le vieux sergent regarda.

« C'est juste, fit-il, huit parts! »

Hullin ne put en voir davantage; il se retira chez l'aubergiste Wittmann, en face, plus pâle que la mort. Wittmann était aussi marchand de cuir et de fourrures. En le voyant entrer :

« Hé! c'est vous, maître Jean-Claude! s'écria-t-il, vous arrivez plus tôt qu'à l'ordinaire : je ne vous attendais que la semaine prochaine. »

Puis, le voyant chanceler :

« Mais dites donc... vous avez quelque chose? »

—Je viens de voir les blessés.

—Ah! oui, les premières fois, cela vous tombe dans les jambes; mais si vous en aviez vu passer quinze mille, comme nous autres, vous n'y penseriez plus?

—Une chopine de vin, bien vite! dit Hullin, qui se sentait mal. Oh! les hommes, les hommes... Et dire que nous sommes frères!

—Oui, frères jusqu'à la bourse, répondit Wittmann. Tenez, buvez un coup, ça vous remettra!

—Ainsi vous en avez vu passer quinze mille? reprit le sabotier.

—Au moins... depuis deux mois... sans parler de ceux qui sont restés en Alsace et de l'autre côté du Rhin; car, vous comprenez, on ne trouve pas de charrettes pour tous, et puis beaucoup ne valent pas la peine d'être emportés.

—Oui, je comprends! mais pourquoi sont-ils là, ces malheureux? Pourquoi n'entrent-ils pas à l'hôpital?

—L'hôpital! qu'est-ce qu'un hôpital... dix hôpitaux... pour cinquante mille blessés? Tous les hôpitaux, depuis Mayence et Coblentz jusqu'à Phalsbourg, sont encombrés. Et d'ailleurs cette mauvaise maladie, le typhus, voyez-vous, Hullin, tue plus de monde que le boulet. Tous les villages de la plaine, à vingt lieues d'ici, en sont infectés; on meurt partout comme des mouches. Heureusement la ville est en état de siège depuis trois jours, on va fermer les portes, il n'entrera plus personne. J'ai perdu pour ma part mon oncle Christian et ma tante Lisbeth, des gens aussi sains, aussi solides que vous et moi, maître Jean-Claude. Enfin le froid est venu; il y a eu cette nuit gelée blanche.

—Et les blessés sont restés sur le pavé toute la nuit?

—Non, ils sont arrivés de Saverne ce matin; dans une heure ou deux, le temps de laisser reposer les chevaux, ils partiront pour Sarrebourg. »

En ce moment, le vieux sergent qui venait de rétablir l'ordre dans les charrettes, entra en se frottant les mains.

« Hé! hé! dit-il, ça fraîchit, papa Wittmann, vous avez bien fait d'allumer du feu au poêle. Un petit verre de cognac pour rabattre le brouillard. Hum! hum! »

Ses petits yeux plissés, son nez en bec de corbin, les pommettes de ses joues séparées du nez par deux grosses rides en parafe, lesquelles se perdaient dans une large impériale roussâtre, tout riait dans la physionomie du vieux soldat, tout respirait une bonne humeur joviale. C'était une vraie figure militaire, hâlée, brunie par le grand air, pleine de franchise, mais aussi de finesse goguenarde; son grand shako, sa grosse capote gris-bleu, le baudrier, l'épaulette, semblaient faire partie de son individu. On n'aurait pu se le représenter autrement. Il se promenait de long en large dans la salle, continuant à se frotter les mains, tandis que Wittmann lui versait un petit verre d'eau-de-vie; Hullin, assis près de la fenêtre, avait remarqué d'abord le numéro de son régiment :

— 6e d'infanterie légère; — Gaspard, le fils de la mère Lefèvre, servait dans ce régiment. Jean-Claude allait donc avoir des nouvelles du fiancé de Louise; mais, au moment de parler, son cœur battit avec force : — Si Gaspard était mort! s'il avait péri comme tant d'autres!

Le brave sabotier se sentit comme étranglé; il se tut. « Mieux vaut pensait-il, ne rien savoir. »

Pourtant, au bout de quelques instants, il ne put y tenir.

« Sergent, dit-il d'une voix enrouée, vous êtes du 6ᵉ léger?

—Mais oui, mon bourgeois, fit l'autre en se retournant au milieu de la salle.

—Ne connaîtriez-vous pas un nommé Gaspard Lefèvre?

—Gaspard Lefèvre, de la 2ᵉ du 1ᵉʳ; parbleu! si je le connais : c'est moi qui l'ai mis au port d'armes; un brave soldat, morbleu! dur à la fatigue... Si nous en avions cent mille de cette trempe...

—Alors il vit? il se porte bien?

—Oui, mon bourgeois. Après ça, depuis huit jours que j'ai quitté le régiment à Frédéricsthal, pour escorter ce convoi de blessés... vous comprenez, cela chauffe... on ne peut répondre de rien; d'un moment à l'autre, chacun de nous peut recevoir son affaire. Mais il y a huit jours, à Frédéricsthal, le 15 décembre, Gaspard Lefèvre répondait encore à l'appel. »

Jean-Claude respira.

« Mais alors, sergent, faites-moi l'amitié de me dire pourquoi Gaspard n'a pas écrit au village depuis deux mois? »

Le vieux soldat sourit, ses petits yeux clignotèrent.

« Ah ça, mon bourgeois, croyez-vous par hasard qu'on n'ait rien de mieux à faire en route que d'écrire?

—Non; j'ai servi, j'ai fait les campagnes de Sambre-et-Meuse, d'Égypte et d'Italie, mais cela ne m'empêchait pas de donner de mes nouvelles.

—Un instant, camarade, interrompit le sergent, j'ai passé par l'Égypte et l'Italie comme vous : la campagne que nous venons de finir est tout à fait particulière.

—Elle a donc été bien rude!

—Rude! c'est-à-dire qu'il faut avoir l'âme chevillée dans tous les membres, pour ne pas y avoir laissé ses os. Tout était contre nous : la maladie, les traîtres, les paysans, les bourgeois, nos alliés, enfin tout! De notre compagnie, au grand complet lorsque nous sommes partis de Phalsbourg le 21 janvier dernier, il n'est revenu que trente-deux hommes. Je crois que Gaspard Lefèvre est le seul conscrit qui reste. Ces pauvres conscrits! ils se battaient bien; mais ils n'avaient pas l'habitude de se serrer le ventre : ils fondaient comme du beurre dans la poêle. »

Ce disant, le vieux sergent s'approcha du comptoir et but son petit verre d'un seul coup.

« A votre santé, mon bourgeois. Seriez-vous par hasard le père de Gaspard?

—Non, je suis un parent.

—Eh bien! on peut se vanter d'être solidement bâti dans votre famille. Quel homme à vingt ans! Aussi, malgré tout, il a tenu bon, lui, pendant que les autres descendaient la garde par douzaines.

—Mais, reprit Hullin après un instant de silence, je ne vois pas encore ce qu'il y avait de si particulier dans la dernière campagne; car nous aussi, nous avons eu des maladies, des traîtres...

—De particulier, s'écria le sergent; tout était particulier! Autrefois, si vous avez fait la guerre en Allemagne, vous devez vous rappeler qu'après une ou deux victoires c'était fini; les gens vous recevaient bien; on buvait du petit vin blanc, on mangeait de la choucroute et du jambon avec les bourgeois; on faisait danser les grosses commères. Les maris, les grands papas riaient de bon cœur, et quand le régiment partait, tout le monde pleurait d'attendrissement. Mais cette fois, après Lutzen et Bautzen, au lieu de se radoucir, les gens vous faisaient des mines de cinq cents diables; on ne pouvait rien en obtenir que par la force, enfin on se serait cru en Espagne ou en Vendée. Je ne sais pas ce qu'on leur a fourré dans la tête contre nous. Encore si nous n'avions été que des Français, si nous n'avions pas eu des tas de Saxons et d'autre alliés, qui n'attendaient que le moment de nous sauter à la gorge, nous en serions venus à bout tout de même, un contre cinq! mais les alliés, ne me parlez pas des alliés! — Tenez, à Leipzig, le 18 octobre dernier, au beau milieu de la bataille, nos alliés se tournent contre nous et nous tirent des coups de fusil dans le dos : c'étaient nos bons amis les Saxons. — Huit jours après, nos anciens bons amis les Bavarois viennent se mettre en travers de notre retraite : il faut leur passer sur le ventre à Hanau. — Le lendemain, près de Francfort, une autre colonne de bons amis se présente : il faut les écraser. — Enfin, plus on en tue, plus il en repousse! — Nous voilà maintenant de ce côté-ci du Rhin. Eh bien! il y en a bien sûr en marche depuis Moscou, de ces bons amis. Ah! si nous avions prévu cela après Austerlitz, Iéna, Friedland, Wagram! »

Hullin était devenu tout pensif.

« Et maintenant où en sommes-nous, sergent?

—Nous en sommes qu'il a fallu repasser le Rhin, et que toutes nos places fortes de l'autre côté sont bloquées. Le 10 novembre dernier, le prince de Neuchâtel a passé la revue du régiment à Bleckheim. Le 3ᵉ bataillon a versé ses soldats dans le 2ᵉ, et le cadre a reçu l'ordre de se tenir prêt à partir pour le dépôt. Les cadres ne manquent pas, mais les hommes. Depuis plus de vingt ans qu'on nous saigne aux quatre membres, ce n'est pas étonnant... Toute l'Europe s'avance... L'empereur est à Paris : il dresse son plan de campagne... Pourvu qu'on nous laisse respirer jusqu'au printemps... •

En ce moment, Wittmann, debout près de la fenêtre, se prit à dire :

• Voici le gouverneur qui vient d'inspecter les abatages autour de la ville. •

En effet, le commandant Jean-Pierre Meunier, coiffé d'un grand chapeau a cornes et l'écharpe tricolore autour des reins, traversait la place.

• Ah ! dit le sergent, je vais lui faire signer la feuille de route. Pardon, bourgeois, il faut que je vous quitte.

—Faites, mon sergent, et merci. Si vous revoyez Gaspard, dites-lui que Jean-Claude Hullin l'embrasse, et qu'on attend de ses nouvelles au village.

— Bon... bon... je n'y manquerai pas. •

Le sergent sortit, et Hullin vida sa chope tout rêveur.

• Père Wittmann, dit-il au bout d'un instant, et mon paquet?

— Il est prêt, maître Jean-Claude. •

Puis, se penchant à la porte de la cuisine :

• Grédel !... Grédel !... apporte le paquet de Hullin. •

Une petite femme parut et déposa sur la table un rouleau de peaux de mouton. Jean-Claude y passa son bâton et le mit sur son épaule.

• Comment! vous allez partir tout de suite?

— Oui, Wittmann, les journées sont courtes, et les chemins difficiles par les bois après six heures; il faut que j'arrive à temps.

— Alors, bon voyage, maître Jean-Claude. •

Hullin sortit et traversa la place, en détournant les yeux du convoi, qui stationnait encore devant l'église.

Et l'aubergiste à sa fenêtre, le regardant s'éloigner d'un bon pas, se disait :

• Comme il était pâle en entrant; il ne se tenait plus sur ses jambes. C'est drôle, un homme rude, un vieux soldat, qui n'a pas d'énergie pour deux liards. Moi, je verrais passer cinquante mille enfants sur des charrettes, que je m'en soucierais comme de ma première pipe. •

IV

Tandis que Hullin apprenait le désastre de nos armées, et qu'il s'acheminait lentement, la tête basse, le front soucieux vers le village des Charmes, tout suivait son train habituel à la ferme du Bois-de-Chênes. On ne songeait plus au récit bizarre de Yégof, on ne pensait pas à la guerre : le vieux Duchêne menait ses bœufs à l'abreuvoir, le pâtre Robin retournait la litière du bétail, Annette et Jeanne écrémaient leurs pots de lait caillé. Catherine Lefèvre seule, sombre et silencieuse, songeait aux temps passés, tout en surveillant d'un visage impassible les allées et venues de son monde. — Elle était trop vieille, trop sérieuse pour oublier d'un jour à l'autre ce qui l'avait si fortement agitée.

— La nuit venue, après le repas du soir, elle entra dans la salle voisine, où ses gens l'entendirent tirer le grand registre de l'armoire, et le déposer sur la table, pour régler ses comptes comme d'habitude.

On se mit aussitôt à charger la voiture de blé, de légumes et de volaille, car c'était le lendemain marché à Sarrebourg, et Duchêne devait partir au petit jour.

Représentez-vous la grande cuisine et tous ces braves gens en train de finir leur ouvrage, avant d'aller se coucher ; la grosse marmite noire, pleine de betteraves et de pommes de terre destinées au bétail, fumant sur un immense feu de sapin en tulipes pourpre et or; — les plats, les écuelles, les soupières étincelant comme des soleils sur l'étagère; — les bottes d'ail et d'oignons mordorés suspendues à la file aux poutres brunes du plafond, parmi les jambons et les quartiers de lard ; — Jeanne en cornette bleue et petite jupe coquelicot, remuant le contenu de la marmite, de sa grande cuiller de bois ; les cages d'osier où caquettent les poules avec le grand coq roux, qui passe la tête à travers les barreaux et regarde la flamme d'un œil émerveillé, la crête sur l'oreille ; — le dogue *Michel*, la tête plate, les joues pendantes, en quête d'une écuelle oubliée;—Dubourg, descendant l'escalier sombre qui crie, à gauche, le dos courbé, un sac sur l'épaule et le poing arcbouté sur la hanche, — tandis qu'au dehors, au milieu de la nuit noire, le vieux Duchêne, debout sur la voiture, lève sa lanterne et crie: • Ça fait le quinzième, Dubourg; encore deux.•

— On voyait aussi, pendus contre la muraille, un vieux lièvre roux apporté par le chasseur Heinrich, pour être vendu au marché, et un beau coq de bruyère moiré de vert et roux.

l'œil terne, une goutte de sang au bout du bec.

Il était environ sept heures et demie, lorsqu'un bruit de pas se fit entendre à l'entrée de la cour. Le dogue s'avança sur le seuil en grondant. Il écouta, aspira l'air de la nuit, puis revint tranquillement se remettre à lecher son écuelle.

« C'est quelqu'un de la ferme, dit Annette, *Michel* ne bouge pas. »

Presque aussitôt le vieux Duchêne cria dehors :

« Bonne nuit, maître Jean-Claude. C'est vous ?

— Oui, j'arrive de Phalsbourg, et je viens me reposer un instant avant de descendre au village. Catherine est-elle là ? »

Et l'on vit le brave homme apparaître à la vive lumière, son large feutre sur la nuque, et son rouleau de peaux de mouton sur l'épaule.

« Bonne nuit, mes enfants, dit-il, bonne nuit !... toujours à l'ouvrage ?

— Mon Dieu, oui, monsieur Hullin, comme vous voyez, répondit Jeanne en riant. Si l'on n'avait rien à faire, la vie serait bien ennuyeuse.

— C'est vrai, ma jolie fille, c'est vrai, il n'y a que le travail pour vous donner ces fraîches couleurs et ces grands yeux brillants. »

Jeanne allait répondre, quand la porte de la salle s'ouvrit, et Catherine Lefèvre s'avança jetant un regard profond sur Hullin, comme pour deviner d'avance les nouvelles qu'il apportait :

« Eh bien ! Jean-Claude, vous êtes de retour.

— Oui, Catherine. Il y a du bon et du mauvais. »

Ils entrèrent dans la salle, haute et vaste pièce boisée jusqu'au plafond, avec ses armoires de vieux chêne à ferrures brillantes, son poêle de fonte en pyramide s'ouvrant dans la cuisine, sa vieille horloge marquant les secondes dans son étui de noyer, et son grand fauteuil de cuir à crémaillère, usé par dix générations de vieillards. — Jean-Claude n'entrait jamais dans cette salle sans se rappeler le grand-père de Catherine, qu'il lui semblait voir encore avec sa tête blanche, assis dans l'ombre derrière le fourneau.

« Eh bien ? demanda la fermière en présentant un siège au sabotier, qui venait de déposer son rouleau sur la table.

— Eh bien, de Gaspard, les nouvelles sont bonnes : le garçon se porte bien. Il en a vu de dures !... Tant mieux, cela forme la jeunesse !... Mais quant au reste, Catherine, ça va mal : la guerre ! la guerre !... »

Il hocha la tête, et la vieille, les lèvres serrées, s'assit en face de lui, droite dans son fauteuil, les yeux fixes, attentifs.

« Ainsi ça va mal... décidément... nous allons avoir la guerre chez nous ?

— Oui, Catherine, du jour au lendemain il faut nous attendre à voir les alliés dans nos montagnes.

— Je m'en doutais... j'en étais sûre ; mais parlez, Jean-Claude. »

Hullin alors, les coudes en avant, ses grosses oreilles rouges entre les mains et baissant la voix, se mit à raconter tout ce qu'il avait vu : les abatages autour de la ville, l'organisation des batteries sur les remparts, la publication de l'état de siège, les charrettes de blessés sur la place d'armes, sa rencontre avec le vieux sergent chez Wittmann et le resumé de la campagne. De temps en temps, il faisait une pause, et la vieille fermière clignait des yeux lentement, comme pour graver les faits dans sa mémoire. Quand Jean-Claude en vint aux blessés, la brave femme murmura tout bas : « Gaspard en est réchappé ! »

Puis à la fin de cette lugubre histoire, il y eut un long silence, et tous deux se regardèrent sans prononcer une parole.

Que de réflexions, que de sentiments amers se pressaient dans leur âme !

Au bout de quelques instants, la vieille se remettant de ces terribles pensées :

« Vous le voyez, Jean-Claude, dit-elle d'un ton grave, Yégof n'avait pas tort ?

— Sans doute, sans doute, il n'avait pas tort, répondit Hullin ; mais qu'est-ce que cela prouve ? Un fou qui va de village en village, qui descend en Alsace, qui remonte en Lorraine, qui vague à droite, à gauche, ce serait bien étonnant s'il ne voyait rien, s'il ne disait pas de temps en temps une vérité parmi ses folies. Tout s'embrouille dans sa tête, et les autres croient comprendre ce qu'il ne comprend pas lui-même. Mais il ne s'agit pas de ces histoires de fou, Catherine. Les Autrichiens arrivent. Il s'agit de savoir si nous les laisserons passer, ou si nous aurons le courage de nous défendre.

— De nous défendre ! s'écria la vieille, dont les joues pâles frémirent ; si nous aurons le courage de nous défendre ! Ce n'est pas à moi, Hullin, que vous croyez parler. Comment !... mais est-ce que nous valons moins que nos anciens ? Est-ce qu'ils ne se sont pas défendus, eux ?... Est-ce qu'il n'a pas fallu les exterminer, hommes, femmes et enfants ?

— Alors vous êtes pour la défense, Catherine !

— Oui... oui... tant qu'il me restera un morceau de chair sur les os ! Qu'ils arrivent !

(Ces malheureux pâles, hâves, l'œil sombre... Page 11.)

qu'ils arrivent ! La vieille des vieilles est toujours là ! »

Ses grands cheveux gris s'agitaient sur sa tête, ses joues pâles et rigides frémissaient, et ses yeux lançaient des éclairs. Elle était belle à voir, belle comme cette vieille Margareth dont avait parlé Yégof. Hullin lui tendit la main en silence; il souriait d'un air enthousiaste.

« A la bonne heure, fît-il, à la bonne heure !... Nous sommes toujours les mêmes dans la famille. Je vous reconnais, Catherine : vous voilà debout ; mais un peu de calme, écoutez-moi. Nous allons nous battre, et par quels moyens?

— Par tous les moyens ; tous sont bons, les haches, les faux, les fourches...

— Sans doute, mais les meilleurs sont les fusils et les balles. Nous avons des fusils : chaque montagnard garde le sien au-dessus de sa porte ; malheureusement la poudre et les balles nous manquent. »

La vieille fermière s'était calmée tout à coup; elle fourrait ses cheveux sous son bonnet, regardant devant elle comme au hasard, l'œil pensif.

« Oui, reprit-elle d'un ton brusque, la poudre et les balles nous manquent . c'est vrai, mais nous en aurons. Marc Divès, le contrebandier, en a. Vous irez le voir demain de ma part. Vous lui direz que Catherine Lefèvre achète toute sa poudre et toutes ses balles, qu'elle paye ; qu'elle vendra son bétail, sa ferme, ses terres, tout... tout... pour en avoir. Comprenez-vous, Hullin ?

La vieille des vieilles est toujours là! (Page 16.)

—Je comprends : c'est beau ce que vous faites là, Catherine.

—Bah ! c'est beau... c'est beau ! répliqua la vieille, c'est tout simple : je veux me venger ! Ces Autrichiens, ces Prussiens, ces hommes roux qui nous ont déjà exterminés, eh bien ! je leur en veux... je les exècre de père en fils... Voilà ! — Vous achèterez la poudre, et ce gueux de fou verra si nous rebâtissons ses châteaux ! »

Hullin s'aperçut alors qu'elle songeait toujours à l'histoire de Yégof ; mais voyant combien elle était exaspérée, et que d'ailleurs son idée contribuait à la défense du pays, il ne fit aucune observation à ce sujet, et dit simplement :

« Ainsi, Catherine, c'est entendu, je vais chez Marc Divès demain ?

—Oui ; vous achèterez toute sa poudre et son plomb. Il faudrait aussi faire un tour dans les villages de la montagne, prévenir les gens de ce qui se passe, et convenir avec eux d'un signal pour se réunir en cas d'attaque.

—Soyez tranquille, dit Jean-Claude, je m'en charge. »

Tous deux s'étaient levés et se dirigeaient vers la porte. Depuis une demi-heure, le bruit avait cessé dans la cuisine : les gens de la ferme étaient allés se coucher. La vieille déposa sa lampe au coin de l'âtre et tira les verrous. Au dehors, le froid était vif, l'air calme et limpide. Toutes les cimes d'alentour et les sapins du Jægerthal se détachaient sur le ciel, par masses sombres ou lumineuses. Au loin, bien loin derrière la côte, un renard à la chasse glapissait dans la vallée du Blanru.

« Bonne nuit, Hullin, dit la mère Lefèvre.

—Bonne nuit, Catherine. »

Jean-Claude s'éloigna rapidement sur la pente des bruyères, et la fermière, après l'avoir suivi des yeux une seconde, referma sa porte.

Je vous laisse à penser la joie de Louise, lorsqu'elle apprit que Gaspard était sain et sauf. La pauvre enfant, depuis deux mois, ne vivait plus; Hullin se garda bien de lui montrer le nuage sombre qui s'avançait à l'horizon. Toute la nuit, il l'entendit caqueter dans sa petite chambre, se parler à elle-même comme pour se féliciter, murmurer le nom de Gaspard, et ouvrir ses tiroirs, ses boîtes, sans doute afin d'y retrouver quelques souvenirs et leur parler d'amour.

Ainsi la fauvette inondée par l'orage, tout en grelottant se met à chanter et à sautiller de branche en branche, au premier rayon de soleil.

V

Lorsque Jean-Claude Hullin, en manches de chemise, poussa le lendemain les contrevents de sa maisonnette, il vit toutes les montagnes voisines — le Jægerthal, le Grosmann, le Donon — couvertes de neige. Ce premier aspect de l'hiver, survenu pendant notre sommeil, a quelque chose de saisissant : les vieux sapins, les rochers moussus, parés encore la veille de leur verdure, et maintenant scintillants de givre, remplissent notre âme d'une tristesse indéfinissable. « Encore une année finie, se dit-on, encore une rude saison à passer avant le retour des fleurs ! » Et l'on s'empresse de revêtir la grosse houppelande, d'allumer le feu. Votre sombre réduit est plein de blanche lumière, et dehors, pour la première fois, vous entendez les moineaux, les pauvres moineaux blottis sous le chaume, la plume ébouriffée, crier : « Pas de déjeuner ce matin, pas de déjeuner ! »

Hullin mit ses gros souliers ferrés à double semelle, et passa sur sa veste la grande camisole de bure.

Il entendait Louise marcher au-dessus de sa tête dans la petite mansarde.

« Louise, cria-t-il, je pars !

—Comment ! vous sortez encore aujourd'hui ?

—Oui, mon enfant, il le faut ; mes affaires ne sont pas terminées. »

Puis, s'étant coiffé de son large feutre, il monta l'escalier et dit à demi-voix :

« Tu ne m'attendras pas de sitôt, mon enfant. J'ai des courses à faire assez loin. Ne sois pas inquiète. Si l'on te demande où je suis, tu répondras : « Chez le cousin Mathias, à Saverne. »

—Vous ne déjeunez donc pas avant de partir ?

—Non ; j'ai mis une croûte de pain et la petite gourde d'eau-de-vie dans ma poche. Adieu, mon enfant ; réjouis-toi, rêve à Gaspard. »

Et, sans attendre de nouvelles questions, il prit son bâton et sortit de la maisonnette, en se dirigeant vers la colline des Bouleaux, à gauche du village. Au bout d'un quart d'heure environ, il l'avait dépassée et gagnait le sentier des Trois-Fontaines, qui tourne autour du Falkenstein, en suivant un petit mur de pierres sèches. Les premières neiges, qui ne tiennent jamais à l'ombre humide des vallons, commençaient à se fondre et s'écoulaient dans le sentier. Hullin monta sur le mur pour gravir la côte. Jetant alors par hasard un coup d'œil sur le village, à deux portées de carabine, il vit quelques commères balayer le devant de leur porte, quelques bons vieux se souhaiter le bonjour, en fumant leur première pipe sur le seuil des chaumières. Ce calme profond de la vie, en présence des pensées qui l'agitaient, le saisit ; il poursuivit sa route tout songeur, se disant : « Comme tout est tranquille là-bas !... Personne ne se doute de rien, et, dans quelques jours, quelles clameurs, quels roulements de fusillade vont déchirer l'air ! »

Comme il s'agissait d'abord de se procurer de la poudre, Catherine Lefèvre avait tout naturellement jeté les yeux sur Marc Dives, le contrebandier, et sa vertueuse épouse, Hexe-Baizel.

Ces gens vivaient de l'autre côté du Falkenstein, sous la roche même du vieux *burg* en ruine ; ils s'étaient creusé là-dedans une sorte de tanière fort commode, laquelle n'avait qu'une porte d'entrée et deux lucarnes, mais qui, d'après certaines rumeurs, communiquait à de vieux souterrains par une crevasse ; jamais les douaniers n'avaient pu la découvrir, malgré de nombreuses visites domiciliaires pratiquées dans ce but. Jean-Claude et Marc Divès se connaissaient depuis leur enfance ; ils avaient déniché ensemble des éperviers et des chouettes, et depuis ils se voyaient presque toutes les semaines au moins une fois, à la scierie du Valtin. Hullin se croyait donc sûr du contrebandier, mais il doutait un peu de madame Hexe-Baizel, personne fort circonspecte, et qui n'abonderait peut-être pas dans le sens de la bataille. « Enfin, se disait-il, tout en marchant, nous allons voir. »

Il avait allumé sa pipe, et, de temps en temps, il se retournait pour contempler l'immense paysage, dont les limites s'étendaient de plus en plus.

Rien de beau comme ces montagnes boisées, s'élevant les unes par-dessus les autres dans le ciel pâle — comme ces vastes bruyères s'étendant, à perte de vue, toutes blanches de neige, — comme ces ravins noirs encaissés entre les bois, leur torrent, au fond, courant sur les galets verdâtres polis comme du bronze.

Et puis, le silence — ce grand silence de l'hiver... — cette neige encore tendre, tombant de la cime des hauts sapins sur les branches inférieures qui s'inclinent ; les oiseaux de proie tourbillonnant par couple au-dessus des forêts, en jetant leur cri de guerre : voilà ce qu'il faut voir, voilà ce qu'on ne peut décrire !

Environ une heure après son départ du village des Charmes, Hullin, grimpant le sommet du pic, atteignait la base du rocher des Arbousiers. Tout autour de cette masse granitique s'étend une sorte de terrasse rocailleuse, large de trois à quatre pieds. Cet étroit passage, entouré des plus hautes cimes des sapins élancés du précipice, a quelque chose de sinistre, mais il est sûr : à moins de vertige, on ne risque rien à le parcourir. Au-dessus s'avance en demi-voûte la roche couverte de ruines.

Jean-Claude approchait de la retraite du contrebandier. Il s'arrêta quelques secondes sur la terrasse, remit sa pipe en poche, puis s'avança sur le passage, qui décrit un demi-cercle et se termine de l'autre côté par une brèche. Tout au bout et presque au bord de cette brèche, il aperçut les deux lucarnes de la tanière et la porte entr'ouverte. Un gros tas de fumier se trouvait amoncelé sur le seuil.

Dans le même instant apparut Hexe-Baizel, repoussant, avec un grand balai de genêts verts, le fumier dans l'abîme. Cette femme était petite, sèche ; elle avait les cheveux roux ébouriffés, les joues creuses, le nez pointu, les yeux petits, brillants comme deux étincelles, la bouche mince, garnie de dents très-blanches, et le teint rougeâtre. Quant à son costume, il se composait d'une jupe de laine très-courte et très-sale, d'une chemise de grosse toile assez blanche ; ses petits bras bruns musculeux, recouverts d'une sorte de duvet jaune, étaient nus jusqu'aux coudes, malgré le froid excessif de l'hiver à cette hauteur ; enfin, pour toute chaussure, elle traînait deux longues savates en lambeaux.

« Hé ! bonjour, Hexe-Baizel, lui cria Jean-Claude d'un ton de bonne humeur railleuse. Vous êtes donc toujours grosse et grasse, contente et réjouie ? Ça me fait plaisir ! »

Hexe-Baizel s'était retournée comme une belette surprise à l'affût ; sa chevelure rousse avait frémi, et ses petits yeux lançaient des éclairs. Cependant, elle se calma tout de suite, et s'écria d'une voix brève, comme se parlant à elle-même :

« Hullin !... le sabotier !... Qu'est-ce qu'il veut ?

— Je viens voir mon ami Marc, belle Hexe-Baizel, répondit Jean-Claude, nous avons à causer d'affaires.

— Quelles affaires ?

— Ah ! cela nous regarde. Voyons, laissez-moi passer, que je lui parle.

— Marc dort.

— Eh bien ! il faut l'éveiller, le temps presse. »

Ce disant, Hullin se courbait sous la porte et pénétrait dans un caveau dont la voûte, au lieu d'être ronde, affectait des courbes irrégulières sillonnées de fissures. Tout près de l'entrée, à deux pieds du sol, la roche formait une sorte d'âtre naturel ; sur l'âtre brûlaient quelques charbons et des branches de genévrier. Tous les ustensiles de cuisine de Hexe-Baizel consistaient en une marmite de fonte, un pot de grès rouge, deux assiettes ébréchées et trois ou quatre fourchettes d'étain ; tout son mobilier en un escabeau de bois, une hachette à fendre des bûches, une boîte à sel accrochée contre la roche, et son grand balai de genêts verts. A gauche de cette cuisine, s'ouvrait une autre caverne, à porte irrégulière, plus large du haut que du bas, se fermant au moyen de deux planches et d'une traverse.

« Eh bien ! où est donc Marc ? dit Hullin en s'asseyant au coin de l'âtre.

— Je vous ai déjà dit qu'il dort. Il est revenu hier très-tard. Il faut que mon homme dorme, entendez-vous ?

— J'entends très-bien, chère Hexe-Baizel ; mais je n'ai pas le temps d'attendre.

— Alors allez-vous-en.

— Allez-vous-en, c'est bientôt dit ; seulement je ne veux pas m'en aller. Je n'ai pas fait une lieue pour m'en retourner les mains dans les poches.

— C'est toi, Hullin ? interrompit une voix brusque sortant de la cave voisine.

— Oui, Marc.

— Ah ! j'arrive. »

On entendit un bruit de paille remuée, puis le couvercle de bois fut tiré : un grand corps, large de trois pieds d'une épaule à l'autre, sec, osseux, voûté, le cou et les oreilles couleur de brique, les cheveux bruns touffus, se courba sous l'ouverture, et Marc Divès se dressa devant Hullin, en bâillant et détirant ses longs bras avec un soupir saccadé.

Au premier abord, la physionomie de Marc Divès semblait assez pacifique : son front large et bas, les tempes dégarnies, ses cheveux courts, frisés, s'avançant en pointe jusque près des sourcils, son nez droit et long, son menton allongé, surtout l'expression calme de ses yeux bruns, l'eussent fait classer dans la famille des ruminants, plutôt que des fauves; mais on aurait eu tort de s'y fier. Certains bruits couraient dans le pays que Marc Divès, en cas d'attaque des douaniers, ne se faisait nul scrupule de se servir de la hache et de la carabine pour en finir plus vite; c'est à lui qu'on attribuait plusieurs accidents graves survenus aux agents du fisc; mais les preuves manquaient absolument. Le contrebandier, grâce à sa connaissance approfondie de tous les défilés de la montagne, et de tous les chemins de traverse de Dagsburg à Sarrbrück, et de Raon-L'Etape à Bâle en Suisse, se trouvait toujours à quinze lieues de tous les endroits où l'on avait commis un mauvais coup. Et puis il avait l'air bonasse, et ceux qui faisaient courir sur son compte de mauvais bruits finissaient toujours mal, — ce qui prouve bien la justice du Seigneur en ce monde.

« Ma foi, Hullin, s'écria Marc après être sorti de son trou, je pensais à toi hier soir, et, si tu n'étais pas venu, j'aurais été tout exprès à la scierie du Valtin pour te rencontrer. Assieds-toi; Hexe-Baizel, donne la chaise à Hullin! »

Puis il s'assit lui-même sur l'âtre, le dos au feu, en face de la porte ouverte, où soufflaient tous les vents de l'Alsace et de la Suisse.

Par cette ouverture on jouissait d'une vue magnifique : on aurait dit un véritable tableau encadré dans le roc, mais un tableau immense, embrassant toute la vallée du Rhin, et par delà des montagnes qui se fondaient dans la brume. Et puis on respirait frais, et le petit feu, qui dansait dans le nid de hiboux, faisait plaisir à voir avec ses teintes rouges, lorsqu'on s'était baigné les yeux dans l'étendue bleuâtre.

« Marc, dit Hullin après un instant de silence, puis-je parler devant ta femme?

— Elle et moi nous ne faisons qu'un.

— Eh bien! Marc, je viens t'acheter de la poudre et du plomb.

— Pour tirer des lièvres, n'est-ce pas? fit le contrebandier en clignant des yeux.

— Non, pour nous battre contre les Allemands et les Russes. »

Il y eut un instant de silence.

« Et il te faudra beaucoup de poudre et de plomb.

— Tout ce que tu pourras fournir.

— Je puis en fournir aujourd'hui pour trois mille francs, dit le contrebandier.

— Je les prends.

— Et autant dans huit jours, ajouta Marc, du même ton calme et l'œil attentif.

— Je les prends.

— Vous les prenez! s'écria Hexe-Baizel, vous les prenez! je le crois bien! mais qui est-ce qui les paye?

— Tais-toi, dit Marc d'un ton rude, Hullin les prend; sa parole me suffit. »

Puis, lui tendant sa large main avec une expression cordiale :

« Jean-Claude, voici ma main : la poudre et le plomb sont à toi; mais je veux en dépenser ma part, tu comprends !

— Oui, Marc; seulement je compte te payer tout de suite.

— Il payera! dit Hexe-Baizel, tu l'entends?

— Eh! je ne suis pas sourd! Baizel, va nous chercher une bouteille de *brimbelle-wasser*, que nous nous réchauffions un peu le cœur. Ce que Hullin vient de me dire me réjouit. Ces gueux de *kaiserliks* n'auront pas aussi beau jeu contre nous que je le croyais. Il paraît qu'on veut se défendre, et solidement.

— Oui, solidement!

— Et il y a des gens qui payent?

— C'est Catherine Lefèvre qui paye, et c'est elle qui m'envoie, » dit Hullin.

Alors Marc Divès se leva, et d'une voix grave, la main étendue vers les précipices, il s'écria :

« C'est une femme.. une femme aussi grande que ce rocher là-bas, l'Oxenstein, le plus grand que j'aie jamais vu de ma vie! — Je bois à sa santé ! — Bois aussi, Jean-Claude ! »

Hullin but, puis la vieille.

« Maintenant tout est dit, s'écria Divès, mais écoute, Hullin, il ne faut pas croire que ce sera facile de se mettre en travers; tous les braconniers, tous les *ségares**, tous les *schlitteurs*, tous les bûcherons de la montagne ne seront pas de trop. J'arrive de l'autre côté du Rhin. Il y en a... des Russes, des Autrichiens, des Bavarois, des Prussiens, des Cosaques, des houzards... il y en a... la terre en est toute noire! Les villages ne peuvent pas les tenir; ils campent dans les plaines, dans les vallons, sur les hauteurs, dans les villes, en plein air, partout, partout il y en a! »

En ce moment, un cri aigu traversa l'air.

« C'est un busard à la chasse ! » fit Marc en s'interrompant.

Mais au même instant une ombre passa sur le rocher. Un nuage de pinsons franchissait l'abîme, et des centaines de busards, d'éperviers se débattaient au-dessus d'un vol rapide, anguleux, avec des cris stridents pour effrayer leur proie, tandis que la masse semblait immobile, tant elle était dense. Le mouvement régulier de ces milliers d'ailes produisait dans

_____
* Les *ségares* sont les ouvriers d'une scierie.

le silence un bruit semblable à celui des feuilles mortes traînées par la bise.

« Voici le départ des pinsons d'Ardennes, dit Hullin.

— Oui, c'est le dernier passage : la faîne est enterrée dans la neige et les semailles aussi. Eh bien! regarde : il y a plus d'hommes là-bas que d'oiseaux dans cette passe. C'est égal, Jean-Claude, nous en viendrons à bout, pourvu que tout le monde s'en mêle!—Hexe-Baizel, allume la lanterne, je vais montrer à Hullin nos provisions de poudre et de plomb. »

Hexe-Baizel, à cette proposition, ne put retenir une grimace.

« Personne, depuis vingt ans, dit-elle, n'est entré dans la cave. Il peut bien nous croire sur parole. Nous croyons bien, nous, qu'il nous payera. Je n'allumerai pas la lanterne ...on! »

Marc, sans rien dire, étendit la main et saisit près du bûcher une grosse trique; alors la vieille, toute hérissée, disparut dans le trou voisin comme un furet, et, deux secondes après, elle en sortait avec une grande lanterne de corne, que Divès alluma tranquillement au feu de l'âtre.

« Baizel, dit-il en replaçant le bâton dans son coin, tu sauras que Jean-Claude est mon vieil ami d'enfance, et que je me fie beaucoup plus à lui qu'à toi, vieille fouine; car si tu n'avais pas peur d'être pendue le même jour que moi, il y a longtemps que je me balancerais au bout d'une corde.—Allons, Hullin, suis-moi. »

Ils sortirent, et le contrebandier tournant à gauche, se dirigea droit vers la brèche, qui formait saillie sur le Valtin, à deux cents pieds dans les airs. Il écarta de la main la feuillage d'un petit chêne enraciné au-dessous, allongea la jambe et disparut comme lancé dans l'abîme. Jean-Claude frémit; mais presque aussitôt il vit, contre la paroi du roc, s'avancer la tête de Divès, qui lui cria :

« Hullin, pose ta main à gauche, il y a un trou; étends le pied hardiment, tu sentiras une marche, et puis tourne sur le talon. »

Maître Jean-Claude obéit, non sans trembler; il sentit le trou dans le roc, il rencontra la marche, et, faisant un demi-tour, il se trouva face à face avec son camarade dans une sorte de niche en ogive, aboutissant autrefois sans doute à quelque poterne. Au fond de la niche s'ouvrait une voûte basse.

« Comment diable as-tu découvert cela? s'écria Hullin tout émerveillé.

— C'est en cherchant des nids il y a trente-cinq ans. J'étais un jour sur la roche, et j'avais vu sortir souvent de là un grand-duc avec sa femelle, deux oiseaux magnifiques, la tête grosse comme mon poing et les ailes larges de six pieds. J'entendais crier leurs petits, et je me disais : « Ils sont près de la caverne, au bout de la terrasse. Si je pouvais tourner un peu plus loin que la brèche, je les aurais! » A force de regarder, de me pencher, je finis par voir un coin de la marche au-dessus du précipice. Il y avait un houx solide à côté. J'empoigne le houx, j'étends la jambe, et, ma foi, j'arrive ici. Quelle bataille, Hullin! Le vieux et la vieille voulaient m'arracher les yeux. Heureusement il faisait jour. Ils sautaient sur moi comme des coqs, ouvraient le bec, sifflaient; mais le soleil les éblouissait. Je leur donnais des coups de pied. A la fin ils allèrent tomber sur la pointe d'un vieux sapin, là-bas, et tous les geais du pays, les grives, les pinsons, les mésanges, volèrent autour d'eux jusqu'à la nuit pour leur arracher des plumes. Tu ne peux pas te figurer, Jean-Claude, la masse d'os, de peaux de rats, de levreaux, de charognes de toute espèce qu'ils avaient entassée dans cette niche. C'était une véritable peste. Je pousse tout ça dans le Jægerthal, et je vois ce conduit. Il faut te dire qu'il y avait deux petits. Je commençai par leur tordre le cou et par les fourrer dans mon sac. Après cela, bien tranquille, j'entre, et tu vas voir ce que je trouve. Arrive! »

Ils se glissèrent alors sous la voûte étroite et basse, formée de pierres rouges énormes, où la lumière projetait en fuyant sa lueur vacillante.

Au bout de trente pas environ, un vaste caveau de forme circulaire, effondré par le haut et bâti sur le roc vif, apparut à Hullin. Au fond s'élevaient une cinquantaine de petites tonnes en pyramides, sur les côtés, un grand nombre de lingots de plomb, des sacs de tabac, dont la forte odeur imprégnait l'air.

Marc avait déposé sa lanterne à l'entrée de la voûte, et regardait son repaire, le front haut, le sourire aux lèvres.

« Voilà ce que je découvris, dit-il; la cave était vide, seulement au milieu se trouvait la carcasse d'une bête aussi blanche que la neige, —sans doute quelque renard mort de vieillesse, —le gueux avait connu le passage avant moi, il dormait ici sur les deux oreilles; qui diable aurait eu l'idée de le suivre! Dans ce temps-là, Jean-Claude, j'avais douze ans. Je pensai tout de suite que cette cachette pourrait un jour m'être utile. Je ne savais pas encore à quoi.. mais, plus tard, quand j'eus fait mes premières tournées de contrebande à Landau, Khel, Bâle, avec Jacob Zimmer, et que durant deux hivers tous les douaniers furent à nos trousses, l'idée de mon vieux caveau se mit à me poursuivre du matin au soir. J'avais fait la connaissance de Hexe-Baizel, qui était alors servante à la ferme du Bois-de-Chênes, chez le père de Catherine. Elle m'apporta vingt-cinq louis en dot, et nous vînmes nous établir dans la caverne des Arbousiers. »

Divès se tut, et Hullin tout rêveur lui demanda :

« Ce trou te plaît donc beaucoup, Marc?

— S'il me plaît !... c'est-à-dire que je ne voudrais pas aller demeurer dans la plus belle maison de Strasbourg, quand on me ferait deux mille livres de rente. Il y a vingt-trois ans que je cache par ici mes marchandises : sucre, café, poudre, tabac, eau-de-vie; tout y passe. J'ai huit chevaux toujours en route.

— Mais tu ne jouis de rien.

— Je ne jouis de rien ! Tu trouves donc que ce n'est rien de se moquer des gendarmes, des rats de cave, des douaniers, de les faire enrager, de les dépister, d'entendre dire partout : « Ce gueux de Marc, est-il fin !... Comme il vous mène ses affaires !... Il mettrait toute la régie sur les dents... Et ceci... et cela. » Hé ! hé ! hé ! Je te réponds, moi, que c'est le plus grand plaisir du monde. Et puis les gens vous aiment : on leur vend tout à moitié prix; on rend service aux pauvres, et l'on s'entretient l'estomac chaud.

— Oui, mais quels dangers !

— Bah ! jamais un douanier n'aura l'idée de passer la brèche.

— Je le crois bien ! pensa Hullin, en songeant qu'il lui faudrait de nouveau franchir le précipice.

— C'est égal, reprit Marc, tu n'as pas tout à fait tort, Jean-Claude. Dans les premiers temps, lorsqu'il me fallait entrer ici avec ces petites tonnes-là sur l'épaule, je suais à grosses gouttes; maintenant j'y suis habitué.

— Et si le pied te glissait ?

— Eh bien ! ce serait fini ! Autant mourir embroché dans un sapin, que de tousser des semaines et des mois sur une paillasse. »

Divès éclairait alors de sa lanterne des piles de tonnes entassées jusqu'à la voûte.

« C'est de la poudre fine anglaise, dit-il; ça coule comme des grains d'argent sur la main, et ça chasse en diable. Il n'en faut pas beaucoup, un dé à coudre suffit. Et voici du plomb sans mélange d'étain. Dès ce soir, Hexe-Baizel fondra des balles. Elle s'y connaît; tu verras. »

Ils s'apprêtaient à reprendre le chemin de la brèche, lorsque tout à coup un bruit confus de paroles se mit à bourdonner dans l'air. Marc souffla sa lanterne, ils restèrent plongés dans les ténèbres.

« Quelqu'un marche là-haut, dit tout bas le contrebandier; qui diable a pu grimper sur le Falkenstein par ce temps de neige? »

Ils écoutèrent, retenant leur haleine, l'œil fixé sur le rayon de lumière bleuâtre qui descendait d'une étroite fissure au fond de la caverne. Autour de cette fente croissaient quelques broussailles scintillantes de givre; plus haut, on apercevait la crête d'un vieux mur. Comme ils regardaient ainsi dans le plus profond silence, voilà qu'au pied du mur apparut une grosse tête ébouriffée, le front serré dans un cercle luisant, la face allongée, puis une barbe rousse en pointe, le tout se découpant en silhouette bizarre sur le ciel blanc de l'hiver.

« C'est le Roi de Carreau, fit Marc en riant.

— Pauvre diable, murmura Hullin d'un ton grave, il vient se promener dans son château, les pieds nus sur la glace, et sa couronne de fer-blanc sur la tête! Tiens, regarde, le voilà qui parle; il donne des ordres à ses chevaliers, à sa cour; il étend son sceptre au nord et au midi, tout est à lui; il est maître du ciel et de la terre !... Pauvre diable! rien qu'à le voir avec son caleçon et sa peau de chien râpée sur le dos, j'ai froid le long des reins.

— Oui, Jean-Claude, ça me produit l'effet d'un bourgmestre ou d'un maire de village, qui s'arrondit le ventre comme un bouvreuil, et souffle dans ses joues rouges en disant : « Moi, je suis Hans Aden, j'ai dix arpents de beaux prés, j'ai deux maisons, j'ai une vigne, mon verger, mon jardin, hum! hum! j'ai ceci, j'ai cela ! » Le lendemain, il lui arrive une petite colique, et... bonsoir ! — Les fous, les fous... qui est-ce qui n'est pas fou ? — Allons-nous-en, Hullin, la vue de ce malheureux qui parle au vent, et de son corbeau qui chante la famine me font claquer les dents. »

Ils entrèrent dans le couloir, et l'éclat du jour, au sortir des ténèbres, faillit éblouir Hullin. Heureusement, la haute taille de son camarade, debout devant lui, le préserva du vertige.

« Appuie-toi solidement, dit Marc, imite-moi; la main droite dans le trou, le pied droit en avant sur la marche, un demi-tour; nous y sommes ! »

Ils revinrent dans la cuisine, où Hexe-Baizel leur dit que Yégof était dans les ruines du vieux burg.

« Nous le savons, répondit Marc, nous venons de le voir prendre le frais là-haut; chacun son goût. »

Au même instant, le corbeau Hans, planant au-dessus de l'abîme, passa devant la porte en poussant un cri rauque; on entendit les broussailles secouer leur grésil, et le fou apparut sur la terrasse. Il était tout hagard, et, lançant un coup d'œil vers le foyer, il s'écria :

« Marc Divès, tâche de déménager bientôt. Je t'en préviens, je suis las de ce désordre. Les fortifications de mes domaines doivent être libres. Je ne souffrirai pas que la vermine se niche chez moi. Prends tes mesures en conséquence. »

Puis, apercevant Jean-Claude, son front se dérida.

« Toi ici, Hullin ? dit-il. Serais-tu enfin assez clairvoyant pour accepter les propositions que j'ai daigné te faire ? Sentirais-tu qu'une alliance telle que la mienne est le seul moyen de vous préserver de la destruction totale de votre race ? S'il en est ainsi, je te félicite, tu montres plus de bon sens que je ne t'en supposais. »

Hullin ne put s'empêcher de rire.

« Non, Yégof, non, le ciel ne m'a pas encore assez éclairé, dit-il, pour que j'accepte l'honneur que tu veux bien me faire. D'ailleurs, Louise n'est pas encore d'âge à se marier. »

Le fou était redevenu grave et sombre. Debout au bord de la terrasse, le dos à l'abîme, il semblait là comme chez lui, et son corbeau, tourbillonnant à droite, à gauche, ne pouvait le troubler.

Il leva son sceptre, fronça le sourcil et s'écria :

« Donc c'est pour la seconde fois, Hullin, que je te réitère ma demande, et c'est pour la seconde fois que tu oses me refuser ! Maintenant je la renouvellerai encore une fois — une fois, entends-tu ? — Puis, que les destinées s'accomplissent ! »

Et tournant gravement les talons, le pas ferme, la tête haute et droite malgré l'extrême rapidité de la pente, il descendit le sentier de la roche.

Hullin, Marc Divès et Hexe-Baizel elle-même partirent d'un grand éclat de rire.

« C'est un grand fou, dit Hexe-Baizel.

— Je crois que tu n'as pas tout à fait tort, lui répondit le contrebandier. Ce pauvre Yégof, décidément il perd la tête. Mais il ne s'agit pas de ça ; Baizel, écoute-moi bien : tu vas commencer à fondre des balles de tous les calibres ; moi, je vais me mettre en route pour la Suisse. Dans huit jours au plus tard, le reste de nos munitions sera ici. Donne-moi mes bottes. »

Puis, frappant du talon et se liant autour du cou une grosse cravate de laine rouge, il décrocha de la muraille un de ces manteaux vert sombre comme en portent les pâtres, le jeta sur ses épaules, se coiffa d'un vieux feutre râpé, prit un gourdin et s'écria :

« N'oublie pas ce que je viens de te dire, vieille, ou gare ! En route, Jean-Claude ! »

Hullin le suivit sur la terrasse, sans souhaiter le bonjour à Hexe-Baizel, qui, de son côté, ne daigna pas même s'avancer sur le seuil pour les voir partir. Lorsqu'ils furent à la base du rocher, Marc Divès, s'arrêtant, dit :

« Tu vas dans les villages de la montagne, n'est-ce pas, Hullin ?

— Oui, c'est la première chose à faire, il faut que je prévienne les bûcherons, les charbonniers, les flotteurs, de ce qui se passe.

— Sans doute ; n'oublie pas Materne du Hengst et ses deux garçons, Labarbe de Dagsburg, Jérôme de Saint-Quirin. Dis-leur qu'il y aura de la poudre, des balles ; que nous en sommes, Catherine Lefèvre, moi, Marc Divès, et tous les braves gens du pays.

— Sois tranquille, Marc, je connais mes hommes.

— Alors, à bientôt. »

Ils se donnèrent une vigoureuse poignée de main.

Le contrebandier prit le sentier à droite, vers le Donon ; Hullin le sentier à gauche, vers la Sarre.

Ils s'éloignaient d'un bon pas, lorsque Hullin rappela son camarade :

« Hé ! Marc, avertis en passant Catherine Lefèvre que tout marche bien. Dis-lui que je vais dans la montagne. »

L'autre répondit par un signe de tête qu'il avait compris, et tous deux poursuivirent leur route.

VI

Une agitation extraordinaire régnait alors sur toute la ligne des Vosges ; le bruit de l'invasion prochaine se répandait de village en village, jusque dans les fermes et les maisons forestières du Hengst et du Nideck. Les colporteurs, les rouliers, les chaudronniers, toute cette population flottante, qui va sans cesse de la montagne à la plaine et de la plaine à la montagne, apportaient chaque jour, de l'Alsace et des bords du Rhin, une foule de nouvelles étranges : « Les places, disaient ces gens, se mettent en état de défense ; on fait des sorties pour les approvisionner en blé, en viande ; les routes de Metz, de Nancy, de Huningue, de Strasbourg, sont sillonnées de convois. On ne rencontre partout que des caissons de poudre, de boulets et d'obus ; de la cavalerie, de l'infanterie, des artilleurs se rendant à leur poste. Le maréchal Victor, avec ses douze mille hommes, tient encore la route de Saverne ; mais les ponts des places fortes sont déjà levés de sept heures du soir à huit heures du matin.

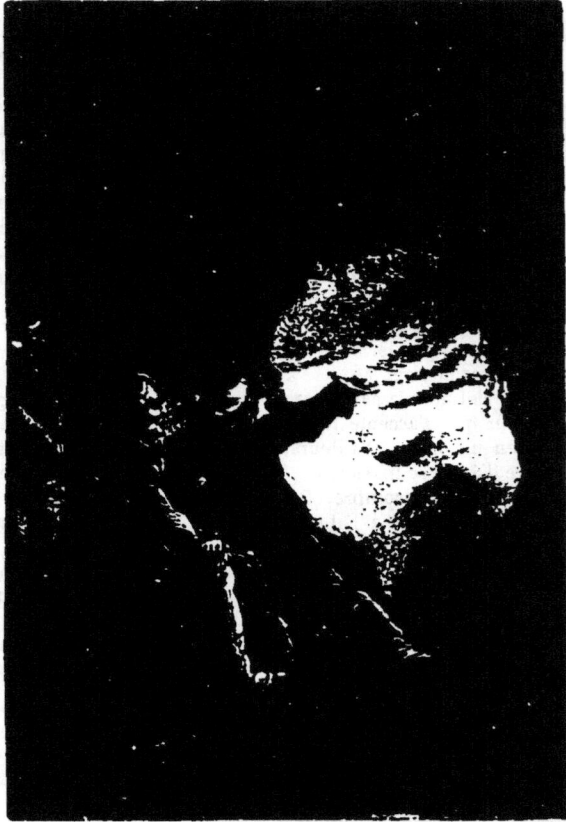

« Jean-Claude, voici ma main. » (Page 20.)

Chacun pensait que tout cela n'annonçait rien de bon. Cependant — si plusieurs éprouvaient une crainte sérieuse de la guerre, si les vieilles femmes levaient les mains au ciel en criant : « Jésus-Marie-Joseph! » — le plus grand nombre songeait au moyen de se défendre. Jean-Claude Hullin, en de telles circonstances, fut bien reçu partout.

Ce jour même, vers cinq heures du soir, il atteignit la cime du Hengst, et s'arrêta chez le patriarche des chasseurs forestiers, le vieux Materne. C'est là qu'il passa la nuit, car, en temps d'hiver, les journées sont courtes et les chemins difficiles. Materne promit de surveiller le défilé de la Zorn avec ses deux fils Kasper et Frantz, et de répondre au premier signal qui lui serait fait du Falkenstein.

Le lendemain, Jean-Claude se rendit de bonne heure à Dagsburg, pour s'entendre avec son ami Labarbe le bûcheron. Ils allèrent ensemble visiter les hameaux du voisinage, ranimer dans les cœurs l'amour du pays, et, le jour suivant, Labarbe accompagna Hullin jusque chez l'anabaptiste Christ-Nickel, le fermier de la Painbach, homme respectable et de grand sens, mais qu'ils ne purent entraîner dans leur glorieuse entreprise Christ-Nickel n'avait qu'une réponse à toutes les observations: « C'est bien... c'est juste... mais l'Evangile a dit: — Remettez votre bâton en son lieu... Celui qui se sert de l'épée périra par l'épée. » Il leur promit, cependant, de faire des vœux pour la bonne cause ; c'est tout ce qu'ils en purent obtenir.

Ils allèrent de là jusqu'à Walsch, échanger

Il y eut un cri général de « Vive la France! » (Page 30.)

de solides poignées de main avec Daniel Hirsch, ancien canonnier de marine, qui leur promit d'entraîner tous les gens de sa commune.

Eu cet endroit, Labarbe laissa Jean-Claude poursuivre seul sa route.

Durant huit jours encore, il ne fit que battre la montagne, de Soldatenthal au Léonsberg, à Meienthal, à Abreschwiller, Voyer, Lœttenbach, Cirey, Petit-Mont, Saint-Sauveur, et le neuvième jour il se rendit chez le cordonnier Jérôme, à Saint-Quirin. Ils visitèrent ensemble le défilé du Blanru, après quoi Hullin, satisfait de sa tournée, reprit enfin le chemin du village.

Il marchait depuis environ deux heures d'un bon pas, se représentant la vie des camps, le bivac, la fusillade, les marches et les contre-marches, toute cette existence du soldat qu'il avait regrettée tant de fois, et qu'il voyait revenir avec enthousiasme, quand, au loin, bien loin encore, dans les ombres du crépuscule, il découvrit le hameau des Charmes aux teintes bleuâtres, sa petite cassine, déroulant sur la nuée blanche un écheveau de fumée presque imperceptible, les petits jardins entourés de palissades, les toits de bardeaux, et, sur la gauche, à mi-côte, la grande ferme du Bois-de-Chênes, avec la scierie du Valtin au fond, dans le ravin déjà sombre.

Alors, tout à coup, et sans savoir pourquoi, son âme fut remplie d'une grande tristesse.

Il ralentit le pas, songeant à la vie calme paisible, qu'il abandonnait peut-être pour toujours; à sa petite chambre, si chaude en hiver et si gaie au printemps, lorsqu'il ouvrait les petites fenêtres à la brise des bois ; au tic-tac monotone de la vieille horloge, et surtout à Louise, à sa bonne petite Louise, filant dans le silence, les paupières baissées, en chantant quelque vieil air de sa voix pure et pénétrante, aux heures du soir, où l'ennui les gagnait tous deux. Ce souvenir le saisit si vivement que les moindres objets, chaque instrument de son métier, — les longues tarières luisantes, la hachette à manche courbe, les maillets, le petit poêle, la vieille armoire, les écuelles de terre vernissée, l'antique image de saint Michel clouée au mur, le vieux lit à baldaquin au fond de l'alcôve, l'escabeau, le bahut, la lampe à bec de cuivre — tout se retraça dans son esprit comme une vivante peinture, et les larmes lui en vinrent aux yeux.

Mais c'est surtout Louise, sa chère enfant, qu'il plaignait. Qu'elle allait répandre de larmes ! qu'elle allait le supplier de renoncer à la guerre ! Et comme elle allait se pendre à son cou, lui disant : « Oh ! ne me quittez pas, papa Jean-Claude ! Oh ! je vous aimerai bien ! Oh ! n'est-ce pas que vous ne voulez pas m'abandonner ? »

Et le brave homme voyait ses beaux yeux effrayes ; il sentait ses bras à son cou. Il songeait à la tromper, à lui faire croire quelque chose, n'importe quoi, pour expliquer son absence et la rassurer ; mais de tels moyens n'entraient pas dans son caractère, et sa tristesse en devenait plus grande.

En passant devant la ferme du Bois-de-Chênes, il entra pour dire à Catherine Lefèvre que tout allait bien, et que les montagnards n'attendaient plus que le signal.

Un quart d'heure après, maître Jean-Claude débouchait par le sentier des Houx en face de sa maisonnette.

Avant de pousser la porte criarde, l'idée lui vint de voir ce que faisait Louise en ce moment. Il jeta donc un coup d'œil dans la petite chambre, par la fenêtre : Louise était debout contre les rideaux de l'alcôve ; elle semblait fort animée, arrangeant, pliant et dépliant des habits étendus sur le lit. Sa douce figure rayonnait de bonheur, et ses grands yeux bleus brillaient d'une sorte d'enthousiasme ; elle parlait même tout haut. Hullin prêta l'oreille, mais une charrette passant justement dans la rue, il ne put rien entendre.

Prenant alors sa résolution à deux mains, il entra en disant d'une voix ferme :

« Louise, me voilà de retour. »

Aussitôt la jeune fille, toute joyeuse et bondissant comme une biche, accourut l'embrasser.

« Ah ! c'est vous, papa Jean-Claude, je attendais. Mon Dieu ! mon Dieu ! que vous donc resté longtemps ! Enfin vous voilà.

— C'est que, mon enfant, répondit le brave homme d'un accent moins décidé, en déposant son bâton derrière la porte et son chapeau sur la table, c'est que... »

Il ne put en dire davantage.

« Oui, oui, vous êtes allé voir nos amis, dit Louise en riant ; je sais tout, maman Lefèvre m'a tout dit.

— Comment, tu sais ?... Et ça ne te fait rien ?... Tant mieux, tant mieux, cela prouve ton bon sens. Moi qui craignais de te voir pleurer !

— Pleurer ! et pourquoi donc, papa Jean-Claude ? Oh ! j'ai du courage ; vous ne me connaissez pas, allez ! »

Elle prit un petit air résolu qui fit sourire Hullin, mais ce sourire s'effaça bien vite quand elle ajouta :

« Nous allons faire la guerre... nous allons nous battre... nous allons courir la montagne...

— Comment ? nous allons ! nous allons !... s'écria le brave homme tout ébahi.

— Mais oui. Est-ce que nous ne partons pas ? dit-elle d'un ton de regret.

— C'est-à-dire... il faut que je te quitte pour quelque temps, mon enfant.

— Me quitter... oh ! que non ; je pars avec vous, c'est convenu. Tenez, voyez, mon petit paquet est déjà prêt, et voici le vôtre que j'arrange. Ne vous inquiétez de rien, laissez-moi faire, et vous serez content ! »

Hullin ne revenait pas de sa stupeur.

« Mais, Louise, s'écria-t-il, tu n'y songes pas... Réfléchis donc : il faudra passer des nuits dehors, marcher, courir ; et le froid, la neige, les coups de fusil ! Cela ne se peut pas.

— Voyons, s'écria la jeune fille d'une voix pleine de larmes en se jetant dans ses bras, ne me faites pas de peine ! Vous voulez rire de votre petite Louise... vous ne pouvez pas l'abandonner !

— Mais tu seras bien mieux ici... tu auras chaud... tu recevras de nos nouvelles tous les jours.

— Non, non, je ne veux pas, moi ; je veux sortir. Le froid ne me fait rien. Il y a trop longtemps que je suis enfermée ; je veux prendre un peu d'air aussi. Est-ce que les oiseaux ne sortent pas ? Les rouges-gorges sont dehors tout l'hiver. Est-ce que je n'ai pas senti le froid toute petite ? et la faim encore ! »

Elle frappait du pied, puis pour la troisième fois entourant le cou de Jean-Claude de ses bras :

« Allons, papa Hullin, dit-elle d'une voix tendre, maman Lefevre a dit oui... Serez-vous plus méchant qu'elle? Ah! si vous saviez comme je vous aime! »

Le brave homme tout attendri s'était assis, et détournait la tête, pour ne pas se laisser fléchir, et ne pas permettre qu'on l'embrassât.

« Oh! que vous êtes méchant aujourd'hui, papa Jean-Claude! »

— C'est pour toi, mon enfant.

— Eh bien! tant pis... je me sauverai, je courrai après vous! Le froid... qu'est-ce que le froid? Et si vous êtes blessé, si vous demandez à voir votre petite Louise pour la dernière fois, et qu'elle ne se trouve pas là, près de vous, pour vous soigner, pour vous aimer jusqu'à la fin!... Oh! vous me croyez donc bien mauvais cœur! »

Elle sanglotait. Hullin ne put y tenir davantage.

« Est-ce bien vrai que maman Lefevre consent? demanda-t-il.

— Oh! oui, oh! oui, elle me l'a dit. Elle m'a dit : « Tâche de décider papa Jean-Claude; moi, je ne demande pas mieux; je suis contente. »

— Eh bien!... que puis-je faire contre vous deux?... tu viendras avec nous... c'est entendu. »

Alors ce fut un cri de joie dont toute la cassine retentit :

« Oh! que vous êtes bon! »

Et d'un tour de main les larmes furent essuyées :

« Nous allons partir, courir les bois, faire la guerre! »

— Hé! s'écria Hullin en hochant la tête, je le vois maintenant, tu es toujours la petite heimathslôs. Allez donc apprivoiser une hirondelle! »

Puis, l'attirant sur ses genoux :

« Tiens, Louise, voilà maintenant douze ans passés que je t'ai trouvée dans la neige; tu étais toute bleue, pauvre petite! Et quand nous fûmes dans la baraque, près d'un bon feu, et que tu revins tout doucement, la première chose que tu fis, ce fut de me sourire. Et depuis j'ai toujours voulu ce que tu as voulu. Avec ce sourire-là, tu m'as conduit par tous les chemins. »

Alors Louise se mit à lui sourire, et ils s'embrassèrent :

« Eh bien donc, regardons les paquets, dit le brave homme avec un soupir. Sont-ils bien faits au moins? »

Il s'approcha du lit et regarda tout émerveillé ses plus chauds habits, ses gilets de flanelle, tout cela bien brossé, bien plié, bien empaqueté; puis le paquet de Louise avec ses bonnes robes, ses jupes et ses gros souliers en un bel ordre. A la fin, il ne put s'empêcher de rire et de s'écrier :

« O heimathslôs, heimathslôs, il n'y a que vous pour faire les beaux paquets, et vous en aller sans tourner la tête! »

Louise sourit.

« Vous êtes content! »

— Il le faut bien! Mais, pendant tout ce bel ouvrage, tu n'as pas songé, j'en suis sûr, à préparer mon souper.

— Oh! ce sera bientôt fait! Je ne savais pas que vous reviendriez ce soir, papa Jean-Claude.

— C'est juste, mon enfant. Apprête-moi donc quelque chose, n'importe quoi, mais vite, car j'ai bon appétit. En attendant, je vais fumer une pipe.

— Oui, c'est cela, fumez une pipe. »

Il s'assit au coin de l'établi et battit le briquet tout rêveur. Louise courait à droite, à gauche, comme un véritable lutin, ranimant le feu, cassant les œufs dans la poêle, et faisant sauter une omelette en un clin d'œil. Jamais elle n'avait été si leste, si riante, si jolie. Hullin, le coude sur la table, la joue dans la main la regardait faire gravement, pensant à tout ce qu'il y avait de fermeté, de volonté, de résolution, dans ce petit être, léger comme une fée et décidé comme un hussard. Au bout d'un instant, elle vint lui servir l'omelette sur un grand plat fleuronné, le pain, le verre et la bouteille.

« Voilà, papa Jean-Claude, régalez-vous! »

Elle le regardait manger d'un œil tendre.

La flamme sautait dans la poêle, et éclairant de sa vive lumière les poutres basses, l'escalier de bois dans l'ombre, le grand lit au fond de l'alcôve, toute cette demeure tant de fois égayée par l'humeur joyeuse du sabotier, les chansonnettes de sa fille et l'entrain au travail. Et tout cela, Louise le quittait sans peine; elle ne songeait qu'aux bois, au sentier neigeux, aux montagnes sans fin allant du village à la Suisse, et bien plus loin encore. Ah! maître Jean-Claude avait bien raison de crier : « Heimathslôs! heimathslôs! » L'hirondelle ne peut s'apprivoiser, il lui faut le grand air, le ciel immense, le voyage éternel! Ni l'orage, ni le vent, ni la pluie par torrents ne l'effrayent à l'heure du départ. Elle n'a plus qu'une pensée, plus qu'un soupir, un cri : « En route! en route! »

Le repas terminé, Hullin se leva et dit à sa fille :

« Je suis las, mon enfant; embrasse-moi, et allons nous coucher.

— Oui, mais n'oubliez pas de m'éveiller, papa Jean-Claude, si vous partez avant le jour.

— Sois donc tranquille. C'est entendu, tu viendras avec nous. »

Puis, la regardant grimper l'escalier et disparaître dans la petite mansarde.

« A-t-elle peur de rester au nid ! » se dit-il.

Le silence était grand au dehors. Onze heures sonnaient à l'église du village. Le bonhomme s'assit pour défaire ses souliers. En ce moment, ses regards rencontrèrent par hasard son fusil de munition suspendu au-dessus de la porte. Il le décrocha, puis il l'essuya lentement et en fit jouer la batterie. Toute son âme était à cette besogne.

« Cela va bien encore, » murmura-t-il.

Et d'une voix grave :

« C'est drôle, c'est drôle; la dernière fois que je le tenais... à Marengo... il y a quatorze ans... il me semble que c'était hier ! »

Tout à coup, au dehors, la neige durcie cria sous un pas rapide. Il prêta l'oreille : « Quelqu'un... »

Presque aussitôt deux petits coups secs retentirent aux vitres. Il courut à la fenêtre et l'ouvrit. La tête de Marc Divès, avec son large feutre tout roide de glace, se pencha dans l'ombre.

« Eh bien, Marc, quelles nouvelles ?

— As-tu prévenu les montagnards, Materne, Jérôme, Labarbe ?

— Oui, tous.

— Il n'est que temps : l'ennemi a passé.

— Passé ?

— Oui... sur toute la ligne... J'ai fait quinze lieues dans les neiges depuis ce matin pour te l'annoncer.

— Bon ! il faut donner le signal : un grand feu sur le Falkeinstein. »

Hullin était tout pâle; il remit ses souliers. Deux minutes après, sa grosse camisole sur les épaules et son bâton au poing, il ouvrait doucement la porte, et suivait Marc Divès à grands pas dans le sentier du Falkenstein.

VII

A partir de minuit jusqu'à six heures du matin, une flamme brilla dans les ténèbres sur la cime du Falkenstein, et toute la montagne fut debout.

Tous les amis de Hullin, de Marc Divès et de la mère Lefèvre, les hautes guêtres aux jambes, le vieux fusil sur l'épaule, s'acheminèrent, dans le silence des bois, vers les gorges du Valtin. La pensée de l'ennemi, traversant les plaines de l'Alsace pour venir surprendre les défilés, était présente à l'esprit de tous. Le tocsin de Dagsburg, d'Abreschwiller, de Walsch, de Saint-Quirin et de tous les autres villages ne cessait point d'appeler les défenseurs du pays aux armes.

Maintenant il faut se représenter le Jægerthal au pied du vieux *burg*, par un temps de neige extraordinaire, à cette heure matinale où les grands massifs d'arbres commencent à sortir de l'ombre, où le froid excessif de la nuit s'adoucit à l'approche du jour. Il faut se figurer la vieille scierie avec sa large toiture plate, sa roue pesante chargée de glaçons, sa hutte trapue vaguement éclairée par un feu de sapin, dont la lumière pâlit aux lueurs du crépuscule; et, tout autour du feu, des bonnets de peau, des feutres, de noirs profils regardant les uns par-dessus les autres et se serrant comme une muraille; plus loin, le long des bois, dans toutes les sinuosités du vallon, d'autres feux éclairant des groupes d'hommes et de femmes accroupis dans la neige.

L'agitation commençait à se calmer. A mesure que le ciel grisonnait, les gens se reconnaissaient.

« Tiens, le cousin Daniel de Soldatenthal ! vous êtes donc aussi venu ?

— Mais oui, comme vous voyez, Heinrich, avec ma femme encore.

— Comment ! la cousine Nanette ! Mais où donc est-elle ?

— Là-bas, près du grand chêne, au feu de l'oncle Hans. »

On se serrait la main. D'autres faisaient entendre de longs bâillements, d'autres jetaient au feu des débris de planches. On se passait les gourdes; on se retirait du cercle pour faire place aux voisins qui grelottaient. Cependant l'impatience gagnait la foule.

« Ah çà ! criait-on, nous ne sommes pas venus ici pour nous roussir la plante des pieds. Il serait temps de voir, de s'entendre.

— Oui, oui, qu'on s'entende ! qu'on nomme des chefs !

— Non ! tout le monde n'est pas encore réuni. Voyez, il en arrive toujours de Dagsburg et de Saint-Quirin. »

En effet, plus le jour grandissait, plus on découvrait de gens accourant de tous les sentiers de la montagne. Il y avait bien alors quelques centaines d'hommes dans la vallée : bûcherons, charbonniers, flotteurs — sans compter les femmes et les enfants.

Rien de pittoresque comme cette halte au milieu des neiges, au fond du défilé encaissé de hauts sapins jusqu'aux nuages; à droite, les vallées s'engrenant les unes dans les autres à perte de vue; à gauche, les ruines du Falkenstein debout dans le ciel. On aurait dit de loin des bandes de grues abattues sur les glaces; mais de près il fallait voir ces hommes rudes, la barbe hérissée comme la soie du sanglier, l'œil sombre, les épaules larges et carrées, les mains calleuses. Quelques-uns, plus hauts de taille, appartenaient à cette race des roux ardent, blancs de peau, poilus jusqu'au bout des doigts et forts à déraciner des chênes. De ce nombre étaient le vieux Materne du Hengst et ses deux fils Frantz et Kasper. Ces gaillards-là, tous trois armés de petites carabines d'Insbruck, les hautes guêtres de toile bleue à boutons de cuir remontant au-dessus des genoux, les reins couverts d'une sorte de casaque en peau de chèvre, le feutre rabattu sur la nuque, n'avaient pas même daigné s'approcher du feu. Depuis une heure ils étaient assis sur une *tronce** au bord de la rivière, l'œil au guet, les pieds dans la neige comme à l'affût. De temps en temps le vieux disait à ses fils:

« Qu'ont-ils donc à grelotter là-bas? Je n'ai jamais vu de nuit plus douce pour la saison; c'est une nuit de chevreuil; les rivières ne sont pas même prises! »

Tous les chasseurs forestiers du pays, en passant, venaient leur serrer la main, puis se réunissaient autour d'eux, et formaient en quelque sorte bande à part. Ces gens-à causaient peu, ayant l'habitude de se taire des journées et des nuits entières, de peur d'effaroucher le gibier.

Marc Divès, debout au milieu d'un autre groupe qu'il dominait de toute la tête, parlait et gesticulait, désignant tantôt un point de la montagne, tantôt un autre. En face de lui, se tenait le vieux pâtre Lagarmitte, avec sa grande souquenille de toile grise, sa longue trompe d'écorce sur l'épaule, et son chien. Il écoutait le contrebandier, la bouche béante, et de temps en temps inclinait la tête. Du reste, toute la bande semblait attentive; elle se composait surtout de bûcherons et de flotteurs, avec lesquels le contrebandier se trouvait journellement en rapport.

Entre la scierie et le premier feu, sur la traverse de l'écluse, était assis le cordonnier Jérôme de Saint-Quirin, un homme de cinquante à soixante ans, la face longue, brune, les yeux caves, le nez gros, les oreilles couvertes d'un bonnet de peau de loutre, la barbe jaune descendant en pointe jusqu'à la ceinture. Ses mains, couvertes de gants de grosse laine vert-genouille, s'appuyaient sur un énorme bâton de cormier noueux. Il était vêtu d'une longue capote de bure; on l'aurait pris pour un ermite.

* Trour d'arbre non équarri.

Chaque fois que des rumeurs s'élevaient quelque part, le père Jérôme tournait lentement la tête, et prêtait l'oreille en fronçant le sourcil.

Jean Labarbe, lui, le coude sur le manche de sa hache, restait impassible. C'était un homme aux joues pâles, au nez aquilin, aux lèvres minces. Il exerçait une grande influence sur ceux de Dagsburg par sa résolution et la netteté de son esprit. Quand on criait autour de lui: « Il faut délibérer! nous ne pouvons rester là sans rien faire! » il se bornait simplement à dire: « Attendons; Hullin n'est pas encore arrivé, ni Catherine Lefèvre. Rien ne presse. » Tout le monde alors se taisait, regardant avec impatience vers le sentier des Charmes.

Le *sègare* Piorette, petit homme sec, maigre, énergique, les sourcils noirs joints sur le front, un bout de pipe aux dents, se tenait sur le seuil de sa hutte, et contemplait, d'un œil vif et profond à la fois, l'ensemble de cette scène.

Cependant, l'impatience grandissait de minute en minute. Quelques maires de village, en habit carré et chapeau à cornes, se dirigeaient vers la scierie, appelant leurs communes à délibérer. Fort heureusement, la charrette de Catherine Lefèvre apparut enfin dans le sentier, et mille cris d'enthousiasme s'élevèrent aussitôt de tous côtés:

« Les voilà! les voilà! ils arrivent! »

Le vieux Materne se dressa sur une *tronce*, et descendit gravement, disant:

« Ce sont eux! »

Il se fit une grande agitation. Les groupes éloignés se rapprochèrent, chacun accourut. Une sorte de frisson d'impatience dominait la foule. À peine vit-on distinctement la vieille fermière, le fouet en main, sur sa botte de paille avec la petite Louise, que de toutes parts retentirent jusqu'au fond des échos les cris de:

« Vive la France! — vive la mère Catherine! »

Hullin, resté en arrière, son grand chapeau sur la nuque, le fusil de munition en bandoulière, traversait alors la prairie de l'Eichmath, distribuant des poignées de main énergiques:

« Bonjour, Daniel! bonjour, Colon! bonjour, bonjour!

— Hé! cela va chauffer, Hullin!

— Oui, oui, nous allons entendre éclater les marrons cet hiver. Bonjour, mon vieux Jérôme, nous voilà dans les grandes affaires.

— Mais oui, Jean-Claude. Il faut espérer que nous en sortirons avec la grâce de Dieu. »

Catherine, arrivée devant la scierie, disait alors à Labarbe de déposer à terre une petite tonne d'eau-de-vie qu'elle avait amenée de la

ferme, et de chercher la cruche du *ségare* dans
la hutte.

Quelque temps après, Hullin, en s'approchant du feu, rencontra Materne et ses deux
garçons.

« Vous arrivez tard ! lui dit le vieux chasseur.

—Hé ! oui. Que veux-tu ? il a fallu descendre
du Falkenstein, prendre le fusil, embarquer
les femmes. Enfin, nous voilà, ne perdons plus
de temps ; Lagarmitte, souffle dans ta corne,
que tout le monde se réunisse ! Avant tout, il
faut s'entendre, il faut nommer des chefs. »

Lagarmitte soufflait déjà dans sa longue
trompe, les joues gonflées jusqu'aux oreilles,
et les bandes encore dispersées le long des sentiers, sur la lisière des bois, hâtaient le pas
pour arriver à temps. Bientôt tous ces braves
gens furent réunis en face de la scierie. Hullin,
devenu grave, monta sur une pile de *tronces*,
et, promenant sur la foule des regards profonds, il dit au milieu du plus grand silence :

« L'ennemi a passé le Rhin avant-hier soir ;
il marche sur la montagne pour entrer en Lorraine : Strasbourg et Huningue sont bloqués.
Il faut nous attendre à voir les Allemands et
les Russes dans trois ou quatre jours. »

Il y eut un cri général de « Vive la France ! »

« Oui, vive la France, reprit Jean-Claude, car
si les alliés arrivent à Paris, ils sont maîtres de
tout ; ils peuvent rétablir les corvées, les dîmes,
les couvents, les priviléges et les potences ! Si
vous voulez ravoir tout ça, vous n'avez qu'à
les laisser passer. »

On ne saurait peindre la fureur sombre de
toutes ces figures en ce moment.

« Voilà ce que j'avais à vous dire ! cria Hullin
tout pâle. Puisque vous êtes ici, c'est pour vous
battre.

—Oui ! oui !

—C'est bien ; mais écoutez-moi. Je ne veux
pas vous prendre en traîtres. Il y a parmi vous
des pères de famille. Nous serons un contre dix,
contre cinquante : il faut nous attendre à périr !
Ainsi, que les hommes qui n'auraient pas ré-
fléchi à la chose, qui ne se sentiraient pas le
cœur de faire leur devoir jusqu'à la fin, s'en
aillent ; on ne leur en voudra pas. Chacun est
libre. »

Puis il se tut regardant autour de lui. Tout le
monde restait immobile ; c'est pourquoi d'une
voix plus ferme il finit ainsi :

« Personne ne se retire ! tous, tous, vous êtes
d'accord pour vous battre ! Eh bien, cela me
réjouit de voir qu'il n'y a pas un seul gueux
parmi nous ! Maintenant il faut nommer un
chef. Dans les grands dangers, la première
chose est l'ordre, la discipline. Le chef que
vous allez nommer aura tous les droits de

commander et d'être obéi. Ainsi, réfléchissez
bien, car de cet homme va dépendre le sort de
chacun. »

Ayant dit cela, Jean-Claude descendit des
tronces, et l'agitation fut extrême. Chaque village délibérait séparément, chaque maire pro-
posait son homme ; cependant l'heure avançait.
Catherine Lefèvre se consumait d'impatience.
Enfin, n'y tenant plus, elle se leva sur son
siége et fit signe qu'elle voulait parler.

Catherine jouissait d'une grande considération. D'abord quelques-uns, puis un grand
nombre s'approchèrent pour savoir ce qu'elle
voulait leur communiquer.

« Mes amis, dit-elle, nous perdons trop de
temps. Que vous faut-il ? Un homme sûr, n'est-
ce pas ? un soldat, un homme qui ait fait la
guerre et qui sache profiter de nos positions ?
Eh bien ! pourquoi ne choisissez-vous pas
Hullin ? En est-il un seul qui puisse trouver
mieux ? Qu'il parle tout de suite et l'on décidera. Moi, je propose Jean-Claude Hullin. Hé !
là-bas ! entendez-vous ? Si cela continue, les
Autrichiens seront ici avant qu'on ait un chef.

—Oui ! oui ! Hullin ! s'écrièrent Labarbe,
Dives, Jérôme et plusieurs autres. Voyons,
qu'on vote pour ou contre ! »

Marc Divès, grimpant alors sur les *tronces*,
s'écria d'une voix tonnante :

« Que ceux qui ne veulent pas de Jean-Claude
Hullin pour chef lèvent la main. »

Pas une main ne se leva.

« Que ceux qui veulent Jean-Claude Hullin
pour chef lèvent la main. »

On ne vit que des mains en l'air.

« Jean-Claude, dit le contrebandier, monte
ici, regarde... c'est toi qu'on veut ! »

Maître Jean-Claude étant monté vit qu'il
était nommé, et tout aussitôt d'un ton ferme
il dit :

« C'est bon ! vous me nommez votre chef :
j'accepte ! Que Materne, le vieux, Labarbe de
Dagsburg, Jérôme de Saint-Quirin, Marc Divès,
Piorette le *ségare* et Catherine Lefèvre entrent
dans la scierie. Nous allons délibérer. Dans un
quart d'heure ou vingt minutes, je donnerai
les ordres. En attendant, chaque village va
fournir deux hommes à Marc Divès, pour chercher de la poudre et des balles au Falkenstein. »

VIII

Tous ceux que Jean-Claude Hullin avait dé-
signés se réunirent dans la hutte du *ségare*,
sous le manteau de l'immense cheminée. Une

sorte de bonne humeur rayonnait sur la figure de ces braves gens.

« Depuis vingt ans que j'entends parler de Russes, d'Autrichiens et de Cosaques, disait le vieux Materne en souriant, je ne serai pas fâché d'en voir quelques-uns au bout de mon fusil ; ça change les idées.

—Oui, répondit Labarbe, nous allons en voir de drôles ; les petits enfants de la montagne pourront en raconter sur leurs pères et leurs grands-pères! Et les vieilles, à la veillee, vont-elles en faire des histoires dans cinquante ans d'ici !

—Camarades, dit Hullin, vous connaissez tous le pays, vous avez la montagne sous les yeux, depuis Thann jusqu'à Wissembourg. Vous savez que deux grandes routes, deux routes impériales, traversent l'Alsace et les Vosges. Elles partent toutes les deux de Bâle ; l'une longe le Rhin jusqu'à Strasbourg, de là elle va remonter la côte de Saverne et entre en Lorraine. Huningue, Neuf-Brisach, Strasbourg et Phalsbourg la défendent. L'autre tourne à gauche et passe à Schlestadt ; de Schlestadt elle entre dans la montagne et gagne Saint-Dié, Raon-l'Étape, Baccarat et Lunéville. L'ennemi voudra d'abord forcer ces deux routes, les meilleures pour la cavalerie, l'artillerie et les bagages ; mais, comme elles sont défendues, nous n'avons pas à nous en inquiéter. Si les alliés font le siège des places fortes — ce qui traînerait la campagne en longueur — alors nous n'aurons rien à craindre ; mais c'est peu probable. Après avoir sommé Huningue de se rendre, Belfort, Schlestadt, Strasbourg et Phalsbourg de ce côté des Vosges ; Bitche, Lutzelstein et Sarrebrück de l'autre, je crois qu'ils tomberont sur nous. Maintenant, écoutez-moi bien. Entre Phalsbourg et Saint-Dié, il y a plusieurs défilés pour l'infanterie ; mais il n'y a qu'une route praticable au canon : c'est la route de Strasbourg à Raon-les-Leaux par Urmatt, Mutzig, Lutzelhouse, Phramond, Grandfontaine. Une fois maîtres de ce passage, les alliés pourraient déboucher en Lorraine. Cette route passe au Donon, à deux lieues d'ici, sur notre droite. La première chose à faire est de s'y établir solidement, dans l'endroit le plus favorable à la défense, c'est-à-dire sur le plateau de la montagne ; de la couper, de casser les ponts et de jeter en travers de solides abatis. Quelques centaines de gros arbres en travers d'un passage, avec toutes leurs branches, valent des remparts. Ce sont les meilleures embuscades, on est bien à couvert et l'on voit venir. Ces gros arbres tiennent en diable ! Il faut les dépecer morceau par morceau ; on ne peut jeter des ponts dessus ; enfin, c'est ce qu'il

y a de mieux. Tout cela, camarades, sera fait demain soir ou après-demain au plus tard, je m'en charge ; mais ce n'est pas tout d'occuper une position et de la mettre en bon état de défense, il faut encore faire en sorte que l'ennemi ne puisse la tourner... »

—Justement j'y pensais, dit Materne ; une fois dans la vallée de la Bruche, les Allemands peuvent entrer avec de l'infanterie dans les collines de Haslach et tourner notre gauche. Rien ne les empêchera d'essayer la même manœuvre sur notre droite, s'ils parviennent à gagner Raon-l'Étape...

—Oui, mais pour leur ôter ces idées-là, nous avons une chose bien simple à faire : c'est d'occuper les défilés de la Zorn et de la Sarre sur notre gauche, et celui du Blanru sur notre droite. On ne garde un défilé qu'en tenant les hauteurs ; c'est pourquoi Piorette va se mettre avec cent hommes, du côté de Raon-les-Leaux ; Jérôme, sur le Grosmann, avec un même nombre, pour fermer la vallée de la Sarre ; et Labarbe, à la tête du reste, sur la grande côte pour surveiller les collines de Haslach. Vous choisirez votre monde parmi ceux des villages les plus voisins. Il ne faut pas que les femmes aient beaucoup de chemin à faire pour apporter des vivres. Et puis les blessés seront plus près de chez eux, ce qu'il faut aussi considérer. Voilà provisoirement tout ce que j'avais à vous dire. Les chefs de poste auront soin de m'envoyer chaque jour au Donon, où je vais établir ce soir notre quartier général, un bon marcheur pour m'avertir de ce qui se passe et recevoir le mot d'ordre. Nous organiserons aussi une réserve ; mais, comme il faut aller au plus pressé, nous parlerons de cela quand vous serez tous en position, et qu'il n'y aura plus de surprise à craindre de la part de l'ennemi.

—Et moi, s'écria Marc Divès, je n'aurai donc rien à faire? Je resterai les bras croisés à regarder les autres se battre?

—Toi, tu surveilleras le transport des munitions ; aucun de nous ne saurait traiter la poudre comme toi, la préserver du feu et de l'humidité, fondre des balles, faire des cartouches.

—Mais c'est un ouvrage de femme cela, s'écria le contrebandier ; Hexe-Baizel le ferait aussi bien que moi. Comment ! je ne tirerai pas un coup de fusil!

—Sois tranquille, Marc, répondit Hullin en riant, les occasions ne te manqueront pas. D'abord le Falkenstein est le centre de notre ligne, c'est notre arsenal et notre point de retraite en cas de malheur. L'ennemi saura par ses espions, que nos convois partent de là ; il essayera probablement de les enlever : les balles

Le docteur Lorquin. (Page 33.)

et les coups de baïonnette ne te manqueront pas. D'ailleurs, quand tu serais à couvert, cela n'en vaudrait que mieux, car on ne peut confier tes caves au premier venu. Cependant, si tu voulais absolument...

—Non, dit le contrebandier, que la réflexion de Hullin sur ses caves avait touché, non, tout bien considéré, je crois que tu as raison, Jean-Claude ; j'ai mes hommes, ils sont bien armés, nous défendrons le Falkenstein, et si l'occasion de placer une balle se présente, je serai plus libre.

— Voilà donc une affaire entendue et bien comprise? demanda Hullin.

—Oui, oui, c'est entendu.

—Eh bien, camarades, s'écria le brave homme d'un accent joyeux, allons nous ré-chauffer le cœur avec quelques bons verres de vin. Il est dix heures, que chacun retourne à son village et fasse ses provisions. Demain matin au plus tard, il faut que tous les défilés soient occupés solidement. »

Ils sortirent alors de la hutte, et Hullin, en présence de tout le monde, nomma Labarbe, Jérôme, Piorette, chefs de défilés; puis il dit à tous ceux de la Sarre de se réunir le plus tôt possible près de la ferme du Bois-de-Chênes avec des haches, des pioches et des fusils.

« Nous partirons à deux heures, leur dit-il, et nous camperons sur le Donon, en travers de la route. Demain au petit jour, nous commencerons les abatis. »

Il retint le vieux Materne et ses deux garçons Frantz et Kasper, leur annonçant que la bataille

Louise jetant ses bras au cou de Gaspard... (Page 37.)

commencerait sans doute au Donon, et qu'il allait de ce côté de bons tireurs, ce qui leur fit plaisir.

La mère Lefèvre n'avait jamais paru plus heureuse, en remontant sur sa charrette elle embrassa Louise et lui dit à l'oreille :

« Tout va bien... Jean-Claude est un homme... il voit tout... il entraîne tout le monde... Moi, qui le connais depuis quarante ans, il m'étonne. »

Puis se tournant :

« Jean-Claude, s'écria-t-elle, nous avons làbas un jambon qui nous attend, et quelques vieilles bouteilles, que les Allemands ne boiront pas.

— Non, Catherine ils ne les boiront pas. Allez toujours ; j'arrive. »

Mais au moment de donner le coup de fouet, et comme déjà bon nombre de montagnards grimpaient la côte pour regagner leurs villages, voilà que tout au loin on vit poindre dans le sentier des Trois-Fontaines, un homme grand, maigre, enfourché sur une longue bique rousse, la casquette de peau de lièvre, à large visière plate, enfoncée jusqu'au cou, le nez en l'air. Un grand chien berger à longs poils noirs bondissait près de lui, et les pans de son immense redingote flottaient comme des ailes. Tout le monde s'écria :

« C'est le docteur Lorquin de la plaine, celui qui soigne les pauvres gens gratis ; il arrive avec son chien *Pluton* : c'est un brave homme ! »

En effet, c'était bien lui ; il galopait en criant :

« Halte !... arrêtez !... halte !... »

Et sa face rouge, ses gros yeux vifs, sa barbe d'un brun roussâtre, ses larges épaules voûtées, son grand cheval et son chien ; tout cela fendait l'air et grandissait à vue d'œil. En deux minutes, il eut atteint le pied de la montagne, traversé la prairie, et il déboucha du pont en face de la hutte. Aussitôt d'une voix essoufflée il se prit à dire :

« Ah ! les sournois, qui veulent entrer en campagne sans moi ! Ils me le payeront ! »

Et frappant sur un petit coffre qu'il portait en croupe :

« Attendez, mes gaillards, attendez : j'ai là-dedans quelque chose dont vous me donnerez des nouvelles ; j'ai là-dedans de petits couteaux et des grands, des ronds et des pointus, pour vous repêcher les balles, les biscaïens, les mitrailles de toute sorte dont on va vous régaler. »

Alors il partit d'un grand éclat de rire, et tous les assistants eurent la chair de poule.

Ayant fait cette plaisanterie agréable, le docteur Lorquin reprit d'un ton plus grave :

« Hullin, il faut que je vous tire les oreilles. Comment, lorsqu'il s'agit de défendre le pays, vous m'oubliez ! il faut que d'autres m'avertissent. Il me semble pourtant qu'un médecin n'est pas de trop ici. Je vous en veux !

— Pardonnez-moi, docteur, j'ai tort, dit Hullin en lui serrant la main. Depuis huit jours il s'est passé tant de choses ! On ne pense pas toujours à tout. Et, d'ailleurs, un homme comme vous n'a pas besoin d'être prévenu pour remplir son devoir. »

Le docteur se radoucit :

« Tout cela est bel et bon, s'écria-t-il, mais cela n'empêche pas que, par votre faute, j'arrive trop tard ; les bonnes places sont prises, les croix distribuées. Voyons, où est le général, que je me plaigne !

— C'est moi.

— Oh ! oh ! vraiment ?

— Oui, docteur, c'est moi, et je vous nomme notre chirurgien en chef.

— Chirurgien en chef des partisans des Vosges ! Eh bien, cela me va. Sans rancune, Jean-Claude. »

S'approchant alors de la voiture, le brave homme dit à Catherine qu'il comptait sur elle pour l'organisation des ambulances.

« Soyez tranquille, docteur, répondit la fermière, tout sera prêt. Louise et moi, nous allons nous en occuper dès ce soir ; n'est-ce pas, Louise ?

— Oh ! oui, maman Lefèvre, s'écria la jeune fille, ravie de voir qu'on entrait décidément en campagne, nous allons bien travailler, nous passerons la nuit, s'il le faut. M. Lorquin sera content.

— Eh bien donc ! en route ! Vous dinez avec nous, docteur. »

La charrette partit au trot. Tout en la suivant, le brave docteur racontait en riant à Catherine comment la nouvelle du soulèvement général lui était parvenue, la désolation de sa vieille gouvernante Marie, qui voulait l'empêcher d'aller se faire massacrer par les *kaiserlicks*, enfin les différents épisodes de son voyage, depuis Quibolo jusqu'au village des Charmes. Hullin, Materne et ses garçons marchaient à quelques pas en arrière, la carabine sur l'épaule, et c'est ainsi qu'ils montèrent la côte, se dirigeant vers la ferme du Bois-de-Chênes.

IX

On peut se figurer l'animation de la ferme, les allées et les venues des domestiques, les cris d'enthousiasme de tout le monde, le cliquetis des verres et des fourchettes, la joie peinte sur toutes ces figures, lorsque Jean-Claude, le docteur Lorquin, les Materne et tous ceux qui avaient suivi la voiture de Catherine furent installés dans la grande salle, autour d'un magnifique jambon, et se mirent à célébrer leurs futurs triomphes la cruche en main.

C'était justement un mardi, jour de cuite à la ferme.

La cuisine flamboyait depuis le matin ; le vieux Duchêne, en manches de chemise, le bonnet de coton sur la nuque, retirait du four des miches de pain innombrables, dont la bonne odeur remplissait toute la maison. Annette les recevait et les empilait au coin de l'âtre, Louise servait les convives et Catherine Lefèvre veillait à tout, criant :

« Dépêchez-vous, mes enfants, dépêchez-vous. Il faut que la troisième fournée soit prête lorsque ceux de la Sarre arriveront. Ça fera six livres de pain par homme. »

Hullin, de sa place, regardait la vieille fermière aller et venir.

« Quelle femme ! disait-il, quelle femme ! Elle n'oublie rien. Allez donc en trouver deux pareilles dans tout le pays ! A la santé de Catherine Lefèvre !

— A la santé de Catherine, répondaient les autres.

Les verres s'entre-choquaient et l'on se remettait à causer de combats, d'attaques, de retranchements. Chacun se sentait animé d'une confiance invincible, chacun se disait en lui-même : « Tout ira bien ! »

Mais le ciel leur réservait encore une grande

satisfaction en ce jour, surtout à Louise et à la mère Lefèvre. Vers midi, comme un beau rayon de soleil d'hiver blanchissait la neige et faisait fondre le givre des vitres, et que le grand coq rouge, sortant la tête du poulailler, lançait son cri de triomphe dans les échos du Valtin en battant de l'aile, tout à coup le chien de garde, le vieux *Yohan*, tout édenté et presque aveugle, se mit à pousser des aboiements si joyeux et si plaintifs à la fois, que tout le monde prêta l'oreille.

On était dans le plus grand feu de la cuisine; la troisième fournée sortait du four, et pourtant Catherine Lefèvre elle-même s'arrêta.

« Quelque chose se passe, » dit-elle à voix basse.

Puis elle ajouta tout émue :

« Depuis le départ de mon garçon, *Yohan* n'a pas aboyé comme ça. »

Dans le même instant des pas rapides traversaient la cour; Louise s'élançant vers la porte, criait : « C'est lui! c'est lui! » Et presque aussitôt une main cherchait la clenche en frémissant; la porte s'ouvrait, et un soldat paraissait sur le seuil, — mais un soldat si sec, si hâle, si décharné, sa vieille capote grise à boutons d'étain si râpée, ses hautes guêtres de toile si déchirées, que tous les assistants en furent saisis.

Il ne semblait pouvoir faire un pas de plus, et posa lentement la crosse de son fusil à terre. Le bout de son nez d'aigle, — le nez de la mère Lefèvre, — luisait comme du bronze, ses moustaches rousses tremblaient : on eût dit un de ces grands éperviers maigres, que la famine pousse en hiver jusqu'à la porte des étables. Il regardait dans la cuisine, tout pâle sous les couches brunes de ses joues, et ses grands yeux creux remplis de larmes, sans pouvoir avancer ni dire un mot.

Dehors le vieux chien bondissait, pleurait, secouait sa chaîne ; à l'intérieur, on entendait le feu pétiller, tant le silence était grand; mais bientôt, Catherine Lefèvre d'une voix déchirante s'écria :

« Gaspard!... mon enfant!... C'est toi! »

— Oui, ma mère! » répondit le soldat tout bas, comme suffoqué.

Et, dans la même seconde, Louise se prit à sangloter, tandis que dans la grande salle s'élevait comme un bruit de tonnerre.

Tous les amis accouraient, maître Jean-Claude en tête, criant : « Gaspard!... Gaspard Lefèvre! »

En arrivant, ils virent Gaspard et sa mère qui s'embrassaient : cette femme si forte, si courageuse pleurait à chaudes larmes; lui ne pleurait pas, il la tenait serrée sur sa poitrine, ses moustaches rousses dans ses cheveux gris, et murmurait :

« Ma mère!... ma mère!... Ah! que j'ai souvent pensé à vous! »

Puis d'une voix plus haute :

« Louise! dit-il, j'ai vu Louise! »

Et Louise se précipitait dans ses bras : leurs baisers se confondaient.

« Ah! tu ne m'as pas reconnu, Louise!

— Oh! que si... oh! que si... je t'ai reconnu rien qu'à ta marche. »

Le vieux Duchêne, son bonnet de coton à la main, près du feu, bégayait :

« Seigneur Dieu... est-ce possible?... mon pauvre enfant... comme le voilà fait! »

Il avait élevé Gaspard et se le représentait toujours, depuis son départ, frais et joufflu, dans un bel uniforme à parements rouges. Cela dérangeait toutes ses idées de le voir autrement.

En ce moment Hullin, élevant la voix, dit :

« Et nous autres, Gaspard, nous tous, tes vieux amis, tu veux donc nous laisser en friche? »

Alors le brave garçon se retourna et ne fit qu'un cri d'enthousiasme :

« Hullin! Le docteur Lorquin! Materne! Frantz! Tous, tous, ils sont tous là! »

Et les embrassades recommencèrent, mais cette fois plus joyeuses, avec des éclats de rire et des poignées de main qui n'en finissaient plus.

« Ah! docteur, c'est vous! — Ah! mon vieux papa Jean-Claude! »

On se regardait dans le blanc des yeux, la figure épanouie; on s'entraînait bras dessus, bras dessous dans la salle, et la mère Catherine avec le sac, Louise avec le fusil, Duchêne avec le grand shako, suivaient riant, s'essuyant les yeux et les joues; on n'avait jamais rien vu de pareil.

« Asseyons-nous... buvons! s'écriait le docteur Lorquin; voici le bouquet de la fête.

— Ah! mon pauvre Gaspard, que je suis donc content de te revoir sain et sauf, disait Hullin. Hé! hé! sans te flatter, je t'aime mieux comme ça qu'avec tes grosses joues rouges. Tu es un homme maintenant, morbleu! Tu me rappelles les vieux de notre temps, ceux de la Sambre, de l'Égypte, ha! ha! ha! nous n'avions pas le nez rond, nous n'étions pas luisants de graisse; nous regardions comme des rats maigres qui voient un fromage, et nous avions les dents longues et blanches!

— Oui, oui, ça ne m'étonne pas, papa Jean-Claude, répondait Gaspard. Asseyons-nous, asseyons-nous; on cause plus à l'aise. Ah çà! pourquoi donc êtes-vous tous à la ferme?

—Comment, tu ne sais pas? Tout le pays est en l'air, de la Houpe à Saint-Sauveur, pour se défendre.

—Oui, l'anabaptiste de la Painbach m'a dit deux mots de cela, comme je passais; c'est donc vrai?

—Si c'est vrai! Tout le monde s'en mêle. Et moi je suis général en chef.

—A la bonne heure, à la bonne heure, mille tonnerres! Que ces gueux de *kaiserlicks* ne nous mangent pas la laine sur le dos dans notre pays, ça me fait plaisir! Mais passez-moi donc le couteau. C'est égal, on est heureux de se retrouver chez soi. Hé! Louise, viens donc un peu t'asseoir ici. Tenez, papa Jean-Claude, avec cette petite-là d'un côté, le jambon de l'autre, la cruche en avant sur la ligne, il ne me faudrait pas quinze jours pour me *remplumer*; les camarades ne me reconnaîtraient plus à la compagnie. »

Tout le monde s'était assis et s'émerveillait de voir le brave garçon tailler, déchiqueter, lever le coude, puis regarder Louise et sa mère les yeux attendris, et de l'entendre répondre aux uns et aux autres sans perdre un coup de dent.

Les gens de la ferme, Duchêne, Annette, Robin, Dubourg, rangés en demi-cercle, regardaient Gaspard d'un air d'extase; Louise remplissait son verre, la mère Lefèvre, assise près du fourneau, visitait son sac, et, n'y trouvant que deux vieilles chemises toutes noires, avec des trous gros comme le poing, des souliers éculés, de la cire à giberne, un peigne à trois dents et une bouteille vide, elle levait les mains au ciel et se dépêchait d'ouvrir l'armoire au linge en murmurant:

« Seigneur! faut-il s'étonner si tant de monde périt de misère! »

Le docteur Lorquin, en présence d'un si vigoureux appétit, se frottait les mains tout joyeux et murmurait dans sa grosse barbe:

« Quel gaillard! quel estomac! quel râtelier! Il croquerait des cailloux comme des noisettes. »

Et le vieux Materne lui-même disait à ses garçons:

« Dans le temps, après deux ou trois jours de chasse dans la haute montagne, en hiver, il m'arrivait aussi d'avoir une faim de loup et de manger un cuissot de chevreuil sur le pouce; maintenant je me fais vieux, une ou deux livres de viande me suffisent. Ce que c'est pourtant que l'âge! »

Hullin avait allumé sa pipe et paraissait tout rêveur; évidemment quelque chose le tracassait. Au bout de quelques minutes, voyant l'appétit de Gaspard se ralentir, il s'écria brusquement:

« Dis donc, Gaspard, sans t'interrompre, comment diable se fait-il que tu sois ici? nous te croyions encore sur le bord du Rhin, du côté de Strasbourg.

—Ah! ah! l'ancien, je comprends, dit le fils Lefèvre en clignant de l'œil: il y a tant de déserteurs, n'est-ce pas?

—Oh! une idée pareille ne me viendra jamais, et cependant...

—Vous ne seriez pas fâché de savoir si nous sommes en règle! Je ne puis vous donner tort, papa Jean-Claude, vous êtes dans votre droit; celui qui manque à l'appel quand les *kaiserlicks* sont en France mérite d'être fusillé! Soyez tranquille, voici ma permission. »

Hullin, qui n'avait pas de fausse délicatesse, lut:

« Permission de vingt-quatre heures au grenadier Gaspard Lefèvre, de la 2e du 1er.

« Ce jourd'hui, 3 janvier 1814.

« GÉMEAU, *chef de bataillon.* »

« Bon, bon, fit-il, serre ça dans ton sac; tu pourrais la perdre. »

Toute sa bonne humeur était revenue.

« Voyez-vous, mes enfants, dit-il, je connais l'amour: c'est très-beau et c'est très-mauvais; mais c'est mauvais particulièrement pour les jeunes soldats qui s'approchent trop de leur village après une campagne. Ils sont capables de s'oublier jusqu'à revenir avec deux ou trois gendarmes à leurs trousses. J'ai vu ça. Enfin, puisque tout est en ordre, buvons un verre de *rikevir*. Qu'en pensez-vous, Catherine? Ceux de la Sarre peuvent arriver d'une minute à l'autre, et nous n'avons pas un instant à perdre.

—Vous avez raison, Jean-Claude, répondit la vieille fermière fort triste. Annette, descends à la cave, apporte trois bouteilles du petit cellier. »

La servante sortit en courant.

« Mais cette permission, Gaspard, reprit Catherine, depuis combien de temps dure-t-elle?

—Je l'ai reçue hier, à huit heures du soir, à Vasselonne, ma mère. Le régiment est en retraite sur la Lorraine; je dois le rejoindre ce soir à Phalsbourg.

—C'est bien; tu as encore sept heures devant toi; il ne t'en faudra pas plus de six pour arriver, quoiqu'il y ait beaucoup de neige au Foxthal. »

La brave femme vint se rasseoir près de son fils, le cœur gros; elle ne pouvait cacher son trouble. Tout le monde était ému. Louise, le bras sur la vieille épaulette râpée de Gaspard, la joue sur son oreille, sanglotait. Hullin vi-

dait les cendres de sa pipe au bout de la table,
les sourcils froncés, sans rien dire ; mais quand
les bouteilles arrivèrent et qu'on les eut dé-
bouchées :

« Allons, Louise, s'écria-t-il, du courage,
morbleu! Tout cela ne peut durer longtemps;
il faut que ça finisse d'une manière ou d'une
autre, et je dis, moi, que ça finira bien; Gaspard reviendra, et nous ferons la noce. »

Il remplissait les verres, et Catherine s'essuyait les yeux en murmurant :

« Et dire que tous ces brigands sont cause
de ce qui nous arrive. Ah! qu'ils viennent,
qu'ils viennent par ici! »

On but d'un air mélancolique ; mais le vieux
rikevir, entrant dans l'âme de ces braves gens.
ne tarda point à les ranimer. Gaspard, plus
ferme qu'il ne l'avait paru d'abord, se mit à
raconter les terribles affaires de Bautzen, de
Lutzen, de Leipzig et de Hanau, où les conscrits
s'étaient battus comme des anciens, rempor-
tant victoire sur victoire, jusqu'à ce que les
traîtres se missent de la partie.

Tout le monde l'écoutait en silence. Louise,
dans les moments de grand danger,—au passage des rivières sous le feu de l'ennemi, à
l'enlèvement d'une batterie à la baïonnette,—
lui serrait le bras comme pour le défendre. Les
yeux de Jean-Claude étincelaient; le docteur
demandait chaque fois la position de l'ambulance; Materne et ses garçons allongeaient le
cou, leurs grosses mâchoires rousses serrées ; et,
le vin vieux aidant, l'enthousiasme grandissait
de minute en minute : Ah! les gueux! ah! les
brigands! Gare, gare, tout n'est pas fini!... »

La mère Lefèvre admirait le courage et le
bonheur de son fils au milieu de ces événements, dont les siècles des siècles garderont le
souvenir.

Mais quand Lagarmitte, grave et solennel
dans sa longue jaquette de toile grise, son
large feutre noir sur les boucles blanches de
ses cheveux, et sa longue trompe d'écorce sur
l'épaule, traversa la cuisine et parut à l'entrée
de la salle, disant : « Ceux de la Sarre arrivent!»
Alors toute cette exaltation disparut, et l'on se
leva, songeant à la lutte terrible qui bientôt
allait s'engager dans la montagne.

Louise, jetant ses bras au cou de Gaspard,
s'écria :

« Gaspard, ne t'en va pas!... Reste avec
nous ! »

Il devint tout pâle.

« Je suis soldat, dit-il ; je m'appelle Gaspard
Lefèvre ; je t'aime mille fois plus que ma propre vie ; mais un Lefèvre ne connaît que son
devoir. »

Et il dénoua ses bras. Louise, alors, s'affais-

sant sur la table, se mit à gémir tout haut.
Gaspard se leva. Hullin se posa entre eux, et
lui serrant les mains avec force, les joues frémissantes :

« A la bonne heure ! s'écria-t-il, tu viens de
parler comme un homme. »

Sa mère s'avança d'un air calme, pour lui
boucler le sac sur les épaules. Elle fit cela, les
sourcils froncés, les lèvres serrées sous son
grand nez crochu, sans pousser un soupir;
mais deux grosses larmes suivaient lentement
les rides de ses joues. Et quand elle eut fini,
se détournant, la manche sur les yeux, elle
dit :

« C'est bien... va... va... mon enfant, ta mère
te bénit. Si la guerre te prend, tu ne seras pas
mort... tiens, Gaspard, voici ta place, là, entre
Louise et moi : tu y seras toujours! Cette pauvre
enfant n'est pas encore assez vieille pour savoir
que vivre c'est souffrir !... »

Tout le monde sortit; Louise seule resta dans
la salle, à se lamenter. Quelques instants après,
comme la crosse du fusil retentissait sur les
dalles de la cuisine, et que la porte extérieure
s'ouvrait, elle jeta un cri déchirant, et se précipitant dehors :

« Gaspard! Gaspard! dit-elle, regarde, j'ai
du courage, je ne pleure pas ; je ne veux pas
te retenir, non, mais ne me quitte pas fâché;
aie pitié de moi !

—Fâché! fâché contre toi, ma bonne Louise.
Oh! non, non, fit-il. Mais de te voir si malheu-
reuse, ça me crève le cœur... Ah! si tu avais
un peu de courage... maintenant je serais heureux !

—Eh bien, j'en ai, embrassons-nous ! Regarde, je ne suis plus la même; je veux être
comme maman Lefèvre ! »

Ils se donnèrent les embrassades d'adieu
avec calme. Hullin tenait le fusil; Catherine
agita la main comme pour dire : « Va! va! c'est
assez ! »

Et lui, saisissant tout à coup son arme, s'é-
loigna d'un pas ferme et sans tourner la tête.

De l'autre côté, ceux de la Sarre, avec leurs
pioches et leurs haches, grimpaient à la file le
sentier du Valtin.

Au bout de cinq minutes, au détour du gros
chêne, Gaspard se retourna levant la main;
Catherine et Louise lui répondirent. Hullin
s'avançait alors à la rencontre de son monde
Le docteur Lorquin seul restait avec les femmes,
quand Gaspard, poursuivant sa route, eut disparu, il s'écria :

« Catherine Lefèvre, vous pouvez vous glorifier d'avoir pour fils un homme de cœur. Dieu
veuille qu'il ait de la chance ! »

On entendait les voix lointaines des arrivants

qui riaient entre eux, et marchaient à la guerre comme on court à la noce.

X

Tandis que Hullin, à la tête des montagnards, prenait ses mesures pour la défense, le fou Yégof — cet être sans conscience de lui-même, ce malheureux couronné de fer-blanc, cette image désolante de l'âme humaine frappée dans ce qu'elle a de plus noble, de plus grand, de plus vital: l'intelligence! — le fou Yégof, la poitrine ouverte à tous les vents, les pieds nus, insensible au froid, comme le reptile dans sa prison de glace, vaguait de montagne en montagne, au milieu des neiges.

D'où vient que l'insensé résiste aux atteintes les plus âpres de la température, alors que l'être intelligent y succombe? Est-ce une concentration plus puissante de la vie, une circulation plus rapide du sang, un état de fièvre continu? Est-ce l'effet de la surexcitation des sens, ou toute autre cause ignorée?

La science n'en dit rien. Elle n'admet que les causes matérielles, impuissantes à rendre compte de tels phénomènes.

Yégof allait donc au hasard, et la nuit venait, le froid redoublait, le renard claquait des dents à la poursuite d'un gibier invisible : la buse affamée retombait les serres vides sur les broussailles, en jetant un cri de détresse. Lui, son corbeau sur l'épaule, gesticulant, parlant comme en rêve, marchait, marchait toujours, du Holderloch au Sonneberg, du Sonneberg au Blutfeld.

Or, en cette nuit, le vieux pâtre Robin de la ferme du Bois-de-Chêne devait être témoin du plus étrange et du plus épouvantable spectacle.

Quelques jours auparavant, ayant été surpris par les premières neiges au fond de la gorge du Blutfeld, il avait laissé là sa charrette, pour reconduire son troupeau à la ferme; mais s'étant aperçu qu'il avait oublié sa peau de mouton dans la guérite ambulante, il s'était ce jour-là, sa besogne faite, mis en route, vers quatre heures du soir, pour aller la chercher.

Le Blutfeld, situé entre le Schnéeberg et le Grosmann, est une gorge étroite bordée de rochers à pic. Un filet d'eau y serpente, été comme hiver, à l'ombre de hautes broussailles, et dans le fond s'étend un grand pâturage tout parsemé de larges pierres grises.

On descend rarement dans ce défilé, car le Blutfeld a quelque chose de sinistre, surtout au clair de lune d'hiver. Les gens instruits du pays, le maître d'école de Dagsburg, celui de Hazlach, disent qu'en cet endroit s'est livrée la grande bataille des Triboques contre les Germains, lesquels voulaient pénétrer dans les Gaules, sous la conduite d'un chef nommé Luitprandt. Ils disent que les Triboques, des cimes d'alentour, précipitant sur leurs ennemis des masses de rochers, les broyèrent là dedans comme dans un mortier, et que de ce grand carnage, la gorge a conservé le nom de *Blutfeld* (champ du sang). On y trouve des pots cassés, des fers de lance rouillés, des morceaux de casques, et des épées longues de deux aunes, en forme de croix.

La nuit, lorsque la lune éclaire ce champ et ces grosses pierres couvertes de neige, lorsque la bise souffle, agitant les buissons glacés comme des cymbales, il semble qu'on entend le grand cri des Germains au moment de la surprise, les pleurs des femmes, les hennissements des chevaux, le roulement immense des chariots dans le défilé; car il paraît que ces gens conduisaient, dans leurs voitures couvertes de peaux, femmes, enfants, vieillards, et tout ce qu'ils possédaient en or, en argent, en meubles, comme les Allemands qui partent pour l'Amérique.

Les Triboques ne se lassèrent point de les massacrer pendant deux jours, et, le troisième, ils remontèrent au Donon, au Schnéeberg, au Grosmann, au Giromâni, au Hengst, leurs larges épaules courbées sous le butin.

Voilà ce qu'on raconte touchant le Blutfeld; et certes, à voir cette gorge encaissée dans les montagnes comme une immense citerne, sans autre issue qu'un étroit sentier, on comprend que les Germains ne devaient pas s'y trouver à leur aise.

Robin n'arriva qu'entre sept et huit heures, au lever de la lune.

Le brave homme était descendu cent fois dans le précipice, mais il ne l'avait jamais vu si vivement éclairé et si morne.

De loin, sa charrette blanche, au fond de l'abîme, lui produisait l'effet d'une de ces grosses pierres couvertes de neige, sous lesquelles on avait enterré les Germains. Elle était à l'entrée du gouffre, derrière un gros massif de broussailles, et le petit torrent murmurait auprès et se répandait dans les flèches d'eau, brillantes comme des glaives.

Arrivé là, le pâtre se mit à chercher la clef du cadenas, puis, ayant ouvert sa guérite, et se traînant sur les mains et les genoux, il retrouva fort heureusement sa casaque, et même une vieille hachette à laquelle il ne pensait plus.

Mais qu'on juge de sa surprise, lorsqu'en se retournant pour sortir, il vit le fou Yégof apparaître au détour du sentier, et s'avancer droit à lui sous les vifs rayons de la lune.

Le brave homme se rappela tout de suite l'histoire terrible de la cuisine du Bois-de-Chênes, et il eut peur !... mais ce fut bien autre chose, lorsque derrière le fou, à quinze ou vingt pas, débouchèrent à leur tour cinq loups gris, deux grands et trois petits.

D'abord il crut que c'étaient des chiens, mais c'étaient des loups. Ils suivaient Yégof pas à pas, et lui ne semblait pas les voir ; son corbeau voltigeait, allant de la pleine lumière dans l'ombre des rochers, puis revenant ; les loups, les yeux brillants, leurs naseaux pointus en l'air, flairaient ; le fou levait son sceptre.

Le pâtre tira la porte de sa guérite aussi prompt que l'éclair, mais Yégof ne le vit pas. Il s'avança dans la gorge comme dans une salle immense ; à droite et à gauche se dressaient les rochers à pic, au-dessus brillaient des milliards d'étoiles. On aurait entendu voler une mouche ; les loups ne faisaient aucun bruit en marchant, et le corbeau venait de se poser à la cime d'un vieux chêne desséché sur l'une des roches en face ; son plumage luisant paraissait bleu sombre, il tournait la tête et semblait écouter.

C'était étrange.

Robin se dit :

« Le fou ne voit rien, il n'entend rien ; ils vont le dévorer. S'il trébuche, s'il glisse, c'est fini ! »

Mais, au milieu de la gorge, Yégof s'étant retourné, s'assit sur une pierre, et les cinq loups, tout autour de lui, le nez en l'air, s'assirent dans la neige.

Alors, chose vraiment terrible, le fou, levant son sceptre, leur fit un discours en les appelant par leurs noms.

Les loups lui répondaient par des cris lugubres.

Or, voici ce qu'il leur disait :

« Hé ! Child, Bléed, Merweg, et toi, Sirimar, mon vieux, nous voilà donc encore une fois ensemble ! Vous êtes revenus gras.... il y a eu bonne chère en Allemagne ! »

Puis, montrant la gorge blanche :

« Vous rappelez-vous la grande bataille ? »

L'un des loups se mit à hurler lentement d'une voix plaintive, puis un autre, puis tous les cinq ensemble.

Cela dura bien dix minutes.

Le corbeau, perché sur la branche desséchée, ne bougeait pas.

Robin aurait voulu fuir ; il priait, invoquant tous les saints, et surtout son patron, pour le-quel les pâtres de la montagne ont la plus grande vénération.

Mais les loups hurlaient toujours, et tous les échos du Blutfeld avec eux.

A la fin, l'un, le plus vieux, se tut, puis un autre, puis tous, et Yégof reprit :

« Oui, oui, c'est une triste histoire. — Oh ! regardez. Voici la rivière où coulait notre sang ! — C'est égal, Merweg, c'est égal, les autres ont aussi laissé de leurs os dans la bruyère. — Et la lune a vu leurs femmes s'arracher les cheveux durant trois jours et trois nuits ! — Oh ! la terrible journée ! — Oh ! les chiens, ont-ils été fiers de leur grande victoire ! — Qu'ils soient maudits... maudits ! »

Le fou avait jeté sa couronne à terre ; il la ramassa en gémissant.

Les loups, toujours assis, l'écoutaient comme des personnes attentives. Le plus grand se mit à hurler, et Yégof lui répondit :

« Tu as faim, Sirimar ! réjouis-toi, réjouis-toi, la chair ne manquera pas longtemps : les nôtres arrivent ; on va recommencer la bataille. »

Puis, se levant et frappant de son sceptre une pierre :

« Tiens, voilà tes os ! »

Il s'approcha d'une autre :

« Et les tiens, Merweg, les voilà ! » fit il.

Toute la bande le suivit ; lui, se dressant sur une petite roche et regardant le gouffre silencieux, s'écria :

« Notre chant de guerre est mort ! notre chant de guerre est un gémissement ! l'heure est proche, il va se réveiller ! — Et vous serez des guerriers ; vous aurez encore une fois ces vallons et ces montagnes.

« Oh ! ces bruits de charrettes, ces cris de femmes, ces coups de masse, je les entends, l'air en est plein.

« Oui, oui, ils descendaient de là-haut, et nous étions entourés ! — Et maintenant tout est mort ; écoutez, tout est mort ; vos os dorment, mais vos enfants arrivent, votre tour reviendra : — chantez, chantez ! »

Et lui-même se mit à hurler, tandis que les loups reprenaient leur chant sauvage.

Ces plaintes devenaient de plus en plus navrantes, et le silence des rochers d'alentour, les uns sombres, les autres éclairés de face, l'immobilité des bois sous leur fardeau de neige ; les échos lointains répondant au lugubre concert d'une voix mystérieuse, tout était fait pour saisir le vieux pâtre d'une horreur éternelle.

Cependant il craignait moins, car Yégof et son funèbre cortège se trouvaient plus loin de lui, et s'éloignaient vers Hazlach.

Le fou, levant son sceptre, leur fit un discours. (Page 39.)

À son tour le corbeau, jetant un cri rauque, déploya ses ailes et prit son vol dans l'azur pâle.

Toute cette scène disparut comme un rêve !

Robin, longtemps encore, écouta les hurlements qui s'éloignaient. Ils avaient complètement cessé depuis plus de vingt minutes, et le silence de l'hiver régnait seul dans l'espace, lorsque le brave homme se sentit assez rassuré pour sortir de sa guérite, et reprendre en courant le chemin de la ferme.

En arrivant au Bois-de-Chênes, il trouva tout le monde en l'air. On était en train d'abattre un bœuf pour la troupe du Donon. Hullin, le docteur Lorquin, Louise, étaient partis avec ceux de la Sarre. Catherine Lefèvre faisait charger sa grande voiture à quatre chevaux, de pain, de viande et d'eau-de-vie. On allait, on courait, tout le monde prêtait la main aux préparatifs.

Robin ne put raconter à personne ce qu'il avait vu. D'ailleurs, cela lui paraissait à lui-même tellement incroyable, qu'il n'osait en ouvrir la bouche.

Lorsqu'il fut couché dans sa crèche, au milieu de l'étable, il finit par se dire que Yégof avait sans doute apprivoisé dans le temps une nichée de loups, et qu'ils parlait de ses folies avec eux, comme on parle quelquefois à son chien.

Mais il lui resta toujours de cette rencontre une crainte superstitieuse, et, même dans l'âge le plus avancé, le brave homme ne parla jamais de ces choses qu'en frémissant.

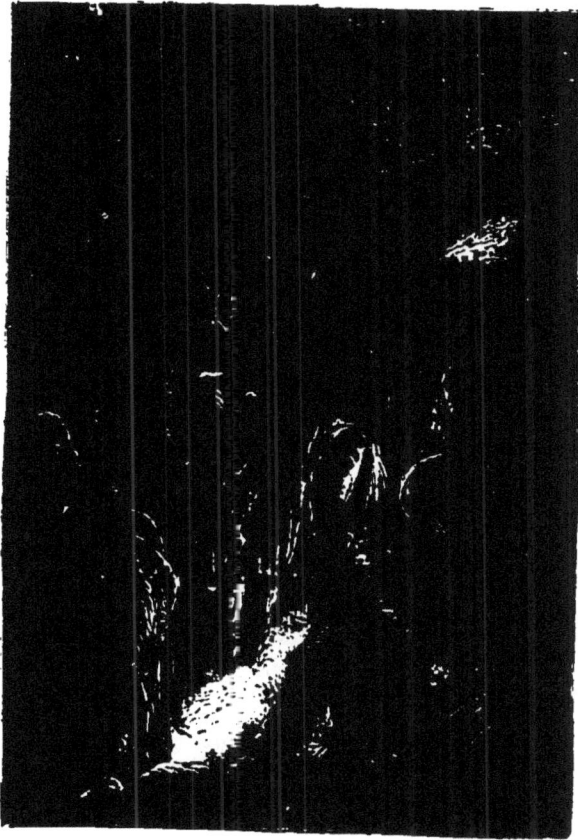

Une vingtaine de Cosaques, la barbe jaune ébouriffée... (Page 47.)

XI

Tout ce que Hullin avait ordonné s'était accompli : les défilés de la Zorne, de la Sarre étaient gardés solidement ; celui du Blanru, point extrême de la position, avait été mis en état de défense par Jean-Claude lui-même et les trois cents hommes qui formaient sa force principale.

C'est là, sur le versant oriental du Donon, à deux kilomètres de Grandfontaine, qu'il faut nous porter pour attendre les évènements ultérieurs.

Au-dessus de la grande route, qui longe la côte en écharpe jusqu'aux deux tiers de la cime on remarquait alors une ferme entourée de quelques arpents de terre cultivée, la métairie de Pelsly l'anabaptiste, une large construction à toiture plate, telle qu'il la fallait pour ne pas être enlevée par les grands courants d'air. Les étables et les réduits à porcs s'étendaient derrière, vers le sommet de la montagne.

Les partisans bivouaquaient aux alentours ; à leurs pieds se découvraient Grandfontaine et Framont, serrés dans une gorge étroite ; plus loin, au tournant de la vallée, Schirmeck et son vieux pan de ruines féodales ; enfin, dans les ondulations de la chaîne, la Bruche s'éloignant en zigzag, sous les brumes grisâtres de l'Alsace. A leur gauche montait la cime aride du Donon,

semée de rochers et de quelques sapins rabou-
gris. Devant eux se trouvait la route effondrée : les talus écroulés sur la neige, de grands
arbres jetés à la traverse avec toutes leurs
branches.

La neige fondante laissait paraître la glèbe
jaune de loin en loin ; ailleurs, elle formait de
grosses vagues gercées par la bise.

C'était un coup d'œil sévère et grandiose. Pas
un piéton, pas une voiture n'apparaissait le
long du chemin de la vallée, qui serpente sous
les taillis à perte de vue : on aurait dit un
désert.

Les quelques feux éparpillés autour de la
métairie, envoyant au ciel leurs bouffées de
fumée humide, indiquaient seuls l'emplacement
du bivouac.

Les montagnards, assis autour de leurs marmites, le feutre rabattu sur la nuque, le fusil
en bandoulière, étaient tout mélancoliques :
depuis trois jours ils attendaient l'ennemi.
Dans un de ces groupes, les jambes repliées, le
dos arrondi, la pipe aux lèvres, se trouvaient
le vieux Materne et ses deux garçons.

De temps en temps, Louise apparaissait sur
le seuil de la ferme, puis elle rentrait bien vite
se remettre à l'ouvrage. Un grand coq grattait
le fumier de la patte, chantant d'une voix enrouée ; deux ou trois poules se promenaient le
long les broussailles. Tout cela réjouissait la
vue, mais la grande consolation des partisans
était de contempler de magnifiques quartiers
de lard, aux côtes blanches et rouges, embro-
chés dans des piquets de bois vert, fondant leur
graisse goutte à goutte sur la braise, et d'aller
remplir leurs cruches à une petite tonne d'eau-
de-vie posée sur la charrette de Catherine Lefèvre.

Vers huit heures du matin, un homme se
montra subitement entre le grand et le petit
Donon : les sentinelles le découvrirent aussitôt;
il descendait en agitant son feutre.

Au bout de quelques minutes, on reconnut
Nickel Bentz, l'ancien garde forestier de la
Houpe.

Tout le camp fut en éveil ; on courut avertir
Hullin, qui dormait depuis une heure dans la
métairie, sur une grande paillasse, côte à côte
avec le docteur Lorquin et son chien *Pluton*.

Ils sortirent tous les trois, accompagnés du
vieux pâtre Lagarmitte, qu'on avait nommé
trompette, et de l'anabaptiste Pelsly, homme
grave, les bras enfoncés jusqu'aux coudes dans
les larges poches de sa tunique de laine grise
garnie d'agrafes de laiton, un large collier de
barbe autour des mâchoires, et la houppe de
son bonnet de coton au milieu du dos.

Jean-Claude semblait joyeux.

« Eh bien, Nickel, que se passe-t-il là-bas ?
s'écria-t-il.

— Jusqu'à présent, rien de nouveau, maître
Jean-Claude; seulement du côté de Phalsbourg,
on entend gronder comme un orage. Labarbe
dit que c'est le canon, car toute la nuit on
voyait passer des éclairs sur la forêt de Hilde-
house, et, depuis ce matin des nuages gris
s'étendent sur la plaine.

— La ville est attaquée, dit Hullin; mais du
côté de Lutzelstein?

— On n'entend rien, répondit Bentz.

— Alors, c'est que l'ennemi essaye de tourner
la place. Dans tous les cas, les alliés sont là-bas:
il doit y avoir terriblement de monde en Alsace. »

Puis se tournant vers Materne, debout derrière lui :

« Nous ne pouvons plus rester dans l'incerti-
tude, dit-il, tu vas partir avec tes deux fils en
reconnaissance. »

La figure du vieux chasseur s'éclaircit.

« A la bonne heure ! je vais donc pouvoir me
dégourdir un peu les jambes, dit-il, et tâcher
de décrocher un de ces gueux d'Autrichiens ou
de Cosaques.

— Un instant, mon vieux, il ne s'agit pas ici
de décrocher quelqu'un ; il s'agit de voir ce qui
se passe. Frantz et Kasper resteront armés, mais
toi, je te connais, tu vas laisser ici ta carabine,
ta corne à poudre et ton couteau de chasse.

— Pourquoi cela?

— Parce qu'il faut entrer dans les villages,
et que si l'on te prenait armé, tu serais fusillé
tout de suite.

— Fusillé?

— Sans doute. Nous ne sommes pas des
troupes régulières; on ne nous fait pas prisonniers, on nous fusille. Tu suivras donc la route
de Schirmeck, un bâton à la main, et tes fils
t'accompagneront de loin dans les taillis, à
demi-portée de carabine. Si quelques marau-
deurs t'attaquent, ils viendront à ton secours,
mais si c'est une colonne, un peloton, ils te
laisseront prendre.

— Ils me laisseront prendre ! s'écria le vieux
chasseur indigné, je voudrais bien voir ça.

— Oui, Materne, et ce sera le plus simple,
car un homme désarmé, on le relâche; un
homme armé, on le fusille. Je n'ai pas besoin
de te dire qu'il ne faut pas chanter aux Allemands que tu viens les espionner.

— Ah! ah! je comprends. Oui, oui, ça n'est
pas mal vu; moi, je ne quitte jamais ma carabine, Jean-Claude, mais à la guerre comme à
la guerre; tiens, la voilà ma carabine, et ma
corne, et mon couteau. Qui est-ce qui me prê-
tera sa blouse et son bâton? »

Nickel Bentz lui passa son sarrau bleu et son feutre. Tout le monde les entourait avec admiration.

Lorsqu'il eut changé d'habits, malgré ses grosses moustaches grises, on aurait pris le vieux chasseur pour un simple paysan de la haute montagne.

Ses deux garçons, tout fiers d'être de cette première expédition, vérifiaient l'amorce de leurs carabines et mettaient au bout du canon la baïonnette du sanglier droite et longue comme une épée. Ils tâtaient leur couteau de chasse, poussaient la gibecière d'un mouvement d'épaules sur leurs reins, et s'assuraient que tout se trouvait bien en ordre, promenant autour d'eux des regards étincelants.

« Ah ça! leur dit le docteur Lorquin en riant, n'oubliez pas la recommandation de maître Jean-Claude : de la prudence! Un Allemand de plus ou de moins sur cent mille n'embellirait pas considérablement nos affaires; tandis que si vous nous reveniez endommagés l'un ou l'autre, on vous remplacerait difficilement.

—Oh! ne craignez rien, docteur, nous allons ouvrir l'œil.

— Mes garçons, répondit fièrement Materne, sont de vrais chasseurs : ils savent attendre et profiter du moment. Ils ne tireront que j'appelle. Vous pouvez être tranquille! Et maintenant, en route; il faut que nous soyons de retour avant la nuit. »

Ils partirent.

« Bonne chance! » leur cria Hullin, tandis qu'ils remontaient dans les neiges, pour faire le tour des abatis.

Ils descendirent bientôt vers le petit sentier qui coupe au court sur la droite de la montagne.

Les partisans les suivaient du regard. — Leurs grands cheveux roux frisés, leurs longues jambes sèches, leurs larges épaules, leurs mouvements souples, rapides, tout annonçait qu'en cas de rencontre, cinq ou six kaiserlicks n'auraient pas beau jeu contre de pareils gaillards.

Au bout d'un quart d'heure ils tournèrent la sapinière et disparurent.

Alors Hullin rentra tranquillement à la ferme, en causant avec Nickel Bentz.

Le docteur Lorquin marchait derrière, suivi de Pluton, et tous les autres allèrent reprendre leurs places autour des feux de bivouac.

XII

Materne et ses deux garçons marchèrent longtemps en silence; le temps s'était mis au beau; le pâle soleil d'hiver brillait sur la neige éblouissante sans parvenir à la dissoudre; le sol restait ferme et sonore. Au loin, dans la vallée, se dessinaient avec une netteté surprenante les flèches des sapins, la pointe rougeâtre des rochers, les toits des hameaux, avec leurs stalactites de glace suspendues aux tuiles, leurs petites fenêtres scintillantes, et leurs pignons aigus.

Les gens se promenaient dans la rue de Grandfontaine; une troupe de jeunes filles stationnait autour du lavoir, quelques vieux en bonnet de coton fumaient leur pipe sur le seuil des maisonnettes. Tout ce petit monde, au fond de l'étendue bleuâtre, allait, venait et vivait, sans qu'un souffle, un soupir parvînt à l'oreille des forestiers.

Le vieux chasseur fit halte à la lisière du bois, et dit à ses fils :

« Je vais descendre au village, chez Dubreuil, l'aubergiste de la Pomme de pin. »

Il leur désignait de son bâton une longue bâtisse blanche, les fenêtres et la porte entourées d'une bordure jaune, et une branche de pin suspendue à la muraille en guise d'enseigne.

« Vous m'attendrez ici; s'il n'y a pas de danger, je sortirai sur le pas de la porte et je lèverai mon chapeau, vous pourrez alors venir prendre un verre de vin avec moi. »

Il descendit aussitôt la côte neigeuse, jusqu'aux petits jardins échelonnés au-dessus de Grandfontaine, ce qui dura bien dix minutes, puis il prit entre deux sillons, gagna la prairie, traversa la place du village, et ses deux garçons, l'arme au pied, le virent entrer à l'auberge. Quelques instants après, il reparut sur le seuil et leva son chapeau, ce qui leur fit plaisir.

Au bout d'un quart d'heure, ils avaient rejoint leur père dans la grande salle de la Pomme de pin; une pièce basse, chauffée par un grand fourneau de fonte bleu à la mine de plomb, le plancher sablé, et les longues tables de sapin bien récurées à la couronne de prêle.

Sauf l'aubergiste Dubreuil, — le plus gros et le plus apoplectique des cabaretiers des Vosges, le ventre replié en outre sur ses cuisses énormes, les yeux ronds, le nez épaté, une verrue sur la joue droite et le triple menton retombant en cascade sur son col rabattu à la Colin, — sauf ce curieux personnage, assis dans un grand fauteuil de cuir près du fourneau, Materne se trouvait seul. Il venait de remplir les verres; la vieille horloge sonnait neuf heures, et son coq de bois battait de l'aile avec un grincement bizarre.

« Saint, père Dubreuil, dirent les deux garçons d'une voix rude.

— Bonjour, mes braves, bonjour, » répondit l'aubergiste en grimaçant un sourire.

Puis, d'une voix grasse, il demanda :

« Rien de neuf?

— Ma foi, non! répondit Kasper, voici l'hiver, le temps du sanglier. »

Puis tous deux, posant leur carabine dans l'angle de la fenêtre, à portée de la main en cas d'éveil, ils passèrent une jambe au-dessus du banc, et s'assirent en face de leur père, qui tenait le haut bout de la table.

En même temps ils burent, en disant : « A notre santé! » Ce qu'ils avaient toujours soin de faire.

« Ainsi, dit Materne en se retournant vers le gros homme, comme pour reprendre la suite d'une conversation interrompue, vous pensez, père Dubreuil, que nous n'aurons rien à craindre au bois des Baronies, et que nous pourrons chasser tranquillement le sanglier?

— Oh! pour ça, je n'en sais rien, s'écria l'aubergiste; seulement, jusqu'à présent, les alliés n'ont pas encore dépassé Mutzig. Et puis, ils ne font de mal à personne; ils reçoivent tous les gens de bonne volonté, pour combattre l'usurpateur.

— L'usurpateur? qu'est-ce donc?

— Hé! Napoléon Bonaparte, l'usurpateur, c'est connu. Regardez un peu au mur. »

Il leur désignait une grande pancarte de papier collée à la muraille, près de l'horloge.

« Regardez ça, et vous verrez que les Autrichiens sont nos véritables amis. »

Les sourcils du vieux Materne se rapprochèrent, mais réprimant aussitôt ce tressaillement:

« Ah bah! fit-il.

— Oui, lisez ça.

— Mais je ne sais pas lire, monsieur Dubreuil, ni mes garçons non plus; expliquez-nous seulement la chose. »

Alors le vieux cabaretier, appuyant ses deux grosses mains rouges aux bras de son fauteuil, se leva en soufflant comme un veau, et fut se poser devant la pancarte, les bras croisés sur sa croupe énorme. Puis, d'un ton majestueux, il lut une proclamation des souverains alliés, déclarant « qu'ils faisaient la guerre à Napoléon en personne, et non pas à la France. En conséquence de quoi, tout le monde devait se tenir tranquille et ne pas se mêler de leurs affaires, sous peine d'être brûlé, pillé et fusillé. »

Les trois chasseurs écoutaient cela, se regardant l'un l'autre d'un œil étrange.

Quand Dubreuil eut fini, il alla se rasseoir

« Vous voyez bien!

— Et d'où tenez-vous ça? demanda Kasper.

— Ça, mon garçon, c'est affiché partout!

— Eh bien, ça nous fait plaisir, dit Materne, en portant la main sur le bras de Frantz, qui se levait les yeux étincelants. Tu veux du feu, Frantz? voici mon briquet. »

Frantz se rassit, et le vieux reprit d'un air bonhomme :

« Et nos bons amis les Allemands ne prennent rien à personne?

— Tous les gens tranquilles n'ont rien à craindre, mais les mauvais gueux qui se lèvent on leur prend tout, et c'est juste, il ne faut pas que les bons pâtissent pour les mauvais. Ainsi, vous, par exemple, au lieu de vous faire du mal, on vous recevrait très-bien au quartier général des alliés. Vous connaissez le pays, vous serviriez de guides, et l'on vous payerait grassement. »

Il y eut un instant de silence; les trois chasseurs se regardèrent de nouveau, le père avait étendu les mains sur la table, tout au large, comme pour recommander le calme à ses fils. Cependant il était tout pâle.

L'aubergiste qui ne s'apercevait de rien reprit :

« Vous auriez bien plutôt à craindre, au bois des Baronies, ces brigands de Dagsburg, de la Sarre et du Blanru qui se sont révoltés en masse et qui veulent recommencer 93.

— En êtes-vous bien sûr? demanda Materne, faisant effort pour se dominer.

— Si j'en suis sûr! Vous n'avez qu'à regarder par la fenêtre, et vous les verrez sur la route du Donon. Ils ont surpris l'anabaptiste Pelsly; ils l'ont attaché au pied de son lit; ils pillent, ils volent, ils défoncent les routes, mais gare, gare! D'ici quelques jours ils vont en voir de drôles. Ce n'est pas avec des mille hommes qu'on va les attaquer, pas avec des dix mille, mais avec des milliards de *milliasses*... Ils seront tous pendus! »

Materne se leva.

« Il est temps de se remettre en route, dit-il d'un ton bref. A deux heures il faut être au bois, et nous sommes là tranquillement à causer comme des pies. Au revoir, père Dubreuil. »

Ils sortirent précipitamment, n'y tenant plus de rage.

« Réfléchissez bien à ce que je vous ai dit! » leur cria l'aubergiste de son fauteuil.

Une fois dehors, Materne se retournant les lèvres frémissantes, s'écria :

« Si je ne m'étais pas retenu, j'allais lui casser la bouteille sur la tête.

— Et moi, dit Frantz, je lui passais ma baïonnette dans le ventre. »

Kasper, un pied sur la marche, semblait vouloir rentrer; il serrait le manche de son couteau de chasse, sa figure avait une expression terrible. Mais le vieux le prit par le bras, et l'entraîna en disant:

« Allons... allons... nous retrouverons ça plus tard! Me conseiller, à moi, de trahir le pays! Hullin nous avait bien dit d'être sur nos gardes; il avait raison. »

Ils descendirent alors la rue, jetant à droite et à gauche des yeux hagards. Les gens se demandaient entre eux: « Qu'est-ce qu'ils ont donc? »

Arrivés au bout du village, en face de la vieille croix, tout près de l'église, ils firent halte, et Materne, d'un ton plus calme, leur montrant le sentier qui tourne autour de Phramond, dans les bruyères, dit à ses fils:

« Vous allez prendre ce chemin-là. Moi, je suis la route jusqu'à Schirmeck. Je n'irai pas trop vite, pour vous laisser le temps d'arriver avec moi. »

Ils se séparèrent, et le vieux chasseur tout pensif, la tête inclinée, marcha longtemps, se demandant par quelle force intérieure il avait pu s'empêcher de casser la tête au gros aubergiste. Il se dit que c'était sans doute la peur de compromettre ses fils.

Tout en rêvant à ces choses, Materne rencontrait de temps en temps des troupeaux de bœufs, de moutons et de chèvres qu'on menait dans la montagne. Il y en avait qui venaient de Wisch, d'Urmatt, et même de Mutzig; les pauvres bêtes n'en pouvaient plus.

« Où diable courez-vous si vite? criait le vieux chasseur aux pâtres mélancoliques; vous n'avez donc pas confiance dans la proclamation des Russes et des Autrichiens, vous autres? »

Et ces gens, de mauvaise humeur, lui répondaient:

« Il vous est facile de rire. Les proclamations! nous savons ce qu'elles valent maintenant. On pille tout, on vole tout, on met des contributions forcées, on enlève les chevaux, les vaches, les bœufs, les voitures.

— Tiens! tiens! tiens! pas possible... Qu'est-ce que vous me racontez là? faisait Materne, ça me renverse, des gens si braves, de si bons amis, des sauveurs de la France! Je ne peux pas vous croire. Une si belle proclamation!

— Eh bien, descendez en Alsace, et vous verrez! »

Les pauvres gens s'en allaient, hochant la tête d'un air d'indignation profonde, et, lui, riait dans sa barbe.

Plus Materne avançait, plus le nombre des troupeaux devenait grand; il n'y avait plus seulement des troupeaux de bétail, beuglant,

mugissant, mais encore des bandes d'oies à perte de vue, criant, nasillant, se traînant sur le ventre tout le long du chemin, les ailes levées, les pattes à demi gelées: cela faisait pitié!

En approchant de Schirmeck, c'était bien pis encore; les gens se sauvaient en masse avec leurs grandes voitures chargées de tonneaux, de viandes fumées, de meubles, de femmes et d'enfants, frappant les chevaux à les faire périr sur place, et disant d'une voix lamentable: «Nous sommes perdus; les Cosaques arrivent.»

Ce cri: « les Cosaques! les Cosaques! » passait d'un bout de la route à l'autre comme un coup de vent, les femmes se retournaient bouche béante, et les enfants se dressaient sur les voitures pour voir de plus loin. On n'avait jamais rien vu de pareil, et Materne, indigné, rougissait de la peur de ces gens, qui pouvaient se défendre, tandis que l'égoïsme et le désir de sauver leurs biens les faisaient fuir lâchement.

A l'embranchement du *Fond des Saules*, tout près de Schirmeck, Kasper et Frantz rejoignirent leur père, et tous trois entrèrent au bouchon de la *Clef-d'Or* que tenait la veuve Faltaux, à droite de la route, au premier tiers de la côte.

La pauvre femme et ses deux filles regardaient d'une fenêtre la grande émigration, en joignant les mains.

En effet, le tumulte grandissait de seconde en seconde; le bétail, les voitures et les gens semblaient vouloir passer sur le dos les uns des autres. On ne se possédait plus, on hurlait, on frappait pour avoir de la place.

Materne poussant la porte et voyant les femmes plus mortes que vives, pâles, échevelées, cria, frappant de son bâton sur le plancher:

« Hé! la mère, devenez-vous folle? Comment, vous qui devez le bon exemple à vos filles, vous perdez tout courage: c'est honteux! »

Alors la vieille se retournant, répondit d'une voix lamentable:

« Ah! mon pauvre Materne, si vous saviez, si vous saviez!

— Eh bien, quoi? L'ennemi arrive; il ne vous mangera pas.

— Non, mais il dévore tout sans miséricorde. La vieille Ursule de Schlestadt, arrivée hier soir, dit que les Autrichien ne veulent que des *knœpfe* et des *noudel*, les Russes du *schnaps*, et les Bavarois de la choucroute. Et quand on les a bourrés de tout cela jusqu'à la gorge, ils crient encore la bouche pleine: *schokolate! schokolate*[*]! Mon Dieu... mon Dieu... comment nourrir tous ces gens?

* Du chocolat.

—Je sais bien que c'est difficile, dit le vieux chasseur; les geais n'ont jamais assez de fromage blanc. Mais, d'abord, où sont-ils ces Cosaques, ces Bavarois et ces Autrichiens? Depuis Grandfontaine, nous n'en avons pas rencontré un seul.

—Ils sont en Alsace, du côté d'Urmatt, et c'est ici qu'ils viennent!

—En attendant, dit Kasper, servez-nous une cruche de vin; voici un écu de trois livres, vous le cacherez plus facilement que vos tonneaux. •

L'une des filles descendit à la cave, et, dans le même instant, plusieurs autres personnes entrèrent: un marchand d'almanachs du côté de Strasbourg, un roulier en blouse de Sarrebrück et deux ou trois bourgeois de Mutzig, de Wisch et de Schirmeck, qui se sauvaient avec leurs troupeaux, et n'en pouvaient plus à force de crier.

Tous s'assirent à la même table, en face des fenêtres, pour surveiller la route; on leur servit du vin, et chacun se mit à raconter ce qu'il savait; l'un disait que les alliés étaient si nombreux, qu'on les faisait coucher côte à côte dans la vallée de Hirschenthal, et si remplis de vermine, qu'après leur départ, les feuilles mortes marchaient toutes seules dans les bois; — un autre, que les Cosaques avaient mis le feu dans un village d'Alsace, parce qu'on leur avait refusé des chandelles pour dessert après leur dîner; que certains d'entre eux, surtout les Kalmoucks, mangeaient le savon comme du fromage, et la corne de lard comme de la galette; qu'un grand nombre buvaient l'eau-de-vie à la chope, après avoir eu soin d'y mettre des poignées de poivre; qu'il fallait tout leur cacher, car tout leur était bon à manger et à boire.

Le roulier dit à ce propos que, trois jours avant, un corps d'armée russe étant passé, la nuit, sous le canon de Bitsch, il avait dû stationner plus d'une heure sur la glace, dans le petit village de Rorbach, et que tout ce corps d'armée avait bu dans une bassinoire, oubliée sur la fenêtre d'une vieille femme de quatre-vingts ans; que ces races de sauvages cassaient la glace pour se baigner, et se mettaient ensuite dans les fours à brique, pour se sécher; enfin, qu'ils n'avaient peur que du caporal *schlague!* •

Ces braves gens se communiquaient l'un à l'autre des choses si singulières — qu'ils prétendaient avoir vues de leurs propres yeux, ou tenir de personnes sûres — qu'on pouvait à peine y croire.

Au dehors, le tumulte, le roulement des voitures, le beuglement des troupeaux, le cri des pâtres, les clameurs des fuyards continuaient toujours, et produisaient l'effet d'un immense bourdonnement.

Vers midi, Materne et ses garçons allaient partir, lorsqu'un cri, plus grand, plus prolongé que les autres, se fit entendre: « Les Cosaques! les Cosaques! »

Alors tout le monde s'élança au dehors, excepté les chasseurs, qui se contentèrent d'ouvrir une fenêtre et de regarder: tout le monde se sauvait à travers champs; hommes, troupeaux, voitures, tout se dispersait comme les feuilles au vent d'automne.

En moins de deux minutes, la route fut libre, sauf dans Schirmeck, où régnait un encombrement tel, qu'on n'aurait pu faire quatre pas. Materne portant le regard au loin sur la route, s'écria:

« J'ai beau regarder, je ne vois rien.

—Ni moi, reprit Kasper.

—Allons, allons, s'écria le vieux chasseur, je vois bien que la peur de tout ce monde donne plus de force à l'ennemi qu'il n'en a. Ce n'est pas de cette manière que nous recevrons les Cosaques dans la montagne, ils trouveront à qui parler! »

Puis, haussant les épaules avec une expression de dégoût:

« La peur est une vilaine chose, dit-il; nous n'avons pourtant qu'une pauvre vie à perdre! Allons-nous-en. »

Ils sortirent de l'auberge, et le vieux ayant pris le chemin de la vallée, pour gravir en face la cime du Hirschberg, ses fils le suivirent. Bientôt ils eurent atteint la lisière du bois, Materne dit alors qu'il fallait monter le plus haut possible, afin de découvrir la plaine, et de rapporter des nouvelles positives au bivouac; que tous les propos de ces fuyards ne valaient pas un simple coup d'œil sur le terrain.

Kasper et Frantz en demeurèrent d'accord, et tous trois se mirent à grimper la côte, qui forme une sorte de promontoire avancé sur la plaine. Lorsqu'ils en eurent atteint le sommet, ils virent distinctement la position de l'ennemi, à trois lieues de là, entre Urmatt et Lutzelhouse; c'étaient de grandes lignes noires sur la neige; plus loin, quelques masses sombres, sans doute l'artillerie et les bagages. D'autres masses tournaient autour des villages, et, malgré la distance, le scintillement des baïonnettes annonçait qu'une colonne venait de se mettre en marche pour Visch.

Après avoir longtemps contemplé ce tableau d'un œil rêveur, le vieux dit:

« Nous avons bien là trente mille hommes sous les yeux. Ils s'avancent de notre côté;

nous serons attaqués demain ou après-demain au plus tard. Ce ne sera pas une petite affaire, mes garçons; mais, s'ils sont beaucoup, nous avons la bonne place, et puis c'est toujours agréable de tirer dans des tas : il n'y a pas de balles perdues. »

Ayant fait ces réflexions judicieuses, il regarda la hauteur du soleil, et ajouta :

« Il est maintenant deux heures; nous savons tout ce que nous voulions savoir. Retournons au bivouac. »

Les deux garçons mirent leur carabine en bandoulière, et laissant sur leur gauche la vallée de la Brocque, Schirmeck et Framont, ils gravirent la pente rapide du Hengsbach, que domine le Petit Donon à deux lieues ; ils redescendirent de l'autre côté, sans suivre aucun sentier dans les neiges, ne se guidant que sur les cimes, pour couper au court.

Ils allaient ainsi depuis environ deux heures, le soleil d'hiver s'inclinait à l'horizon, la nuit venait, mais lumineuse et calme. Ils n'avaient plus qu'à descendre et à remonter de l'autre côté la gorge solitaire du Riel formant un large bassin circulaire au milieu des bois, et renfermant un petit étang bleuâtre, où viennent s'abreuver parfois les chevreuils.

Tout à 'coup, et comme ils sortaient du fourré, ne songeant à rien, le vieux, s'arrêtant derrière un rideau de broussailles, dit :

« Chut ! »

Et, levant la main, il indiqua le petit lac, alors couvert d'une glace mince et transparente. Les deux garçons n'eurent qu'à lancer un coup d'œil de ce côté pour jouir du plus étrange spectacle : une vingtaine de Cosaques, la barbe jaune ébouriffée, la tête couverte de vieux bonnets de peau en forme de tuyau de poêle, leur maigre échine drapée de longues guenilles, le pied dans l'étrier de corde, étaient assis sur leurs petits chevaux, à la crinière flottant jusqu'au poitrail, à la queue rare, à la croupe tachetée de jaune, de noir et de blanc comme des chèvres. Les uns avaient pour toute arme une grande lance, d'autres un sabre, d'autres une hachette suspendue par une corde à la selle, et un grand pistolet d'arçon passé dans la ceinture. Plusieurs, le nez en l'air, regardaient avec extase la cime verdoyante des sapins échafaudés d'assise en assise jusque dans les nuages. Un grand maigre cassait la glace du gros bout de sa lance, tandis que son petit cheval buvait, le cou tendu et la crinière tombant en barbe sur la joue. Quelques-uns, ayant mis pied à terre, écartaient la neige et désignaient le bois ; sans doute pour indiquer que c'était une bonne place de campement. Leurs camarades, encore à cheval, causaient,

montrant à leur droite le fond de la vallée, qui s'abaisse en forme de brèche jusqu'au Grinderwald.

Enfin, c'était une halte, et rien ne saurait rendre ce que ces êtres venus de si loin avec leurs physionomies cuivrées, leurs longues barbes, leurs yeux noirs, leur front plat, leur nez épaté, leurs guenilles grises, avaient d'étrange et de pittoresque au bord de cette mare, et sous les hauts rochers à pic, portant les sapins verdâtres dans le ciel.

C'était un monde nouveau dans le nôtre, une espèce de gibier inconnu, curieux, bizarre, que les trois chasseurs roux se prirent à contempler d'abord avec une curiosité singulière. Mais, cela fait, au bout de cinq minutes, Kasper et Frantz mirent leurs longues baïonnettes au bout de leurs carabines, puis reculèrent d'environ vingt pas dans le fourré. Ils atteignirent une roche haute de quinze à vingt pieds, où Materne monta, n'ayant pas d'arme, puis, après quelques paroles échangées à voix basse, Kasper examina son amorce et épaula lentement, tandis que son frère se tenait prêt.

Un des Cosaques, celui qui faisait boire son cheval, se trouvait environ à deux cents pas. Le coup partit, retentissant dans les échos profonds de la gorge, et le Cosaque, filant par-dessus la tête de sa monture, disparut sous la glace de la mare.

Impossible de rendre la stupeur de la halte à cette détonation. Les regards de ces gens se portaient en tout sens, et l'écho répondait toujours comme au bruit de la fusillade, tandis qu'un large flocon de fumée montait au-dessus du bouquet d'arbres où se tenaient les chasseurs.

Kasper, en moins d'un quart de minute, avait rechargé son arme, mais, dans le même espace de temps, les Cosaques à terre avaient bondi sur leurs chevaux et tous partaient sur la pente du Hartz, se suivant à la file, comme des chevreuils, et criant d'une voix sauvage : « Hourah ! hourah ! »

Cette fuite ne fut qu'une vision ; au moment où Kasper épaulait pour la seconde fois, la queue du dernier cheval disparaissait dans le taillis.

Le cheval du Cosaque mort restait seul près de l'eau, retenu par une circonstance bizarre : son maître, la tête dans la vase jusqu'à mi-corps, avait encore le pied à l'étrier.

Materne sur son rocher écouta, puis il dit d'un ton joyeux :

« Ils sont partis! eh bien... allons voir... » Frantz, reste ici... s'il en revenait quelques-uns... »

Malgré cette recommandation, tous trois

Kasper épaula lentement. (Page 47.)

descendirent près du cheval; Materne saisit aussitôt la bride en disant :

« Eh! vieux, nous allons t'apprendre à parler français.

—Allons-nous-en ! s'écria Kasper.

—Non, il faut voir ce que nous avons tiré, voyez-vous, ça fera du bien aux camarades ; les chiens qui n'ont pas senti la peau de la bête ne sont jamais bien dressés.

Alors ils repêchèrent le Cosaque dans la vase, et l'ayant posé en travers du cheval, ils se mirent à grimper la côte du Donon par un sentier tellement rapide, que Materne répéta plus de cent fois : « Le cheval ne peut passer là. »

Mais le cheval, avec sa longue échine de chèvre, passait plus facilement qu'eux; c'est pourquoi le vieux chasseur finit par dire :

« Ces Cosaques ont de fameux chevaux. Si je deviens tout à fait vieux, je garderai celui-ci pour aller au chevreuil. Nous avons un fameux cheval, garçons; avec son air de vache, il vaut un cheval de roulier. »

De temps en temps il faisait aussi ses réflexions sur le Cosaque :

« Quelle drôle de figure, hein? un nez rond et un front comme une boîte a fromage. Il y a pourtant de drôles d'hommes dans le monde ! Tu l'as bien pris, Kasper: juste au milieu de la poitrine; et regarde, la balle est sortie par le dos. De la fameuse poudre! Divès a toujours de la bonne marchandise. »

Vers six heures, ils entendirent le premier cri de leurs sentinelles :

« Qui vive? »

Le gros Dubreuil, l'ami des alliés. (Page 54.)

—France! » répondit Materne en s'avançant.

Tout le monde accourut à leur rencontre : « Voici Materne! »

Hullin lui-même, aussi curieux que les autres, ne put s'empêcher d'accourir avec le docteur Lorquin. Les partisans stationnaient déjà autour du cheval, le cou tendu, la bouche béante, à côté d'un grand feu où cuisait le souper.

« C'est un Cosaque, dit Hullin, en serrant la main de Materne.

—Oui, Jean-Claude, nous l'avons pris à l'étang du Riel ; c'est Kasper qui a tiré. »

On étendit le cadavre près du feu. Sa figure, d'un jaune rance, avait des reflets bizarres aux rayons de la flamme.

Le docteur Lorquin, l'ayant regardé, dit:

« C'est un bel échantillon de sa race tartare ; si j'avais le temps, je le ferais mitonner dans un bain de chaux, pour me procurer une squelette de cette famille. »

Puis, s'agenouillant, et lui ouvrant sa longue souquenille :

« La balle a traversé le péricarde, ce qui produit à peu près l'effet d'un anévrisme qui crève. »

Les autres gardaient le silence.

Kasper, la main appuyée sur le canon de sa carabine, semblait tout content de son gibier, et le vieux Materne, se frottant les mains, disait:

« J'étais sûr de vous rapporter quelque chose; nous ne revenons jamais, mes garçons et moi, les mains vides. Enfin, voilà! »

Hullin alors, le tirant à part, ils entrèrent

ensemble à la ferme, tandis qu'après le premier moment de surprise, chacun commençait à faire ses réflexions personnelles sur le Cosaque.

XIII

Cette nuit-là, qui tombait la veille d'un samedi, la petite métairie de l'anabaptiste ne cessa pas une minute d'être remplie par les allants et venants.

Hullin avait établi son quartier général dans la grande salle du rez-de-chaussée, à droite de la grange, faisant face à Framont; de l'autre côté de l'allée se trouvait l'ambulance; au-dessus habitaient les gens de la ferme.

Quoique la nuit fût très-calme et parsemée d'étoiles innombrables, le froid était si vif, qu'il y avait près d'un pouce de givre sur les vitres.

Au dehors, on entendait le « qui vive? » des sentinelles, le passage des rondes, et sur les cimes d'alentour, les hurlements des loups qui suivaient nos armées par centaines depuis 1812. Ces animaux carnassiers, assis sur les glaces, leur museau pointu entre les pattes, et la faim aux entrailles, s'appelaient du Grosmann au Donon avec des plaintes semblables à celles de la bise.

Plus d'un montagnard alors se sentait pâlir : « C'est la mort qui chante, pensaient-ils, elle flaire la bataille, elle nous appelle ! »

Les bœufs mugissaient à l'étable, et les chevaux lançaient des ruades terribles.

Une trentaine de feux brillaient sur le plateau; tout le bûcher de l'anabaptiste était ravagé, on entassait bûche sur bûche, on se rôtissait la figure, et le dos grelottait; on se chauffait le dos, et le givre se pendait aux moustaches.

Hullin, seul, en face de la grande table de sapin, songeait à tout. — D'après les derniers rapports de la soirée, annonçant l'arrivée des Cosaques à Framont, il était convaincu que la première attaque aurait lieu le lendemain. Il avait fait distribuer les cartouches, il avait doublé les sentinelles, ordonné des patrouilles, et marqué tous les postes le long des abatis. Chacun connaissait d'avance la place qu'il devait prendre. Hullin avait aussi envoyé l'ordre à Piorette, à Jérôme de Saint-Quirin et à Labarbe de lui détacher leurs meilleurs tireurs.

La petite allée noire, éclairée par une lanterne graisseuse, était pleine de neige, et, à chaque instant, on voyait passer, sous la lumière immobile, les chefs d'embuscade, le feutre enfoncé jusqu'aux oreilles, les larges manches de leurs houppelandes tirées sur le poing, les yeux sombres, et la barbe hérissée de glace.

Pluton ne grondait plus au pas lourd de ces hommes. Hullin rêveur, la tête entre les mains, les coudes sur la table, écoutait tous les rapports :

« Maître Jean-Claude, on voit remuer quelque chose du côté de Grandfontaine; on entend galoper.

— Maître Jean-Claude, l'eau-de-vie est gelée.

— Maître Jean-Claude, plusieurs demandent de la poudre.

— On manque de ceci... de cela.

— Qu'on observe Grandfontaine, et qu'on change les sentinelles de ce côté toutes les demi-heures. — Qu'on approche l'eau-de-vie du feu. — Attendez que Divès arrive; il nous amène des munitions. — Qu'on distribue le reste des cartouches; — que ceux qui en ont plus de vingt en donnent à leurs camarades. »

Et ce fut ainsi toute la nuit.

Vers cinq heures du matin, Kasper, le fils de Materne, vint dire à Hullin que Marc Divès, avec un tombereau de cartouches, Catherine Lefèvre sur une voiture, et un détachement de Labarbe venaient d'arriver ensemble, et qu'ils étaient déjà sur le plateau.

Cette nouvelle lui fit grand plaisir, surtout à cause des cartouches, car il avait craint un retard.

Aussitôt il se leva et sortit avec Kasper.

Le plateau présentait un coup d'œil étrange.

A l'approche du jour, des masses de brume commençaient à s'élever de la vallée, les feux pétillaient à l'humidité, et tout autour se voyaient des gens endormis; l'un étendu sur le dos, les deux mains nouées derrière son feutre, la face pourpre, les jambes repliées; l'autre la joue sur son bras, les reins à la flamme; la plupart assis, la tête penchée et le fusil en bandoulière. Tout cela silencieux, enveloppé d'un flot de lumière pourpre ou de teintes grises, selon que le feu montait ou s'abaissait. Puis, dans le lointain, se dessinait le profil des sentinelles, l'arme au bras ou la crosse au pied, regardant dans l'abîme plein de nuages.

Sur la droite, à cinquante pas du dernier feu, on entendait hennir des chevaux et des gens frapper du pied pour se réchauffer, en causant tout haut.

« Maître Jean-Claude arrive, » dit Kasper en s'avançant de ce côté.

L'un des partisans ayant jeté dans le feu quelques brindilles de bois sec, il y eut un éclair, et les hommes de Marc Divès à cheval, douze grands gaillards enveloppés de leurs manteaux gris, le feutre rabattu sur les épaules, les grosses moustaches retroussées ou retombant jusque sur leur col, le sabre au poing, immobiles autour du tombereau; plus loin, Catherine Lefèvre accroupie entre les échelles de sa voiture, la capuche sur le nez, les jambes dans la paille, le dos contre une grosse tonne; derrière elle, une marmite, un gril, un porc frais éventré, nettoyé, blanc et rouge, quelques bottes d'oignons et des têtes de choux pour faire de la soupe : tout cela sortit une seconde de l'ombre, puis retomba dans la nuit.

Divès s'était détaché du convoi, et s'avançait sur son grand cheval.

« C'est toi, Jean-Claude?

—Oui, Marc.

—J'ai là quelques milles de cartouches. Hexe-Baizel travaille jour et nuit.

—Bon, bon!

—Oui, mon vieux. Et Catherine Lefèvre apporte aussi des vivres; elle a tué hier.

—C'est bien, Marc, nous aurons besoin de tout cela. La bataille approche.

—Oui, mon vieux, je m'en doute; nous sommes arrivés à fond de train. Où faut-il mettre la poudre?

—Là-bas, sous le hangar, derrière la ferme. Hé! c'est vous, Catherine?

—Mais oui, Jean-Claude; il fait joliment froid ce matin.

—Vous serez donc toujours la même; vous n'avez peur de rien?

—Tiens! est-ce que je serais femme, si je n'étais pas curieuse? Il faut que je fourre mon nez partout.

—Oui, vous avez toujours des excuses pour ce que vous faites de beau et de bien.

—Hullin, vous êtes un rabâcheur; laissez-moi tranquille avec vos compliments. Est-ce qu'il ne faut pas que ces gens-là mangent? Est-ce qu'ils peuvent vivre de l'air du temps? Avec qu'il est nourrissant l'air du bon Dieu, par un froid pareil : des aiguilles et des rasoirs! Aussi, j'ai pris mes mesures; hier nous avons abattu un bœuf, — vous savez, ce pauvre *Schwartz*, — il pesait bien neuf cents; j'en apporte le quartier de derrière, pour la soupe de ce matin.

—Catherine, j'ai beau vous connaître, s'écria Jean-Claude attendri, vous m'étonnez toujours. Rien ne vous coûte, rien : ni l'argent, ni les soins, ni les peines.

—Ah! répondit la vieille fermière en se levant et sautant de sa voiture, tenez, vous m'ennuyez, Hullin. Je vais me chauffer. »

Elle remit les rênes de ses chevaux à Dubourg, puis se retournant :

« C'est égal, Jean-Claude, ces feux-là font plaisir à voir! Mais Louise, où est-elle?

—Louise a passé la nuit à découper et à coudre des bandages avec les deux filles de Pelsly. Elle est à l'ambulance; voyez, là-bas, où brille ma lumière.

—Pauvre enfant, dit Catherine, je cours l'aider. Ça me réchauffera. »

Hullin, la regardant s'éloigner, fit un geste comme pour dire : « Quelle femme! »

En ce moment, Divès et ses gens conduisaient la poudre au hangar, et comme Jean-Claude se rapprochait du feu le plus voisin, quelle ne fut pas sa surprise de voir, au nombre des partisans, le fou Yégof, la couronne en tête, gravement assis sur une pierre, les pieds à la braise, et drapé de ses guenilles comme d'un manteau royal.

Rien d'étrange comme cette figure à la lueur du foyer; Yégof était le seul éveillé de la troupe; on l'eût réellement pris pour quelque roi barbare rêvant au milieu de sa horde endormie.

Hullin, lui, n'y vit qu'un fou, et lui posant doucement la main sur l'épaule :

« Salut, Yégof! dit-il d'un ton ironique; tu viens donc nous prêter le secours de ton bras invincible et de tes innombrables armées! »

Le fou, sans montrer la moindre surprise, répondit :

« Cela dépend de toi, Hullin; ton sort, et celui de tout ce monde, est entre tes mains. J'ai suspendu ma colère, et je te laisserai prononcer l'arrêt.

—Quel arrêt? » demanda Jean-Claude.

L'autre, sans répondre, poursuivit d'une voix basse et solennelle :

« Nous voici tous les deux comme il y a seize cents ans, à la veille d'une grande bataille. Alors, moi, le chef de tant de peuples, j'étais venu dans ton klan te demander le passage...

—Il y a seize cents ans! dit Hullin; diable, Yégof, ça nous fait terriblement vieux! Enfin n'importe, chacun son idée.

—Oui, reprit le fou, mais avec ton obstination ordinaire, tu ne voulus rien entendre : il y eut des morts au Blutfeld, et ces morts crient vengeance!

—Ah! le Blutfeld, dit Jean-Claude, oui, oui, une vieille histoire; il me semble en avoir entendu parler. »

Yégof rougit, ses yeux étincelèrent :

« Tu te glorifies de ta victoire! s'écria-t-il; mais prends garde, prends garde : le sang appelle le sang!... »

Puis d'un ton radouci :

« Écoute, ajouta-t-il, je ne t'en veux pas : tu es brave, les enfants de ta race peuvent se confondre avec ceux de la mienne. J'ambitionne ton alliance, tu le sais...

—Allons, le voilà qui revient à Louise, » pensa Jean Claude.

Et prévoyant une demande en forme :

« Yégof, dit-il, j'en suis fâché, mais il faut que je te quitte; j'ai tant de choses à voir... »

Le fou n'attendit pas la fin de ce congé, et se levant la face bouleversée d'indignation :

« Tu me refuses ta fille ! s'écria-t-il en levant le doigt d'un air solennel.

—Nous causerons de cela plus tard.

—Tu me refuses !

—Voyons, Yégof, tes cris vont éveiller tout le monde...

—Tu me refuses !... Et c'est pour la troisième fois !... Prends garde !... Prends garde !... »

Hullin, désespérant de lui faire entendre raison, s'éloignait à grands pas, mais le fou, d'un accent furieux, le poursuivit de ces étranges paroles :

« Huldrix, malheur à toi ! Ta dernière heure est proche; les loups vont se repaître de ta chair. Tout est fini : je déchaîne les tempêtes de ma colère; qu'il n'y ait pour toi et pour les tiens, ni grâce, ni pitié, ni merci. Tu l'as voulu ! »

Et, jetant sur son épaule gauche un pan de ses guenilles, le malheureux s'éloigna rapidement vers la cime du Donon.

Plusieurs des partisans, à demi éveillés par ses cris, le regardèrent d'un œil terne s'enfoncer dans les ténèbres. Ils entendirent un battement d'ailes autour du feu; puis, comme dans la vision d'un rêve, ils se retournèrent et se rendormirent.

Environ une heure après, la corne de Lagarmitte sonnait le réveil. En quelques secondes, tout le monde fut debout.

Les chefs d'embuscade réunissaient leur monde; les uns se dirigeaient vers le hangar, où l'on distribuait des cartouches; les autres emplissaient leur gourde d'eau-de-vie à la tonne : tout cela se faisait avec ordre, le chef en tête, puis chaque peloton s'éloignait dans le demi-jour, vers les abatis aux flancs de la côte.

Quand le soleil parut, le plateau était désert, et, sauf cinq ou six feux qui fumaient encore, rien n'annonçait que les partisans occupaient tous les points de la montagne et qu'ils avaient passé la nuit dans cet endroit.

Hullin mangeait alors un morceau sur le pouce et buvait un verre de vin avec ses amis, le docteur Lorquin et l'anabaptiste Pelsly.

Lagarmitte était avec eux, car il ne devait pas quitter maître Jean-Claude tout le jour, et transmettre ses ordres en cas de besoin.

XIV

A sept heures, aucun mouvement n'apparaissait encore dans la vallée.

De temps en temps, le docteur Lorquin ouvrait le châssis d'une fenêtre de la grande salle et regardait : rien ne bougeait; les feux étaient éteints, tout restait calme.

En face de la ferme, à cent pas, sur un talus, on voyait le Cosaque tué la veille par Kasper; il était blanc de givre et dur comme un caillou.

A l'intérieur, on avait fait du feu dans le grand poêle de fonte.

Louise, assise près de son père, le regardait avec une douceur inexprimable; on aurait dit qu'elle avait peur de ne plus le revoir; ses yeux rouges annonçaient qu'elle venait de répandre des larmes.

Hullin, quoique ferme, paraissait ému.

Le docteur et l'anabaptiste, tous deux graves et solennels, causaient des affaires présentes, et Lagarmitte, derrière le fourneau, les écoutait avec recueillement.

« Nous avons non-seulement le droit, mais encore le devoir de nous défendre, disait le docteur; nos pères ont défriché ces bois, ils les ont cultivés : c'est notre bien légitime.

—Sans doute, répondait l'anabaptiste d'un ton sentencieux, mais il est écrit : « Tu ne tueras point ! Tu ne répandras point le sang de tes frères ! »

Catherine Lefèvre, alors en train de dépêcher une tranche de jambon, et que cette conversation impatientait sans doute, se retourna brusquement et répondit :

« Ça fait que si nous avions votre religion, les Allemands, les Russes et tous ces hommes roux nous mangeraient la laine sur le dos. Elle est fameuse, votre religion, oui, fameuse et agréable pour les gueux ! Ça leur procure des facilités pour houspiller les gens de bien. Les alliés nous en souhaiteraient bien une pareille, j'en suis sûre ! Malheureusement tout le monde n'a pas de goût au métier de mouton. Moi, sans vouloir vous faire injure, Pelsly, je trouve que c'est un peu bête de s'engraisser pour les autres. Enfin, vous êtes de braves gens, on ne peut pas vous en vouloir; vous avez été nourris de père en fils dans les mêmes idées : là où le grand-père a sauté, le petit-fils saute aussi. Mais nous allons vous défendre malgré vous, et vous nous ferez des discours plus tard sur la paix éternelle. J'aime beaucoup les discours sur la paix, quand je n'ai rien à faire, et que je rumine après le dîner : ça me réjouit le cœur. »

Ayant parlé de la sorte, elle se retourna et finit tranquillement son jambon.

Pelsly restait la bouche béante, et le docteur Lorquin ne pouvait s'empêcher de sourire.

Au même instant la porte s'ouvrit, et l'une des sentinelles restées en observation sur le bord du plateau, cria :

« Maître Jean-Claude, venez voir, je crois qu'ils veulent monter.

—C'est bien, Simon, j'arrive, dit Hullin en se levant. Louise, embrasse-moi ; du courage, mon enfant ; n'aie pas peur, tout ira bien ! »

Il la pressait sur sa poitrine les yeux gonflés de larmes. Elle semblait plus morte que vive.

« Et surtout, dit le brave homme, en s'adressant à Catherine, que personne ne sorte ; qu'on n'approche pas des fenêtres ! »

Puis il s'élança dans l'allée.

Tous les assistants étaient devenus pâles.

Lorsque maître Jean-Claude eut atteint le bord de la terrasse, plongeant les yeux sur Grandfontaine et Framont à trois mille mètres au-dessous de lui, voici ce qu'il vit :

Les Allemands arrivés la veille au soir, quelques heures après les Cosaques, ayant passé la nuit, au nombre de cinq ou six mille dans les granges, les écuries, les hangars, s'agitaient alors comme une vraie fourmilière. Ils sortaient de toutes les portes par files de dix, quinze, vingt, se hâtant de boucler leurs sacs, d'accrocher leurs sabres, de mettre leurs baïonnettes.

D'autres, les cavaliers, — hulans, Cosaques, hussards, en habits verts, gris, bleus, — galonnés de rouge, de jaune ; en toque de toile cirée, de peau d'agneau, colbacs, casquettes, — sellaient leurs chevaux et roulaient leurs grands carricks à la hâte.

Les officiers, le manteau en écharpe, descendaient les petits escaliers, quelques-uns le nez levé regardant le pays, les autres embrassant les femmes sur le seuil des maisons.

Des trompettes, le poing sur la hanche, le coude en l'air, sonnaient le rappel à tous les coins de rues ; les tambours serraient les cordes de leurs caisses. Bref, dans cet espace grand comme la main, on pouvait voir toutes les attitudes militaires au moment du départ.

Quelques paysans, penchés à leurs fenêtres, regardaient cela ; les femmes se montraient aux lucarnes des greniers. Les aubergistes remplissaient les gourdes, le caporal *schlague* debout à côté d'eux.

Hullin avait l'œil perçant, rien ne lui échappait ; d'ailleurs il connaissait toutes ces choses depuis longues années ; mais Lagarmitte, qui

n'avait jamais rien vu de pareil, était stupéfait :

« Ils sont beaucoup ! faisait-il en hochant la tête.

—Bah ! qu'est-ce que ça prouve ? dit Hullin. De mon temps, nous en avons exterminé trois armées de cinquante mille de la même race, en six mois ; nous n'étions pas un contre quatre. Tout ce que tu vois là n'aurait pas fait notre déjeuner. Et puis, sois tranquille, nous n'aurons pas besoin de les tuer tous ; ils vont se sauver comme des lièvres. J'ai vu ça ! »

Après ces réflexions judicieuses, il voulut encore visiter son monde.

« Arrive ! » dit-il au pâtre.

Tous deux s'avançant alors derrière les abatis, suivirent une tranchée pratiquée dans les neiges deux jours auparavant. Ces neiges, durcies par la gelée, étaient devenues de la glace. Les arbres, tombés au-devant et tout couverts de grésil, formaient une barrière infranchissable, qui s'étendait environ à six cents mètres. La route effondrée passait au-dessous.

En approchant, Jean-Claude vit les montagnards du Dagsberg, accroupis de vingt pas en vingt pas, dans des espèces de nids ronds qu'ils s'étaient creusés.

Tous ces braves gens se tenaient assis sur leur havresac, la gourde à droite, le feutre ou le bonnet de peau de renard enfoncé sur la nuque, le fusil entre les genoux. Ils n'avaient qu'à se lever, pour voir la route à cinquante pas au-dessous d'eux, au bas d'une rampe glissante.

L'arrivée de Hullin leur fit plaisir.

« Hé ! maître Jean-Claude, va-t-on bientôt commencer ?

— Oui, mes garçons, ne vous ennuyez pas, avant une heure l'affaire sera en train.

— Ah ! tant mieux !

— Oui, mais surtout visez bien, à hauteur de poitrine, ne vous pressez pas, et ne montrez pas plus de chair qu'il ne faut.

— Soyez tranquille, maître Jean-Claude. »

Il allait plus loin ; partout on le recevait de même.

« N'oubliez pas, disait-il, de cesser le feu, quand Lagarmitte sonnera de la corne, ce seraient des balles perdues. »

Arrivés près du vieux Materne, qui commandait tous ces hommes, au nombre d'environ deux cent cinquante, il trouva le vieux chasseur en train de fumer une pipe, le nez rouge comme une braise, et la barbe hérissée de froid comme un sanglier.

« Hé ! c'est toi, Jean-Claude.

— Oui, je viens te serrer la main.

— A la bonne heure. Mais dis donc, ils ne se pressent guère de venir ; s'ils allaient passer ailleurs.

— Ne crains rien, il leur faut la route pour l'artillerie et les bagages. Regarde, on sonne le boute-selle.

— Oui, j'ai déjà regardé ; ils se préparent. »

Puis, riant tout bas :

« Tu ne sais pas, Jean-Claude, tout à l'heure, comme je regardais du côté de Grandfontaine, j'ai vu quelque chose de drôle.

— Quoi, mon vieux?

— J'ai vu quatre Allemands empoigner le gros Dubreuil, l'ami des alliés ; ils l'ont couché sur le banc de pierre, à sa porte, et un grand maigre lui a donné je ne sais combien de coups de trique sur les reins. Hé! hé! hé! devait-il crier, le vieux gueux! Je parie qu'il aura refusé quelque chose à ses bons amis ; par exemple, son vin de l'an XI. »

Hullin n'écoutait plus, car, jetant par hasard un coup d'œil dans la vallée, il venait de voir un régiment d'infanterie déboucher sur la route. Plus loin, dans la rue, s'avançait de la cavalerie, et cinq ou six officiers galopaient en avant.

« Ah! ah! les voilà qui viennent! s'écria le vieux soldat, dont la figure prit tout à coup une expression d'énergie et d'enthousiasme étrange. Enfin, ils se décident! »

Puis il s'élança de la tranchée en criant :

« Mes enfants, attention! »

En passant, il vit encore Riffi, le petit tailleur des Charmes, penché sur un grand fusil de munition ; le petit homme s'était fait une marche dans la neige pour ajuster. Plus haut, il reconnut aussi le vieux bûcheron Rochart, avec ses gros sabots garnis de peau de mouton ; il buvait un bon coup à sa gourde, et se dressait lentement, la carabine sous le bras et le bonnet de coton sur l'oreille.

Ce fut tout ; car pour dominer l'ensemble de l'action, il lui fallait grimper jusqu'à la cime du Donon, où se trouve un rocher.

Lagarmitte suivait, allongeant ses grandes jambes comme des échasses. Dix minutes après, lorsqu'ils atteignirent le haut de la roche tout haletants, ils aperçurent à quinze cents mètres au-dessous d'eux la colonne ennemie, forte d'environ trois mille hommes, avec les grands habits blancs, les buffleteries, les guêtres de toile, les shakos évasés, les moustaches rousses ; les jeunes officiers à casquette plate, dans l'intervalle des compagnies, se dandinant à cheval l'épée au poing, et se retournant pour crier d'une voix grêle : « Forverts! forverts! » *

Tout cela hérissé de baïonnettes scintillantes, et montant au pas de charge vers les abatis.

Le vieux Materne, son grand nez d'épervier

* En avant! en avant!

relevé au-dessus d'une brindille de genévrier et le sourcil haut, observait aussi l'arrivée des Allemands. Et comme il avait la vue très-nette, il distinguait même les figures de cette foule, et choisssait l'homme qu'il voulait abattre.

Au milieu de la colonne, sur un grand cheval bai, s'avançait tout droit un vieil officier à perruque blanche, le chapeau à cornes galonné d'or, la taille enveloppée d'une écharpe jaune, et la poitrine décorée de rubans. Lorsque ce personnage relevait la tête, la corne de son chapeau, surmonté d'une touffe de plumes noires, formait visière. Il avait de grandes rides le long des joues, et ne semblait pas tendre.

« Voilà mon homme! » se dit le vieux chasseur en épaulant lentement.

Il ajusta, fit feu, et quand il regarda, le vieil officier avait disparu.

Aussitôt la côte se mit à pétiller de coups de fusil tout le long des retranchements ; mais les Allemands, sans répondre, continuèrent d'avancer vers les abatis, le fusil sur l'épaule, et les rangs bien alignés comme à la parade.

Pour dire la vérité, plus d'un brave montagnard, père de famille, voyant monter cette forêt de baïonnettes, malgré la fusillade, pensa qu'il aurait peut-être mieux fait de rester au village, que de se fourrer dans une pareille affaire. Mais comme dit le proverbe : « Le vin était tiré ; il fallait le boire! »

Riffi, le petit tailleur, se rappela les paroles judicieuses de sa femme Sapience : « Riffi, vous vous ferez estropier, et ce sera bien fait! »

Il promit un *ex-voto* superbe à la chapelle de Saint-Léon, s'il revenait de la guerre ; mais en même temps, il résolut de faire bon usage de son grand fusil de munition.

A deux cents pas des abatis, les Allemands firent halte et commencèrent un feu roulant tel qu'on n'en avait jamais entendu dans la montagne : c'était un véritable bourdonnement de coups de fusil ; les balles, par centaines, hachaient les branches, faisaient sauter des morceaux de glace, s'écrasaient sur les rochers, à droite, à gauche, en avant, par derrière. Elles ricochaient avec des sifflements bizarres, et passaient parfois comme des volées de pigeons.

Cela n'empêchait pas les montagnards de continuer leur feu, mais on ne l'entendait plus. Toute la côte s'enveloppait d'une fumée bleuâtre qui empêchait d'ajuster.

Au bout d'environ dix minutes, il y eut un roulement de tambour, et toute cette masse d'hommes se prit à courir sur les abatis, leurs officiers comme les autres, criant « Forverts! »

La terre en tremblait.

Materne, se dressant de toute sa hauteur, à côté de la tranchée, les joues frémissantes, la voix terrible s'écria :

« Debout !... Debout !...

Il était temps, car bon nombre de ces Allemands, presque tous des étudiants en philosophie, en droit, en médecine, balafrés dans les brasseries de Munich, d'Iéna et d'ailleurs, et qui se battaient contre nous, parce qu'on avait promis de leur accorder des libertés après la chute de Napoléon, tous ces gaillards intrépides grimpaient des pieds et des mains le long des glaces, et voulaient sauter dans les retranchements.

Mais à mesure qu'ils grimpaient, on les assommait à coups de crosse, et ils retombaient dans leurs rangs comme la grêle.

C'est en ce moment qu'on vit la belle conduite du vieux bûcheron Rochart. A lui seul, il renversa plus de dix de ces enfants de la vieille Germanie. Il les saisissait sous les bras et les lançait sur la route. Le vieux Materne avait sa baïonnette toute gluante de sang. Et le petit Riffi ne cessait pas de charger son grand fusil, et de tirer dans le tas avec enthousiasme ; et Joseph Larnette, qui reçut malheureusement un coup de fusil dans l'œil ; Hans Baumgart à qui eut l'épaule fracassée ; Daniel Spitz qui perdit deux doigts d'un coup de sabre, et une foule d'autres, dont les noms devront être honorés et vénérés de siècle en siècle, ne cessèrent pas une seconde, charger et de décharger leurs fusils.

Au-dessous de la rampe, on entendait des cris affreux, et quand on regardait par-dessus, on voyait des baïonnettes hérissées, des hommes à cheval.

Cela dura bien un bon quart d'heure. On ne savait ce que les Allemands voulaient faire, puisqu'il n'y avait pas de passage. Mais, tout à coup, ils se décidèrent à s'en aller. Presque tous les étudiants avaient succombé, et les autres, vieux routiers habitués aux retraites honorables, ne s'acharnaient pas avec le même enthousiasme.

Ils commencèrent par battre lentement en retraite, puis plus vite. Les officiers, derrière eux, les frappaient du plat de leur épée, les coups de fusil les suivaient, et finalement, ils se sauvèrent avec autant de précipitation, qu'ils avaient mis d'ordre à venir.

Materne, debout sur le talus avec cinquante autres, brandissait sa carabine en riant de bon cœur.

Au bas de la rampe se traînaient à terre des masses de blessés. La neige trépignée était rouge de sang. Au milieu des morts entassés, on voyait deux jeunes officiers encore vivants

engagés sous les cadavres de leurs chevaux.

C'était horrible ! Mais les hommes sont vraiment féroces : il n'y en avait pas un parmi les montagnards qui plaignit ces malheureux ; au contraire, plus ils en voyaient, plus ils étaient réjouis.

Le petit Riffi, en ce moment, transporté d'un noble enthousiasme, se laissa glisser le long du talus. Il venait d'apercevoir, un peu à gauche, au-dessous des abatis, un superbe cheval, celui du colonel tué par Materne, et qui s'était retiré dans cet angle sain et sauf.

« Tu seras à moi, se disait-il ; c'est Sapience qui va être étonnée ! »

Tous les autres l'enviaient. Il saisit le cheval par la bride et monta dessus. Mais qu'on juge de la stupéfaction générale, et surtout de celle de Riffi, lorsque ce noble animal prit sa course ventre à terre du côté des Allemands.

Le petit tailleur levait les mains au ciel, implorant Dieu et les saints.

Materne eut envie de tirer, mais il ne l'osa pas, le cheval allait trop vite.

A peine au milieu des baïonnettes ennemies Riffi disparut.

Tout le monde crut qu'il avait été massacré ; seulement, une heure plus tard, on le vit passer dans la grand'rue de Grandfontaine, les mains liées sur le dos, et le caporal schlague derrière lui, la baguette en l'air.

Pauvre Riffi ! seul, il ne jouit pas du triomphe et ses camarades finirent même par rire de son triste sort, comme s'il se fût agi d'un kaiserlick.

Tel est le caractère des hommes ; pourvu qu'ils soient contents, la misère des autres les touche peu.

XV

Les montagnards ne se connaissaient plus d'enthousiasme ; ils levaient les mains, se glorifiant les uns les autres, et se regardant comme les héros des héros.

Catherine, Louise, le docteur Lorquin, tout le monde était sorti de la ferme, criant, se félicitant, regardant les traces des balles, les talus noircis par la poudre ; puis, Joseph Larnette, la tête fracassée, étendu dans son trou ; Baumgarten, le bras pendant, qui se rendait à l'ambulance tout pâle, et Daniel Spitz qui, malgré son coup de sabre, voulait rester et se battre ; mais le docteur n'entendit pas de cette oreille, et le força d'entrer à la ferme.

Louise, arrivée avec la petite charrette, versait de l'eau-de-vie aux combattants, et Cathe-

A mesure qu'ils grimpaient, on les assommait à coups de crosse. (Page 55.)

rine Lefèvre, debout au bord de la rampe, regardait les morts et les blessés épars sur la
route, au bout de longues traînées de sang. Il
y avait là de pauvres jeunes gens et des vieux,
la figure blanche comme de la cire, les yeux
tout grands ouverts, les bras étendus. Quelques-uns cherchaient à se relever et retombaient aussitôt; d'autres regardaient en l'air,
comme s'ils avaient encore peur de recevoir
des coups de fusil. Ils se traînaient le long du
talus pour se mettre à l'abri des balles.

Plusieurs semblaient résignés et cherchaient
une place pour mourir, ou bien ils regardaient
au loin leur régiment qui s'en allait à Framont;
ce régiment, avec lequel ils avaient quitté leur
village, avec lequel ils venaient de faire une
longue campagne, et qui les abandonnait! » Il

reverra sa vieille Allemagne! pensaient-ils. Et
quand on demandera au capitaine, au sergent:
« Avez-vous connu un tel: Hans, Kasper, Nickel
de la 1ʳᵉ ou de la 2ᵉ compagnie? » ils répondront:
« Attendez... c'est bien possible... n'avait-il pas
une balafre à l'oreille ou sur la joue? les cheveux blonds ou bruns, cinq pied six pouces?
Oui, je l'ai connu. Il est resté en France, du
côté d'un petit village dont je ne me rappelle
plus le nom. Des montagnards l'ont massacré
le même jour que le gros major Yéri-Peter;
c'était un brave garçon. » Et puis bonsoir! »

Peut-être, dans le nombre, s'en trouvait-
il qui songeaient à leur mère... à une jolie
fille de là-bas, Gretchen ou Lotchen, qui leur
avait donné un ruban en pleurant à chaudes
larmes au moment du départ: « J'attendrai ton

Il clouait en même temps le grand officier à moustaches blondes. (Page 59.)

retour, Kasper; je ne me marierai qu'avec toi! « Oui, oui, tu attendras longtemps! »

Ce n'était pas gai.

La mère Lefèvre, voyant cela, songeait a Gaspard. Hullin, qui venait d'arriver avec Lagarmitte, criait d'un ton joyeux :

« Eh bien, mes garçons, vous avez vu le feu, mille tonnerres! ça marche! — Les Allemands ne se vanteront pas de cette journée. »

Puis il embrassait Louise, et courait à la mère Lefèvre :

« Êtes-vous contente, Catherine? voilà nos affaires en bon état! Mais, qu'avez-vous donc? vous ne riez pas.

—Oui, Jean-Claude, tout va bien... je suis contente; mais regardez un peu sur la route... quel massacre!

—C'est la guerre! répondit gravement Hullin.

—Est-ce qu'il n'y aurait pas moyen d'aller prendre ce petit là-bas... qui nous regarde avec ses grands yeux bleus? il me fait de la peine... ou ce grand brun qui se bande la jambe avec son mouchoir?

—Impossible, Catherine, j'en suis fâché; il faudrait tailler un escalier dans la glace pour descendre, et les Allemands, qui vont revenir dans une ou deux heures, nous suivraient par là. Allons-nous-en. Il faut annoncer la victoire à tous les villages : à Labarbe, à Jérôme, à Piorette. Hé! Simon, Niklo, Marchal, arrivez ici! vous allez partir tout de suite porter la grande nouvelle aux camarades. Materne ouvre l'œil ; au moindre mouvement, fais-moi prévenir. »

Ils s'approchèrent de la ferme, et Jean-Claude vit, en passant, la réserve, et Marc Divès à cheval au milieu de ses hommes. Le contrebandier se plaignait amèrement de rester les bras croisés. Il se regardait comme déshonoré de n'avoir rien à faire.

« Bah! lui dit Hullin, tant mieux! D'ailleurs tu surveilles notre droite. Regarde ce plateau là-bas. Si l'on nous attaque de ce côté, tu marcheras! »

Divès ne dit rien; il avait une figure à la fois triste et indignée, et ses grands contrebandiers, enveloppés de leurs manteaux, leurs longues brettes pendant au-dessous, ne semblaient pas non plus de bonne humeur: on aurait dit qu'ils méditaient une vengeance.

Hullin, ne pouvant les consoler, entra dans la métairie. Le docteur Lorquin était en train d'extraire la balle de la blessure de Baumgarten, qui jetait des cris terribles.

Pelsly, sur le seuil de sa maison, tremblait de tous ses membres. Jean-Claude lui demanda du papier et de l'encre, pour expédier ses ordres dans la montagne; c'est à peine si le pauvre anabaptiste put les lui donner, tant il était troublé. Cependant, il y parvint, et les piétons partirent tout fiers d'être chargés d'annoncer la première bataille et la victoire.

Quelques montagnards, entrés dans la grande salle, se réchauffaient au fourneau et causaient avec animation. Daniel Spitz avait déjà subi l'amputation de ses deux doigts, et se tenait assis derrière le poêle, la main enveloppée de linge.

Ceux qui avaint été postés derrière les abatis avant le jour, n'ayant pas déjeuné, cassaient alors une croûte et vidaient un verre de vin, tout en criant, gesticulant, et se glorifiant la bouche pleine. Puis on sortait, on allait jeter un coup d'œil dans la tranchée, on revenait se chauffer, et tout le monde, en parlant de Riffi, de ses lamentations à cheval, et de ses cris plaintifs, riait à se tordre les côtes.

Il était onze heures. Ces allées et ces venues durèrent jusqu'à midi, moment où Marc Divès entra tout à coup dans la salle, en criant:

« Hullin! où est Hullin? »

—Me voilà!

—Eh bien, arrive! »

L'accent du contrebandier avait quelque chose de bizarre; tout à l'heure, furieux de n'avoir pas pris part au combat, il semblait triomphant. Jean-Claude le suivit fort inquiet, et la grande salle fut évacuée sur-le-champ, tout le monde étant convaincu, d'après l'animation de Marc, qu'il s'agissait d'une affaire grave.

À droite du Donon s'étend le ravin des Mi-

nieres, où bouillonne un torrent à la fonte des neiges; il descend de la cime de la montagne jusqu'au fond de la vallée.

Juste en face du plateau défendu par les partisans, et de l'autre côté de ce ravin, à cinq ou six cents mètres, s'avance une sorte de terrasse découverte à pente escarpée, que Hullin n'avait pas jugé nécessaire d'occuper provisoirement, ne voulant pas diviser ses forces, et voyant, du reste, qu'il lui serait facile de tourner cette position par les sapinières et de s'y établir, si l'ennemi faisait mine de vouloir s'en emparer.

Maintenant, qu'on se figure la consternation du brave homme, lorsqu'arrivé sur le seuil de la métairie, il vit deux compagnies d'Allemands grimper à cette côte, au milieu des jardins de Grandfontaine, avec deux pièces de campagne, enlevées par de forts attelages, et comme suspendues au précipice. Tout le monde poussait aux roues, et dans quelques instants les canons allaient atteindre le plateau. Ce fut un coup de foudre pour Jean-Claude; il pâlit, puis il entra dans une fureur épouvantable contre Divès.

« Ne pouvais-tu m'avertir plus tôt? hurla-t-il. Est-ce que je ne t'avais pas recommandé de surveiller le ravin? Nous sommes tournés! Ils vont nous prendre en écharpe, couper la route plus loin! tout est au diable! »

Les assistants et le vieux Materne lui-même, qui venait d'accourir en toute hâte, frémirent du coup d'œil qu'il lança au contrebandier.

Celui-ci, malgré son audace ordinaire, resta tout interdit, ne sachant que répondre.

« Allons, allons, Jean-Claude, dit-il enfin, calme-toi; ce n'est pas aussi grave que tu le dis. Nous n'avons pas encore donné, nous autres. Et puis, il nous manque des canons, ça fera juste notre affaire.

— Oui, notre affaire, grand imbécile! L'amour-propre t'a fait attendre jusqu'à la dernière minute, n'est-ce pas? Tu voulais te battre, pouvoir te vanter, te glorifier. Et, pour cela, tu risques notre peau à tous! Tiens, regarde, voilà déjà les autres qui se préparent à Framont. »

En effet, une nouvelle colonne, beaucoup plus forte que la première, sortait alors de Framont au pas de charge et montait vers les abatis. Divès ne disait mot. Hullin, dominant sa colère, se calma subitement en face du danger.

« Allez reprendre vos postes, dit-il aux assistants d'une voix brève; que tout le monde soit prêt pour l'attaque qui s'avance. Materne, attention! »

Le vieux chasseur inclina la tête.

Cependant, Marc Divès avait repris son aplomb.

« Au lieu de crier comme une femme, dit-il, tu ferais mieux de me donner l'ordre d'attaquer là-bas, en tournant le ravin par les sapinières.

— Il le faut bien, mille tonnerres ! » répliqua Jean-Claude.

Et d'un ton plus calme :

« Écoute, Marc, je t'en veux à mort ! Nous étions vainqueurs, et, par ta faute, tout est remis en question. Si tu manques ton coup, nous nous couperons la gorge ensemble !

— Bon, bon, l'affaire est dans le sac, j'en réponds ! »

Puis, sautant à cheval, et rejetant le pan de son manteau sur l'épaule, il tira sa grande latte d'un air superbe. Ses hommes en firent autant.

Alors Divès, se tournant vers la réserve, composée de cinquante montagnards, leur montra le plateau de la pointe de son sabre, et dit :

« Vous voyez cela, garçons ; il nous faut cette position. Ceux de Dagsburg ne diront pas qu'ils ont plus de cœur que ceux de la Sarre. En avant ! »

Et la troupe, pleine d'ardeur, se mit en marche, côtoyant le ravin. Hullin, tout pâle, cria :

« A la baïonnette ! »

Le grand contrebandier, sur son immense roussin à la croupe musculeuse et luisante, se retourna, riant du coin de sa moustache ; il balança sa latte d'un air expressif, et toute la troupe s'enfonça dans la sapinière.

Au même instant les Allemands, avec leurs pièces de huit, atteignaient le plateau et se mettaient en batterie, tandis que la colonne de Framont escaladait la côte. Tout se trouvait donc dans le même état qu'avant la bataille ; avec cette différence que les boulets ennemis allaient être de la partie, et prendre les montagnards à revers.

On voyait distinctement les deux pièces, les crampons, les leviers, les écouvillons, les artilleurs et l'officier, un grand maigre, large des épaules, les longues moustaches blondes flottantes. Les couches d'azur de la vallée rapprochant les distances, on aurait cru pouvoir y porter la main ; mais Hullin et Materne ne s'y trompaient pas : il y avait bien six cents mètres ; aucun fusil ne portait jusque-là.

Néanmoins le vieux chasseur, avant de retourner aux abatis, voulut en avoir la conscience nette. Il s'avança donc aussi près que possible du ravin, suivi de son fils Kasper et de quelques montagnards, et, s'appuyant contre un arbre, il ajusta lentement le grand officier aux moustaches blondes.

Tous les assistants retenaient leur haleine, dans la crainte de troubler cette expérience.

Le coup partit, et lorsque Materne posa sa crosse à terre pour voir, rien n'avait bougé.

« C'est étonnant comme l'âge trouble la vue, dit-il.

— Vous, la vue trouble ! s'écria Kasper ; il n'y en a pas un, des Vosges à la Suisse, qui puisse se vanter de placer une balle à deux cents mètres aussi bien que vous ! »

Le vieux forestier le savait bien, mais il ne voulait pas décourager les autres.

« C'est bon, reprit-il, nous n'avons pas le temps de disputer. Voici les ennemis qui montent ; que chacun fasse son devoir. »

Malgré ces paroles, simples et calmes en apparence, Materne éprouvait un grand trouble intérieur. En entrant dans la tranchée, de vagues rumeurs frappèrent son oreille : le frémissement des armes, le bruit régulier d'une foule de pas ; il regarda par-dessus la rampe et vit les Allemands qui arrivaient cette fois avec de longues échelles garnies de crampons.

Ce fut pour le brave homme un coup d'œil désagréable ; il fit signe à son garçon d'approcher, et lui dit tout bas :

« Kasper, ça va mal, ça va très-mal ; les gueux arrivent avec des échelles ; donne-moi la main. Je voudrais bien t'avoir près de moi, et Frantz aussi ! mais nous allons défendre notre peau solidement. »

En ce moment, un choc terrible ébranla tous les abatis jusqu'à la base ; on entendit une voix rauque crier : « Ah ! mon Dieu ! »

Puis un bruit sourd à cent pas ; un sapin se pencha lentement et tomba dans l'abîme. C'était le premier coup de canon : il avait coupé les jambes du vieux Rochart. Ce coup fut suivi presque au même instant d'un autre, qui couvrit tous les montagnards de glace broyée, avec un ronflement terrible. Le vieux Materne lui-même s'était courbé sous ce ronflement, mais aussitôt se relevant, il s'écria :

« Vengeons-nous, mes enfants ! Les voici... Vaincre ou mourir ! »

Heureusement l'épouvante des montagnards ne dura qu'une seconde ; tous comprirent qu'à la moindre hésitation ils étaient perdus. Deux échelles se dressaient déjà dans les airs malgré la fusillade, et s'abattaient avec leurs crampons sur la rampe. Cette vue fit bondir tous les partisans de la tranchée, et le combat recommença plus terrible, plus désespéré que la première fois.

Hullin avait remarqué les échelles avant Materne, et son indignation contre Divès s'était encore accrue ; mais, comme en pareil cas l'indignation n'est bonne à rien, il avait envoyé Lagarmitte dire à Frantz Materne, qui se trouvait posté de l'autre côté du Donon, d'arriver en toute hâte avec la moitié de ses hommes. On peut s'imaginer si le brave garçon, prévenu du danger que courait son père, perdit une seconde. Déjà l'on voyait les larges feutres noirs grimper la côte à travers les neiges, la carabine en bandoulière. Ils accouraient aussi vite qu'ils pouvaient, et pourtant Jean-Claude, descendant à leur rencontre, la sueur au front, l'œil hagard, leur criait d'une voix vibrante :

« Allons donc... plus vite !... de ce train-là vous n'arriverez jamais !

Il frémissait de rage, attribuant tout le malheur au contrebandier.

Cependant Marc Divès, au bout d'une demi-heure environ, avait fait le tour du ravin, et, du haut de son grand roussin, il commençait à découvrir les deux compagnies d'Allemands, l'arme au pied, à cent pas derrière les pièces qui faisaient feu sur les retranchements. Alors, s'approchant des montagnards, il leur dit en étouffant sa voix, tandis que les détonations se répercutaient coup sur coup dans la gorge, et qu'au loin s'entendaient les clameurs de l'assaut :

« Camarades, vous allez tomber sur l'infanterie à la baïonnette ; moi et mes hommes nous nous chargeons du reste.—Est-ce entendu ?

—Oui, c'est entendu.

—Eh bien donc, en route ! »

Toute la troupe en bon ordre s'avança vers la lisière du bois, le grand Piercy de Soldatenthal en tête. Presque au même instant, il y eut le « verda ! » d'une sentinelle ; puis deux coups de fusil ; puis un grand cri : « Vive la France ! » et le bruit sourd d'une foule de pas qui s'élancent ensemble : les braves montagnards fondaient sur l'ennemi comme une bande de loups.

Divès, debout sur ses étriers, son grand nez en l'air et les moustaches hérissées, les regardait en riant :

« Ça va bien, » disait-il.

La mêlée était épouvantable, la terre en tremblait. Les Allemands, pas plus que les partisans, ne faisaient feu ; tout se passait en silence ! le froissement des baïonnettes et le bruit des crosses, traversés de loin en loin par un coup de fusil, des cris de rage, des trépignements, du tumulte : on n'entendait pas autre chose.

Les contrebandiers, le cou tendu, le sabre au poing, flairaient le carnage, attendant le signal de leur chef avec impatience.

« Maintenant, c'est notre tour, dit enfin Marc. A nous les pièces ! »

Et de l'épaisseur du fourré, leurs grands manteaux flottant comme des ailes, les reins penchés et la brette en avant, ils partirent.

« Ne sabrez pas, pointez, » dit encore Marc. Ce fut tout.

Les douze vautours en une seconde furent sur les pièces. Il y avait parmi eux quatre vieux dragons d'Espagne et deux anciens cuirassiers de la garde, que le goût du péril attachait à Marc. Je vous laisse à penser ce qu'ils firent. Les coups de levier, d'écouvillon et de sabre, seules armes que les artilleurs eussent sous la main, pleuvaient autour d'eux comme la grêle. Tout était paré d'avance, et chaque riposte mettait un homme à terre.

Marc Divès reçut à bout portant deux coups de pistolet, dont l'un lui noircit la joue gauche et l'autre enleva son feutre. Lui, courbé sur sa selle, son long bras en avant, il clouait en même temps le grand officier à moustaches blondes sur une de ses pièces ; puis se relevant lentement, et regardant autour de lui, les sourcils froncés

« Les voilà tous nettoyés, dit-il d'un ton sentencieux ; les canons sont à nous ! »

Pour concevoir l'ensemble de cette scène terrible, il faut se figurer la mêlée sur le plateau des Minières ; les hurlements, les hennissements des chevaux, les cris de rage, la fuite des uns, jetant leurs armes pour courir plus vite, l'acharnement des autres ;—au delà du ravin, les échelles, couvertes d'uniformes blancs, hérissées de baïonnettes ;—les montagnards sur la rampe, se défendant avec désespoir ;—les flancs de la côte, la route et surtout le bas des abatis encombrés de morts et de blessés ;—la masse des ennemis, le fusil sur l'épaule, les officiers au milieu d'eux, se pressant de suivre le mouvement ;—enfin Materne, debout sur la crête du talus, la crosse en l'air, la bouche ouverte jusqu'aux oreilles, appelant à grands cris son fils Frantz, qui accourait avec sa troupe, maître Jean-Claude en tête, au secours de la défense.—Il faut entendre la fusillade : ces décharges, tantôt par pelotons, tantôt successives ; et surtout les cris lointains, vagues, immenses, traversés de plaintes aiguës expirant dans les échos de la montagne. Tout cela concentré dans un seul instant, et sous un coup d'œil : voilà ce qu'il faut se représenter !

Mais Divès n'était pas contemplatif, il ne perdit pas de temps à faire des réflexions poétiques sur le tumulte et l'acharnement de la bataille. D'un regard il eut jugé la situation, et, sautant de son cheval, il s'allongea sur la première pièce encore chargée, saisit les leviers de l'affût pour en changer la direction, pointa au pied des échelles, et, ramassant une mèche qui fumait à terre, il fit feu.

Alors, au loin, s'élevèrent des clameurs étranges, et le contrebandier, regardant à travers la fumée, vit une trouée sanglante dans les rangs de l'ennemi. Il agita les deux mains en signe de triomphe, et les montagnards, debout sur les abatis, lui répondirent par un hourra général.

« Allons, pied à terre, dit-il à ses hommes, il ne faut pas s'endormir. Une gargousse par ici, un boulet, du gazon. C'est nous qui allons balayer la route.—Gare ! »

Les contrebandiers se mirent en position, et le feu continua sur les habits blancs avec enthousiasme. Les boulets bondissaient dans leurs rangs en enfilade. A la dixième décharge, ce fut un sauve-qui-peut général.

« Feu ! feu ! » criait Marc.

Et les partisans, enfin appuyés par la troupe de Frantz, et dirigés par Hullin, reprenaient les positions qu'ils avaient un instant perdues.

Tout le long de la côte ce ne furent bientôt que fuyards, morts et blessés. Il était alors quatre heures du soir ; la nuit venait. Le dernier boulet tomba dans la rue de Grandfontaine, et, rebondissant sur l'angle du guévoir, il alla renverser la cheminée du *Bœuf-Rouge*.

Environ six cents hommes périrent en ce jour. Il y eut des montagnards, il y eut des *kaiserlichs* en bien plus grand nombre. Mais sans la canonnade de Divès, tout était perdu, car les partisans n'étaient pas un contre dix, et l'ennemi commençait à se rendre maître de la tranchée.

XVI

Les Allemands, entassés dans Grandfontaine, s'enfuyaient par bandes du côté de Framont, à pied, à cheval, allongeant le pas, traînant leurs caissons, jetant leurs sacs au revers de la route, et regardant derrière eux, comme s'ils eussent craint de voir les partisans à leurs trousses.

Dans Grandfontaine, ils brisaient tout par esprit de vengeance, ils défonçaient les fenêtres et les portes, brutalisaient les gens, demandaient à manger, à boire tout de suite, et poursuivaient les filles jusqu'au grenier. Leurs cris, leurs imprécations, les commandements des chefs, les plaintes des bourgeois, le roulement sourd, continu des pas sur le pont de Framont, le hennissement grêle des chevaux blessés, tout cela montait en rumeurs confuses jusqu'aux abatis.

Sur la côte, on ne voyait que des armes, des shakos, des morts, enfin tous les signes d'une grande déroute. En face apparaissaient les canons de Marc Divès, braqués sur la vallée et prêts à faire feu en cas d'une nouvelle attaque.

Tout était donc fini, bien fini. Et pourtant pas un cri de triomphe ne s'élevait des retranchements : les pertes des montagnards avaient été trop cruelles dans ce dernier assaut. Le silence, succédant au tumulte, avait quelque chose de solennel, et tous ces hommes, échappés du carnage, se regardaient l'un l'autre d'un air grave, comme étonnés de se voir. Quelques-uns appelaient un ami, d'autres un frère qui ne répondaient pas. Alors ils se mettaient à leur recherche dans la tranchée, le long des abatis, ou sur la rampe, criant : « Hé ! Jacob, Philippe, est-ce toi ! »

Et puis la nuit venait ; ses teintes grises s'étendaient sur les retranchements et sur l'abîme, ajoutant le mystère à ce que ces scènes avaient d'effrayant. Les gens allaient et venaient à travers les débris sans se reconnaître.

Materne, après avoir essuyé sa baïonnette, appela ses garçons d'un accent rauque :

« Hé ! Kasper ! Frantz ! »

Et les voyant approcher dans l'ombre, il se prit à leur demander :

« Est-ce vous ?

—Oui, c'est nous.

—Vous n'avez rien ?

—Non. »

La voix du vieux chasseur, de sourde qu'elle était, devint tremblante :

« Nous voilà donc encore tous les trois réunis ! » fit-il d'un ton bas.

Et lui, qu'on ne pouvait pas accuser d'être tendre, il embrassa fortement ses fils, ce qui les surprit. Ils entendirent quelque chose bouillonner dans sa poitrine, comme des sanglots intérieurs; tous deux en furent émus, et ils se disaient : « Comme il nous aime ! Nous n'aurions jamais cru cela ! »

Eux-mêmes ils se sentirent remués jusqu'aux entrailles.

Mais bientôt, le vieux revenant à lui, s'écria :

« C'est égal, voilà une rude journée, mes garçons. Allons boire un coup ; j'ai soif. »

Alors, lançant un dernier regard sur le talus sombre, et voyant de trente pas en trente pas les sentinelles que Hullin venait de poser en passant, ils se dirigèrent ensemble du côté de la vieille métairie.

Ils traversaient la tranchée encombrée de morts, levant les pieds lorsqu'ils sentaient quelque chose de mou, quand une voix étouffée leur dit :

« C'est toi, Materne ?

—Ah ! mon pauvre vieux Rochart.

pardon, repondit le vieux chasseur en se courbant, je t'ai touché ! Comment, tu es encore là ?

—Oui... je ne peux pas m'en aller... puisque je n'ai plus de jambes. »

Tous trois restèrent silencieux, et le vieux bûcheron reprit :

« Tu diras à ma femme qu'il y a derrière l'armoire, dans un bas, cinq écus de six livres. J'avais ménagé cela... si nous tombions malade l'un ou l'autre... Moi, je n'en ai plus besoin...

—C'est-à-dire, c'est-à-dire... on en réchappe tout de même... mon pauvre vieux ! Nous allons t'emporter.

—Non, ça n'en vaut pas la peine, je n'en ai plus pour une heure; on me ferait traîner. »

Materne, sans répondre, fit signe à Kasper de mettre sa carabine en brancard avec la sienne, et à Frantz, de placer le vieux bûcheron dessus, malgré ses plaintes, ce qui fut fait aussitôt. C'est ainsi qu'ils arrivèrent ensemble à la ferme.

Tous les blessés, qui pendant le combat avaient eu la force de se traîner à l'ambulance, s'y étaient rendus. Le docteur Lorquin et son son confrère Despois, arrivé pendant la journée, avaient eu de l'ouvrage par-dessus la tête, et tout n'était pas encore fini de ce côté, tant s'en faut.

Comme Materne, ses garçons et Rochart traversaient l'allée sombre sous la lanterne, ils entendirent à gauche un cri qui leur donna froid dans les os, et le vieux bûcheron, à moitié mort, s'écria :

« Pourquoi m'amenez-vous là ? Je ne veux pas, moi... Je ne me laisserai rien faire !

—Ouvre la porte, Frantz, dit Materne, la face couverte d'une sueur froide, ouvre, dépêche-toi ! »

Et Frantz ayant poussé la porte, ils virent sur une grande table de cuisine, au milieu de la salle basse, aux larges poutres brunes, entre six chandelles, le fils Colard étendu tout de son long, un homme à chaque bras, un baquet dessous. Le docteur Lorquin, les manches de sa chemise retroussées jusqu'aux coudes, une scie courte et large de trois doigts au poing, était en train de couper une jambe au pauvre diable, tandis que Despois tenait une grosse éponge. Le sang clapotait dans le baquet, Colard était plus pâle que la mort. Catherine Lefèvre, debout à côté, un rouleau de charpie sur les bras, semblait ferme ; mais deux grosses rides sillonnaient ses joues le long de son nez crochu, tant elle serrait les dents. Elle regardait à terre sans rien voir.

« C'est fini ! » dit le docteur en se retournant.

Et jetant un coup d'œil sur les nouveaux venus :

« Hé ! c'est vous, père Rochart ? fit-il.

—Oui, c'est moi ; mais je ne veux pas qu'on me touche. J'aime mieux finir comme ça ! »

Le docteur levant une chandelle, regarda et fit une grimace.

« Il est temps, mon pauvre vieux; vous avez perdu beaucoup de sang, et si nous attendons encore, il sera trop tard.

—Tant mieux ! j'ai assez souffert dans ma vie.

—Comme vous voudrez. Passons à un autre ! »

Il regardait une longue file de paillasses au fond de la salle; les deux dernières étaient vides, quoique inondées de sang. Materne et Kasper posèrent le vieux bûcheron sur la dernière, tandis que Despois s'approchait d'un autre blessé, lui disant :

« Nicolas, c'est ton tour ! »

Alors on vit le grand Nicolas Cerf se lever la face pâle et les yeux luisants de frayeur.

« Qu'on lui donne un verre d'eau-de-vie, dit le docteur.

—Non, j'aime mieux fumer ma pipe.

—Où est-elle, ta pipe ?

—Dans mon gilet.

—Bon, la voilà. Et le tabac ?

—Dans la poche de mon pantalon.

—C'est cela. Bourrez sa pipe, Despois. Il a du courage cet homme; c'est bien ! ça fait plaisir de voir des gens de cœur. Nous allons t'enlever ton bras en deux temps et trois mouvements.

—Est-ce qu'il n'y a pas moyen de le conserver, monsieur Lorquin, pour élever mes pauvres enfants ? c'est leur seule ressource.

—Non, l'os est broyé, ça ne tient plus. Allumez la pipe, Despois. Tiens, Nicolas, fume, fume. »

Le malheureux se prit à fumer sans en avoir grande envie.

« Nous y sommes ? demanda le docteur.

—Oui, répondit Nicolas d'une voix étranglée.

—Bon. — Despois, attention ! épongez. »

Alors, avec un grand couteau, il fit un tour rapide dans les chairs. Nicolas grinça des dents. Le sang jaillit, Despois liait quelque chose. La scie grinça deux secondes, et le bras tomba lourdement sur le plancher.

« Voilà ce que j'appelle une opération bien enlevée, » dit Lorquin.

Nicolas ne fumait plus; la pipe était tombée de ses lèvres. David Schlosser de Walsch, qui l'avait tenu, le lâcha. On entoura le moignon de linge, et, tout seul, Nicolas alla se recoucher sur la paillasse.

« Encore un d'expédié ! Épongez bien la

able. Despois, et passons à un autre, » fit le
docteur en se lavant les mains dans une grande
cuelle.

Chaque fois qu'il disait : « Passons à un
autre! » tous les blessés se remuaient de
frayeur, à cause des cris qu'ils avaient en-
tendus, et des couteaux qu'ils voyaient reluire;
mais que faire? Toutes les chambres de la
ferme, la grange, les deux pièces d'en haut,
tout était encombré. Il ne restait de libre que la
grande salle pour les gens de la métairie. Il
allait donc bien opérer sous les yeux de ceux
qui, un peu plus tôt, un peu plus tard, devaient
avoir leur tour.

Tout ceci s'était passé en quelques instants.
Materne et ses fils avaient regardé comme on regarde les choses horribles, pour savoir ce que
c'est; puis ils avaient vu dans un coin, à
gauche, sous la vieille horloge de faïence, un
tas de bras et de jambes. On avait déjà jeté
dessus le bras de Nicolas, et l'on était en train
d'extraire une balle de l'épaule d'un montagnard du Harberg aux favoris roux. On lui faisait de larges entailles en croix dans le dos, sa
chair frémissait, et de ses reins plilus le sang
coulait jusque dans ses bottes.

Chose bizarre, le chien *Pluton*, derrière le
docteur, regardait cela d'un air attentif, comme
s'il eût compris, et, de temps en temps, il déti-
rait ses jambes et fléchissait son dos en bâillant
jusqu'aux oreilles.

Materne ne put en voir davantage.

« Allons-nous-en, » dit-il.

A peine entrés dans l'allée sombre, ils entendirent le docteur s'écrier : « Je tiens la
balle! »

Ce qui dut faire grand plaisir à l'homme du
Harberg.

Une fois dehors, Materne respirant l'air froid
à pleine poitrine, s'écria :

« Et quand je pense qu'il aurait pu nous en
arriver autant!

— Oui, répondit Kasper, recevoir une balle
dans la tête, ça n'est rien; mais être découpé
de cette manière, et aller ensuite mendier son
pain le reste de ses jours...

— Bah! je ferais comme le vieux Rochart.
moi, s'écria Frantz, je me laisserais finir. Il a
raison, le vieux; quand on a fait son devoir,
est-ce qu'on a besoin d'avoir peur? Le bon Dieu
est toujours le bon Dieu! »

En ce moment un bourdonnement de voix
s'éleva sur leur droite.

« C'est Marc Divès et Hullin, dit Kasper en
prêtant l'oreille.

— Oui, ils viennent bien sûr de faire des
abatis derrière la sapinière, pour garder les canons, » ajouta Frantz.

Ils écoutèrent de nouveau; les pas se rap-
prochaient.

« Te voilà bien embarrassé de ces trois prisonniers, disait Hullin d'un ton brusque;
puisque tu retournes au Falkenstein cette nuit,
pour chercher des munitions, qu'est-ce qui
t'empêche de les emmener?

— Mais où les mettre?

— Parbleu dans la prison communale d'A-
breschwiller; nous ne pouvons les garder ici.

— Bon, bon, je comprends, Jean-Claude. Et
s'ils veulent s'échapper pendant la route, je
leur plante ma latte entre les deux épaules.

— Ça va sans dire! »

Ils arrivaient alors à la porte, et Hullin, apercevant Materne, ne put retenir un cri d'enthousiasme.

« Hé! c'est toi, mon vieux, je te cherche depuis une heure. Où diable étais-tu?

— Nous avons porté le pauvre Rochart à
l'ambulance, Jean-Claude.

— Ah! c'est triste, n'est-ce pas?

— Oui, c'est triste! »

Il y eut un instant de silence; puis la satisfaction du brave homme reprenant le dessus :

« Ça n'est pas gai, fit-il, mais que vouliez-
vous? quand on fait la guerre! Vous n'avez
rien, vous autres?

— Non, nous sommes tous les trois sains et
saufs.

— Tant mieux, tant mieux. Ceux qui restent
peuvent se vanter d'avoir de la chance.

— Oui, s'écria Marc Divès, en riant, j'ai vu
le moment où Materne allait battre la chamade;
sans les coups de canon de la fin, ma foi, ça
prenait une vilaine tournure. »

Materne rougit, et lançant au contrebandier
un regard oblique :

« C'est possible, fit-il d'un ton sec, mais sans
les coups de canon du commencement, nous
n'aurions pas eu besoin de ceux de la fin; le
vieux Rochart, et cinquante autres braves
gens, auraient encore bras et jambes, ce qui ne
gâterait pas notre victoire.

— Bah! interrompit Hullin, qui voyait poindre la dispute entre deux gaillards peu conci-
liants de leur nature, laissons cela; tout le
monde a fait son devoir, voilà le principal. »

Puis, s'adressant à Materne :

« Je viens d'envoyer un parlementaire à Framont, dit-il, pour avertir les Allemands de faire
enlever leurs blessés. Dans une heure ils arriveront sans doute; il faut prévenir nos avant-
postes de les laisser approcher, mais sans armes
et avec des flambeaux; s'ils arrivaient autrement, qu'on les reçoive à coups de fusil.

— J'y vais tout de suite, répondit le vieux
chasseur.

Le docteur Lorquin, les manches de sa chemise retroussées. (Page 62.)

— Hé! Materne, tu viendras ensuite souper à la ferme avec tes garçons.

— C'est entendu, Jean-Claude. »

Il s'éloigna.

Hullin dit encore à Frantz et à Kasper de faire allumer de grands feux de bivouac pour la nuit; — à Marc, de donner de l'avoine à ses chevaux, pour aller, sans retard, chercher des munitions. — et, les voyant s'éloigner, il entra dans la métairie.

XVII

Au bout de l'allée sombre était la cour de la ferme, où l'on descendait par cinq ou six mar-ches usées. A gauche s'élevaient le grenier et le pressoir, à droite les écuries et le colombier, dont le pignon se découpait en noir sur le ciel obscur et nuageux; enfin, tout en face de la porte, se trouvait la buanderie.

Aucun bruit du dehors n'arrivait là; Hullin, après tant de scènes tumultueuses, fut saisi de ce profond silence. Il regarda les bottes de paille pendant entre les poutres de la grange jusque sous le toit, les herses, les charrues, les charrettes enfouies dans l'ombre des hangars, avec un sentiment de calme et de bien-être indéfinissable. Un coq grasseyait tout bas au milieu de ses poules endormies le long du mur. Un gros chat passa comme l'éclair et disparut dans le trou de la cave. Hullin croyait sortir d'un rêve.

Yégof, les yeux étincelants, saluait chaque fantôme... (Page 69.)

Après quelques instants de cette contempla-
tion silencieuse, il se dirigea lentement vers la
buanderie, dont les trois fenêtres brillaient au
milieu des ténèbres. La cuisine de la ferme ne
pouvant suffire à préparer la nourriture de trois
à quatre cents hommes, on l'avait transportée
dans ce local.

Maître Jean-Claude entendait la voix fraîche
de Louise donner des ordres d'un petit ton résolu qui l'étonnait :

« Allons, allons, Katel, dépêchons-nous, le
moment du souper approche. Doivent-ils avoir
faim, nos gens ! Depuis six heures du matin,
n'avoir rien pris et toujours se battre ! Il ne
faut pas les faire attendre. Hop ! hop ! Lesselé,
voyons, remuez-vous, du sel, du poivre.

œur de Jean-Claude sautillait à cette voix.

Il ne put s'empêcher de regarder une minute
à la fenêtre avant d'entrer. La cuisine était
grande, mais assez basse et blanchie à la chaux.
Un grand feu de hêtre pétillait sur l'âtre, en-
roulant ses spirales dorées autour des flancs
noirs d'une immense marmite. Le manteau de
la cheminée, fort haut et peu large, suffisait à
peine aux flots de fumée qui s'élevaient de
l'âtre. Sur ce fond ardent se dessinait le charmant profil de Louise, en petite jupe pour courir plus vite, la figure enluminée des plus vives
couleurs, et le sein enfermé dans un petit cor-
sage de toile rouge, laissant à découvert ses
rondes épaules et son cou gracieux. Elle était
là dans tout le feu de l'action, allant venant,
goûtant aux sauces avec son petit air capable,
dégustant le bouillon, approuvant et critiquant

« Encore un peu de sel, encore ceci, encore cela. Lesselé, aurez-vous bientôt fini de plumer notre grand coq maigre? De ce train, nous n'arriverons jamais! »

C'était charmant de la voir commander ainsi; Hullin en avait les larmes aux yeux.

Les deux grandes filles de l'anabaptiste, l'une longue, sèche et pâle, ses larges pieds plats dans des souliers ronds, ses cheveux roux dans une petite coiffe de taffetas noir, sa robe de toile bleue descendant en longs plis jusqu'aux talons; l'autre grasse, joufflue, marchant comme une oie en levant les pieds l'un après l'autre lentement et se balançant sur les hanches; ces deux braves filles formaient avec Louise le plus étrange contraste.

La grosse Katel allait et venait tout essoufflée sans rien dire, et Lesselé, d'un air rêveur, faisait tout par compas et par mesure.

Enfin, le brave anabaptiste lui-même, assis au fond de la buanderie sur une chaise de bois, les jambes croisées, le nez en l'air, le bonnet de coton sur la nuque et les mains dans les poches de sa souquenille, regardait tout cela d'un air émerveillé, et, de temps en temps, disait d'une voix sentencieuse:

« Lesselé, Katel, obéissez bien, mes enfants; que ceci soit pour votre instruction, vous n'avez pas encore vu le monde, il faut marcher plus vite.

—Oui, oui, il faut se remuer, ajoutait Louise; Seigneur, que deviendrions-nous si l'on réfléchissait des mois et des semaines pour mettre un peu d'ail dans une sauce! Vous, Lesselé, qui êtes la plus grande, décrochez-moi ce paquet d'oignons du plafond. »

Et la grande fille obéissait.

Hullin n'avait jamais eu de plus beau moment dans sa vie.

« Comme elle fait marcher les autres, se disait-il; hé! hé! hé! c'est un petit hussard, une maîtresse femme; je ne m'en doutais pas encore. »

Et seulement, au bout de cinq minutes, après avoir tout vu, il entra.

« Hé! bon courage, mes enfants! »

Louise tenait justement une cuiller à sauce; elle abandonna tout, et courut se jeter dans ses bras en criant:

Papa Jean-Claude, papa Jean-Claude, c'est vous!... vous n'êtes pas blessé?... vous n'avez rien? »

Hullin à cette voix du cœur, pâlit et ne put répondre. Ce n'est qu'après un long silence, et retenant toujours sa chère enfant pressée tendrement, qu'il dit enfin d'une voix frémissante:

« Non, Louise, non, je me porte bien, je suis bien heureux! »

—Asseyez-vous, Jean-Claude, dit l'anabaptiste qui le voyait trembler d'émotion; tenez, voici ma chaise. »

Hullin s'assit, et Louise, s'asseyant sur ses genoux, les bras sur son épaule, se prit à pleurer.

« Qu'as-tu donc, chère enfant? disait le brave homme tout bas en l'embrassant. Voyons, calme-toi. Tout à l'heure encore, je te voyais si courageuse!

—Oh! oui, je faisais la courageuse; mais, voyez-vous, j'avais bien peur... Je pensais: Pourquoi ne vient-il pas? »

Elle lui jeta ses bras autour du cou, puis une idée folle lui passant par la tête, elle prit le bonhomme par la main, en criant:

« Allons, papa Jean-Claude, dansons, dansons. »

Et ils firent trois ou quatre tours.

Hullin, souriant malgré lui et se tournant vers l'anabaptiste toujours grave:

« Nous sommes un peu fous, Pelsly, dit-il; il ne faut pas que cela vous étonne.

—Non, maître Hullin, c'est tout simple. Le roi David lui-même, après sa grande victoire sur les Philistins, dansa devant l'arche. »

Jean-Claude, étonné de ressembler au roi David, ne répondit rien.

« Et pour toi, Louise, reprit-il en s'arrêtant, tu n'as pas eu peur pendant la dernière bataille?

—Oh! dans les premiers moments, tout ce bruit, ces coups de canon!... mais ensuite, je n'ai plus pensé qu'à vous et à maman Lefèvre. »

Maître Jean-Claude devint silencieux:

« Je savais bien, pensait-il, que cette enfant-là était brave. Elle a tout pour elle! »

Louise, alors, le prenant par la main, le conduisit en face d'un régiment de marmites au tour du feu, et lui montra, d'un air glorieux, toute sa cuisine.

« Voici le bœuf, voici le rôti, voici le souper du général Jean-Claude, et voici le bouillon pour nos blessés! Ah! nous nous sommes remuées! Lesselé et Katel peuvent le dire. Et voici notre grande fournée, dit-elle en montrant une longue file de miches rangées sur la table. C'est maman Lefèvre et moi qui avons brassé la pâte. »

Hullin écoutait tout émerveillé.

« Mais ce n'est pas tout, ajouta-t-elle, venez par ici. »

Elle ôta le couvercle de tôle du four au fond de la buanderie, et la cuisine se remplit aussitôt d'une odeur de galette au lard à vous réjouir le cœur.

Maître Jean-Claude en fut vraiment attendri.

En ce moment, la mère Lefèvre entrait:

« Eh bien! dit-elle, il faut dresser la table,

tout le monde attend là-bas. Allons, Katel, allez mettre la nappe. »

La grosse fille sortit en courant.

Et tous ensemble, traversant la cour obscure à la file, se dirigèrent vers la salle. Le docteur Lorquin, Despois, Marc Divès, Materne et ses deux garçons, tous gens bien endentés et pourvus d'un appétit solide, attendaient le potage avec impatience.

« Et nos blessés, docteur? s'écria Hullin en entrant.

—Tout est terminé, maître Jean-Claude. Vous nous avez donné une rude besogne; mais le temps est favorable, il n'y a pas à craindre de fièvres putrides, tout se présente bien. »

Katel, Lesselé et Louise entrèrent bientôt, portant une énorme soupière fumante et deux magnifiques rôtis de bœuf qu'elles déposèrent sur la table. On s'assit sans cérémonie, le vieux Materne à la droite de Jean-Claude, Catherine Lefèvre à gauche, et dès lors le cliquetis des cuillers et des fourchettes, le glou-glou des bouteilles remplacèrent la conversation jusqu'à huit heures et demie du soir. On voyait au dehors le reflet de grandes flammes sur les vitres, annonçant que les partisans étaient en train de faire honneur à la cuisine de Louise, et cela contribuait encore à la satisfaction des convives.

A neuf heures, Marc Divès était en route pour le Falkenstein avec les prisonniers. A dix heures, tout le monde dormait à la ferme et sur le plateau, autour des feux du bivouac.

Le silence ne s'interrompait de loin en loin, que par le passage des rondes et le « qui vive! » des sentinelles.

C'est ainsi que se termina cette journée, où les montagnards prouvèrent qu'ils n'avaient pas dégénéré de la vieille race.

D'autres événements, non moins graves, allaient bientôt succéder à ceux qui venaient de s'accomplir, car, ici-bas, un obstacle vaincu, d'autres se présentent. La vie humaine ressemble à la mer agitée : une vague suit l'autre, de l'ancien monde au nouveau, et rien ne peut arrêter ce mouvement éternel.

XVIII

Durant toute la bataille, jusqu'à la nuit close, les gens de Grandfontaine avaient vu le fou Yégof debout à la cime du Petit Donon, la couronne en tête, le sceptre levé, transmettre, comme un roi mérovingien, des ordres à ses armées imaginaires. Ce qui se passa dans l'âme de ce malheureux quand il vit les Allemands en pleine déroute, nul ne le sait. Au dernier coup de canon, il avait disparu. Où s'était-il sauvé? Voici ce que racontent à ce sujet les gens de Tiefenbach :

Dans ce temps-là, vivaient sur le Bocksberg deux créatures singulières, deux sœurs, l'une appelée la *petite Kateline*, et l'autre la *grande Berbel*. Ces deux êtres déguenillés s'étaient établis dans la *caverne de Luitprandt*, ainsi nommée, disent les vieilles chroniques, parce que le roi des Germains, avant de descendre en Alsace, fit enterrer sous cette voûte immense de grès rouge les chefs barbares tombés dans la bataille du Blutfeld. La source chaude, qui fume toujours au milieu de la caverne, protégeait les deux sœurs contre les froids rigoureux de l'hiver, et le bûcheron Daniel Horn de Tiefenbach avait eu la charité de fermer l'entrée principale de la roche, avec de grands tas de genêts et de bruyères. A côté de la source chaude se trouve une autre source, froide comme la glace et limpide comme le cristal. La petite Kateline, qui buvait à cette source, n'avait pas quatre pieds de haut; elle était grasse, bouffie, et sa figure étonnée, ses yeux ronds, son goître énorme, lui donnaient la physionomie singulière d'une grosse dinde en méditation. Tous les dimanches elle traînait jusqu'au village de Tiefenbach un panier d'osier, que les braves gens remplissaient de pommes de terre cuites, de croûtes de pain, et quelquefois les jours de fête — de galettes et d'autres débris de leurs festins. Alors la pauvre être, tout essoufflé, remontait à la roche, gloussant, riant, se dandinant et picorant. La grande Berbel se gardait bien de boire à la source froide; elle était maigre, borgne, décharnée comme une chauve-souris; elle avait le nez plat, les oreilles larges, l'œil scintillant, et vivait du butin de sa sœur. Jamais elle ne descendait du Bocksberg; mais en juillet, au temps des grandes chaleurs, elle secouait, du haut de la côte, un chardon sec sur les moissons de ceux qui n'avaient pas rempli régulièrement le panier de Kateline, ce qui leur attirait des orages épouvantables, de la grêle, des rats et des mulots en abondance. Aussi craignait-on les sorts de Berbel comme la peste, on l'appelait partout *Wetterhexe*[*], tandis que la petite Kateline passait pour être le bon génie de Tiefenbach et des environs. De cette façon, Berbel vivait tranquillement à se croiser les bras, et l'autre à glousser sur les quatre chemins.

Malheureusement pour les deux sœurs, Yégof

_____
[*] Sorcière des orages.

avait établi, depuis nombre d'années, sa rési-
dence d'hiver dans la caverne de Luitprandt.
C'est de là qu'il partait au printemps, pour visiter ses châteaux innombrables et passer en
revue ses leudes jusqu'à Geierstein, dans le
Hunosrück. Tous les ans donc, vers la fin de
novembre, après les premières neiges, il arrivait avec son corbeau, ce qui faisait toujours
jeter des cris d'aigle à Wetterhexe.

« De quoi te plains-tu, disait-il en s'installant
tranquillement à la meilleure place; ne vivez-
vous pas sur mes domaines? Je suis encore
bien bon de souffrir deux *valkiries* inutiles dans
le Valhalla de mes pères! »

Alors Berbel, furieuse, l'accablait d'injures;
Kateline gloussait d'un air fâché; mais lui, sans
y prendre garde, allumait sa pipe de vieux buis,
et se mettait à raconter ses pérégrinations
lointaines aux âmes des guerriers germains
enterrés dans la caverne depuis seize siècles, les
appelant par leur nom et leur parlant comme
à des personnes vivantes. On peut se figurer si
Berbel et Kateline voyaient arriver le fou avec
plaisir : c'était pour elles une véritable cala-
mité. Or, cette année-là, Yégof n'étant pas venu,
les deux sœurs le croyaient mort et se réjouissaient à l'idée de ne plus le revoir. Cependant,
depuis quelques jours, Wetterhexe avait remarqué de l'agitation dans les gorges voisines;
les gens partaient en foule, le fusil sur l'épaule,
du côté du Falkenstein et du Donon. Évidemment quelque chose d'extraordinaire se passait.
La sorcière, se rappelant que, l'année précé-
dente, Yégof avait raconté aux âmes des guerriers que ses armées innombrables allaient
bientôt envahir le pays, éprouvait une vague
inquiétude. Elle aurait bien voulu savoir d'où
provenait cette agitation; mais personne ne
montait à la roche, et Kateline, ayant fait sa
tournée le dimanche précédent, n'aurait pas
bougé pour un empire.

Dans cet état, Wetterhexe allait et venait sur
la côte, toujours plus inquiète et plus irritée.
Durant cette journée du samedi, ce fut bien
autre chose encore. Dès neuf heures du matin,
de sourdes et profondes détonations roulèrent
comme un bruit d'orage dans les mille échos
de la montagne, et tout au loin, vers le Donon,
des éclairs rapides sillonnèrent le ciel entre les
pics; puis, vers la nuit, des coups plus graves,
plus formidables encore, retentirent au fond
des gorges silencieuses. A chaque détonation,
on entendait les cimes du Hengst, de la
Gantzlée, du Giromani, du Grosmann, répondre jusque dans les profondeurs de l'abîme.

« Qu'est-ce que cela? se demandait Berbel.
Est-ce la fin du monde? »

Alors, rentrant sous la roche et voyant Kate-

line accroupie dans son coin, qui grignottait
une pomme de terre, elle la secoua rudement,
en criant d'une voix sifflante :

« Idiote, tu n'entends donc rien? Tu n'as peur
de rien, toi! Tu manges, tu bois, tu glousses!
Oh! le monstre! »

Elle lui retira sa pomme de terre avec fureur,
et s'assit toute frémissante près de la source
chaude, qui envoyait ses nuages gris à la voûte.
Une demi-heure après, les ténèbres étant devenues profondes et le froid excessif, elle alluma
un feu de bruyères, qui promena ses pâles
lueurs sur les blocs de grès rouge, jusqu'au
fond de l'antre où dormait Kateline, les pieds
dans la paille et les genoux au menton. Au
dehors, tout bruit avait cessé. Wetterhexe
écarta les broussailles pour jeter un coup d'œil
sur la côte puis elle revint s'accroupir auprès
du feu, sa large bouche serrée, ses flasques
paupières closes, traçant de grandes rides cir-
culaires autour de ses joues, elle attira sur ses
genoux une vieille couverture de laine et parut
s'assoupir. On n'entendit plus qu'à de longs
intervalles le bruit de la vapeur condensée, qui
retombait de la voûte dans la source avec un
clapotement bizarre.

Ce silence durait depuis environ deux heures;
minuit approchait, quand, tout à coup, un
bruit lointain de pas, mêlé de clameurs discor-
dantes, se fit entendre sur la côte. Berbel
écouta; elle reconnut des cris humains. Alors,
se levant toute tremblante et armée de son
grand chardon, elle se glissa jusqu'à l'entrée
de la roche, écarta les broussailles et vit, à cinquante pas, le fou Yégof qui s'avançait au clair
de lune; il était seul et se débattait, frappant
l'air de son sceptre, comme si des milliers
d'êtres invisibles l'eussent entouré.

« A moi, Roug, Bléd, Adelrik! hurlait-il d'une
voix éclatante, la barbe hérissée, sa grande
chevelure rousse éparse et sa peau de chien
autour du bras comme un bouclier. A moi! hé!
m'entendrez-vous à la fin? Ne voyez-vous pas
qu'ils arrivent? Les voilà qui fondent du ciel
comme des vautours. A moi, les hommes roux!
à moi! Que cette race de chiens soit anéantie!
Ah! ah! c'est toi, Ninau, c'est toi, Rochart.....
Tiens! tiens! »

Et tous les morts du Donon, il les nommait
avec un ricanement féroce, les défiant comme
s'ils eussent été là; puis il reculait pas à pas,
frappant toujours l'air, lançant des imprécations, appelant les siens et se débattant comme
dans une mêlée. Cette lutte épouvantable contre
des êtres invisibles saisit Berbel d'une frayeur
superstitieuse : elle sentit ses cheveux se dresser sur sa nuque, et voulut se cacher; mais, au
même instant, un vague bourdonnement la fit

retourner, et qu'on juge de son effroi, lors-qu'elle vit la source chaude bouillonner plus que d'habitude, et des flots de vapeur s'en éle-ver, s'en détacher et s'avancer vers la porte.

Et tandis que, pareils à des fantômes, ces nuages épais s'avançaient lentement, tout à coup Yégof parut, criant d'une voix brève :

« Enfin, vous voilà ! Vous m'avez entendu ! »

Puis, d'un geste rapide, il écarta tous les obstacles : l'air glacial s'engouffra sous la voûte, et les vapeurs se répandirent dans le ciel im-mense, se tordant et s'élançant au-dessus de la roche, comme si les morts du jour et ceux des siècles écoulés eussent recommencé dans d'au-tres sphères le combat éternel.

Yégof, la face contractée sous les pâles rayons de la lune, le sceptre étendu, sa large barbe étalée sur la poitrine, les yeux étincelants, sa-luait chaque fantôme d'un geste et l'appelait par son nom, disant :

« Salut, Bléd, salut, Roug, et vous tous, mes braves, salut !..... L'heure que vous attendiez depuis des siècles est proche, les aigles aigui-sent leur bec, la terre a soif de sang : souvenez-vous du Blutfeld ! »

Berbel était anéantie, l'épouvante seule la tenait debout; mais bientôt les derniers nuages s'échappèrent de la caverne et se fondirent dans l'azur sans bornes.

Alors Yégof entra brusquement sous la voûte et s'accroupit près de la source, sa grosse tête entre les mains, les coudes aux genoux, regar-dant d'un œil hagard bouillonner l'eau.

Kateline venait de s'éveiller, et gloussait comme on sanglotte; Wetterhexe, plus morte que vive, observait le fou du coin le plus obs-cur de l'antre.

« Ils sont tous sortis de la terre ! s'écria tout à coup Yégof; tous, tous ! Il n'en reste plus. Ils vont ranimer le courage de mes jeunes hommes, et leur inspirer le mépris de la mort ! »

Et relevant sa face pâle, empreinte d'une douleur poignante :

« O femme, dit-il, en fixant sur Wetterhexe ses yeux de loup, descendante des *valkiries* sté-riles, toi qui n'as pas recueilli dans ton sein le souffle des guerriers pour leur rendre la vie, toi qui n'as jamais re...li leurs coupes pro-fondes à la table du festin, ni posé devant eux la chair fumante du sanglier Sérimar, à quoi donc es-tu bonne ! A filer des linceuls ! Eh bien ! prends ta quenouille et file jour et nuit, car des milliers de hardis jeunes hommes sont couchés dans la neige !... Ils ont vaillamment com-battu.... Oui, ils ont fait leur devoir; mais l'heure n'était pas venue !.... Maintenant les corbeaux se disputent leur chair ! »

Puis, d'un accent de rage épouvantable, ar-rachant sa couronne à deux mains avec des poignées de cheveux :

« Oh ! race maudite ! hurla-t-il, tu seras donc toujours sur notre passage ? Sans toi, nous aurions déjà conquis l'Europe; les hommes roux seraient les maîtres de l'univers !... Et je me suis humilié devant le chef de cette race de chiens !... Je lui ai demandé sa fille, au lieu de la prendre et de l'emporter, comme le loup fait de la brebis !... Ah ! Huldrix ! Huldrix !... »

Et s'interrompant :

« Écoute, écoute, *valkirie !* » fit-il à voix basse.

Il levait le doigt d'un air solennel.

Wetterhexe écouta : un grand coup de vent venait de s'élever dans la nuit, secouant les vieilles forêts chargées de givre. Combien de fois la sorcière avait-elle entendu la bise gémir, durant les nuits d'hiver, sans même y prendre garde; mais alors elle eut peur !

Et comme elle était là, toute tremblante, voilà qu'un cri rauque se fit entendre au dehors, et, presque aussitôt, le corbeau Hans, plongeant sous la roche, se mit à décrire de grands cercles à la voûte, agitant ses ailes d'un air effaré et poussant des croassements lugubres.

Yégof devint pâle comme un mort.

« Vôd, Vôd, s'écria-t-il d'une voix déchirante, que t'a fait ton fils Luitprandt ? Pourquoi le choisir plutôt qu'un autre ? »

Et, durant quelques secondes, il resta comme anéanti; mais, tout à coup, transporté d'un sauvage enthousiasme et brandissant son scep-tre, il s'élança hors de la caverne.

Deux minutes après, Wetterhexe, debout à l'entrée de la roche, le suivait d'un regard anxieux.

Il allait droit devant lui, le cou tendu, le pas allongé; on aurait dit une bête fauve marchant à la découverte. Hans le précédait, voltigeant de place en place.

Ils disparurent bientôt dans la gorge du Blutfeld.

XIX

Cette nuit-là, vers deux heures, la neige se mit à tomber; à la naissance du jour il fallut se secouer et battre de la semelle.

Les Allemands avaient quitté Grandfontaine, Framont et même Schirmeck. Au loin, bien loin, dans les plaines de l'Alsace, on remar-quait des points noirs indiquant leurs batail-lons en retraite.

Hullin, éveillé de bonne heure, fit le tour du bivouac : il s'arrêta quelques instants à regarder sur le plateau, les canons braqués vers la gorge, les partisans étendus autour du feu, la sentinelle l'arme au bras; puis, satisfait de son inspection, il entra dans la ferme où Louise et Catherine dormaient encore.

Le jour grisâtre se répandait dans la chambre. Quelques blessés, dans la salle voisine, commençaient à ressentir les ardeurs de la fièvre; on les entendait appeler leurs femmes et leurs enfants. Bientôt le bourdonnement des voix, les allées et les venues rompirent le silence de la nuit. Catherine et Louise s'éveillèrent; elles virent Jean-Claude, assis dans un coin de la fenêtre, qui les regardait avec tendresse, et, honteuses d'être moins matinales que lui, elles se levèrent pour aller l'embrasser.

« Eh bien? demanda Catherine.

— Eh bien, ils sont partis; nous restons maîtres de la route, comme je l'avais prévu. »

Cette assurance ne parut pas tranquilliser la vieille fermière; il lui fallut regarder à travers les vitres, et voir la retraite des Allemands jusqu'au fond de l'Alsace. Encore, tout le reste du jour sa figure sévère conserva-t-elle l'empreinte d'une inquiétude indéfinissable.

Entre huit et neuf heures arriva le curé Saumaize, du village des Charmes. Quelques montagnards descendirent alors jusqu'au bas de la côte relever les morts; puis on creusa sur la droite de la ferme une longue fosse, où partisans et *kaiserlicks*, avec leurs habits, leurs feutres, leurs shakos, leurs uniformes, furent rangés côte à côte. Le curé Saumaize, un grand vieillard à tête blanche, lut les antiques prières de la mort, de cette voix rapide et mystérieuse qui vous pénètre jusqu'au fond de l'âme, et semble convoquer les générations éteintes, pour attester aux vivants les horreurs de la tombe.

Toute la journée, il arriva des voitures et des *schlittes** pour emmener les blessés, qui demandaient à grands cris à revoir leur village. Le docteur Lorquin, craignant d'augmenter leur irritation, était forcé d'y consentir. Vers quatre heures, Catherine et Hullin se trouvaient seuls dans la grande salle; Louise était allée préparer le souper. Au dehors, de gros flocons de neige continuaient à descendre du ciel, et se posaient au rebord des fenêtres, et d'instant en instant on voyait un traîneau partir en silence avec son malade enterré dans la paille; tantôt une femme, tantôt un homme conduisant le cheval par la bride. Catherine, assise près de la table, plait des bandages d'un air préoccupé.

« Qu'avez-vous donc, Catherine? demanda

Hullin. Depuis ce matin je vous vois toute soucieuse. Pourtant nos affaires marchent bien. »

La vieille fermière alors, d'un geste lent repoussant le linge, répondit :

« C'est vrai, Jean-Claude, je suis inquiète.

— Inquiète, et de quoi? L'ennemi est en pleine retraite. Encore tout à l'heure, Frantz Materne que j'avais envoyé en reconnaissance, et tous les piétons de Piorette, de Jérôme, de Labarbe, sont venus me dire que les Allemands retournent à Mutzig. Le vieux Materne et Kasper, après avoir relevé les morts, ont appris à Grandfontaine qu'on ne voit rien du côté de Saint-Blaize-la-Roche. Tout cela prouve que nos dragons d'Espagne ont solidement reçu l'ennemi sur la route Senones, et qu'il craint d'être tourné par Schirmeck. Je ne vois donc pas, Catherine, ce qui vous tourmente. »

Et comme Hullin la regardait d'un air interrogatif :

« Vous allez encore rire de moi, dit-elle; j'ai fait un rêve.

— Un rêve?

— Oui, le même qu'à la ferme du Bois-de-Chênes. »

Puis s'animant, et d'une voix presque irritée:

« Vous direz ce que vous voudrez, Jean-Claude; mais un grand danger nous menace... Oui, oui, tout cela pour vous n'a pas l'ombre de bon sens... D'ailleurs ce n'était pas un rêve, c'était comme une vieille histoire qui vous revient, une chose qu'on revoit dans le sommeil et qu'on reconnaît! Tenez, nous étions comme aujourd'hui, après une grande victoire, quelque part... je ne sais où... dans une sorte de grande baraque en bois traversée de grosses poutres, avec des palissades autour. Nous ne pensions à rien; toutes les figures que je voyais, je les connaissais; c'était vous, Marc Divès, le vieux Duchêne et beaucoup d'autres, des anciens déjà morts : mon père et le vieux Hugues Rochart du Harberg, l'oncle de celui qui vient de mourir, tous en sarrau de grosse toile grise, la barbe longue, le cou nu. Nous avions remporté la même victoire et nous buvions dans de gros pots de terre rouge, quand voilà qu'un cri s'élève : « L'ennemi revient ! » Et Yégof, à cheval, avec sa longue barbe, sa couronne garnie de pointes, une hache à la main, les yeux luisants comme un loup, paraît devant moi dans la nuit. Je cours sur lui avec un pieu, il m'attend... et, depuis ce moment, je ne vois plus rien!... Seulement je sens une grande douleur au cou, un vent froid me passe sur la figure, il me semble que ma tête ballotte au bout d'une corde : c'est ce gueux de Yégof qui avait pendu ma tête à sa selle et qui galo-

* Traîneaux vosgiens.

pait! • ait la vieille fermière d'un tel accent de conviction que Hullin en frémit.

Il y eut quelques instants de silence, puis Jean-Claude se réveillant de sa stupeur, répondit :

« C'est un rêve... Il m'arrive aussi de faire des rêves... Hier vous avez été tourmentée, Catherine, tout ce bruit... ces cris... »

— Non, fit-elle d'un ton ferme en reprenant sa besogne, non ça n'est pas cela. Et, pour vous dire la vérité, pendant toute la bataille, et même au moment où le canon tonnait contre nous, je n'ai pas eu peur ; j'étais sûre d'avance que nous ne pouvions pas être battus : j'avais déjà vu ça dans le temps !... maintenant j'ai peur !

— Mais les Allemands ont évacué Schirmeck ; toute la ligne des Vosges est défendue ; nous avons plus de monde qu'il ne nous en faut, il nous en arrive de minute en minute.

— N'importe ! •

Hullin haussa les épaules :

« Allons, allons, vous avez la fièvre, Catherine ; tâchez de vous calmer, de penser à des choses plus gaies. Tous ces rêves, voyez-vous, moi, je m'en moque comme du Grand Turc avec sa pipe et ses bas bleus. Le principal est de se bien garder, d'avoir des munitions, des hommes et des canons : ça vaut encore mieux que des rêves couleur de rose.

— Vous riez, Jean-Claude?

— Non, mais à entendre une femme de bon sens, de grand courage, parler comme vous faites, on se rappelle malgré soi Yégof, qui se vante d'avoir vécu il y a seize cents ans.

— Qui sait? dit la vieille d'un ton obstiné ; s'il se rappelle, lui, ce que les autres ont oublié. •

Hullin allait lui raconter sa conversation de la veille, au bivouac avec le fou, pensant renverser ainsi de fond en comble toutes ses visions lugubres, mais la voyant d'accord avec Yégof sur le chapitre des seize cents ans, le brave homme ne dit plus rien, et reprit sa promenade silencieuse, la tête basse, le front soucieux. • Elle est folle, pensait-il ; encore une petite secousse, et c'est fini. •

Catherine, au bout d'un instant de rêverie, allait dire quelque chose, quand Louise entra comme une hirondelle, en criant de sa plus douce voix :

• Maman Lefèvre, maman Lefèvre, une lettre de Gaspard ! •

Alors la vieille fermière, dont le nez crochu s'était recourbé jusque sur ses lèvres, tant elle s'indignait de voir Hullin tourner son rêve en ridicule, releva la tête, et les grandes rides de ses joues se détendirent.

Elle prit la lettre, en regarda le cachet rouge, et dit à la jeune fille :

• Embrasse-moi, Louise ; c'est une bonne lettre. •

Ce que Louise fit avec enthousiasme.

Hullin s'était rapproché, tout heureux de cet incident, et le facteur Brainstein, ses gros souliers roussis par la neige, les deux mains appuyées sur son bâton, les épaules affaissées, stationnait à la porte d'un air harassé.

La vieille mit ses besicles, ouvrit la lettre avec une sorte de recueillement, sous les yeux impatients de Jean-Claude et de Louise, et lut tout haut :

• Celle-ci, ma bonne mère, est à cette fin de vous prévenir que tout va bien, et que je suis arrivé le mardi soir à Phalsbourg, juste comme on fermait les portes. Les Cosaques étaient déjà sur la côte de Saverne ; il a fallu tirailler toute la nuit contre leur avant-garde. Le lendemain, un parlementaire est venu nous sommer de rendre la place. Le commandant Meunier lui a répondu d'aller se faire pendre ailleurs, et, trois jours après, les grandes giboulées de bombes et d'obus ont commencé à pleuvoir sur la ville. Les Russes ont trois batteries, l'une sur la côte de Mittelbronn, l'autre aux Baraques d'en haut, et la troisième derrière la tuilerie de Pernette, près du guévoir ; mais les boulets rouges nous font le plus de mal : ils brûlent les maisons de fond en comble, et, quand l'incendie s'allume quelque part, il arrive des obus en masse qui empêchent les gens de l'éteindre. Les femmes et les enfants ne sortent pas des blockhaus ; les bourgeois restent avec nous sur les remparts : ce sont de braves gens ; il y a dans le nombre quelques anciens de Sambre-et-Meuse, d'Italie et d'Égypte, qui n'ont pas oublié le service des pièces. Ça m'attendrit de voir leurs vieilles moustaches grises s'allonger sur les caronades pour pointer. Je vous réponds qu'il n'y a pas de mitraille perdue avec eux. C'est égal, quand on a fait trembler le monde, c'est dur tout de même d'être forcé, dans ses vieux jours, de défendre sa baraque et son dernier morceau de pain. •

—• Oui, c'est dur, fit la mère Catherine en essuyant ses yeux, rien que d'y penser, ça vous remue le cœur. •

Puis elle poursuivit :

• Avant-hier, le gouverneur décida qu'on irait défoncer les grilles à boulets de la tuilerie. Vous saurez que ces Russes cassent la glace du guévoir pour se baigner par pelotons de vingt ou trente, et qu'ils entrent ensuite se sécher dans le four de la briqueterie. Bon. Vers quatre heures, comme le jour baissait, nous sortons par la poterne de l'ar-

Le curé Saumaize lut les antiques prières de la mort. (Page 70.)

« senal, nons montons aux chemins couverts, « et nous enfilons l'allée des Vaches, le fusil « sous le bras, au pas de course. Dix minutes « après, nous commençons un feu roulant sur « ceux du guévoir. Tous les autres sortent de « la tuilerie; ils n'avaient que le temps de pas- « ser leur giberne, d'empoigner leur fusil et « de se mettre en rangs, tout nus sur la neige, « comme de véritables sauvages. Malgré cela, « les gueux étaient dix fois plus nombreux que « nous, et ils commençaient un mouvement à « droite, sur la petite chapelle de Saint-Jean, « pour nous entourer, quand les pièces de l'ar- « senal se mirent à souffler dans leur direc- « tion une brise carabinée, comme je n'en ai « jamais vu de pareille; la mitraille en enle- « vait des files à perte de vue. Au bout d'un

« quart d'heure, tous, en masse, se mirent er « retraite sur les Quatre-Vents, sans ramasser « leurs culottes, les officiers en tête, et les bou- « lets de la place en serre-file. Papa Jean- « Claude aurait joliment ri de cette débâcle. « Enfin, à la nuit close, nous sommes rentres « en ville, après avoir détruit les grilles à bou- « lets et jeté deux pièces de huit dans le puit « de la briqueterie : c'est notre première ex- « pédition.—Aujourd'hui, je vous écris des Ba « raques du Bois-de-Chênes, où nous sommes « en tournée pour approvisionner la place. « Tout cela peut durer des mois. Je me suis « laissé dire que les alliés remontent la vallée « de Dosenheim jusqu'à Weschem, et qu'ils « gagnent par millers la route de Paris... Ah ! « si le bon Dieu voulait que l'empereur eût le

Materne et son fils Kasper tiraient du seuil de l'allée... Page 74.)

« dessus en Lorraine ou en Champagne, il n'en
« réchapperait pas un seul ! Enfin, qui vivra
« verra..' Voici qu'on sonne la retraite sur
« Phalsbourg; nous avons récolté pas mal de
« bœufs, de vaches et de chèvres dans les en-
« virons. On va se battre pour les faire entrer
« sains et saufs. Au revoir, ma bonne mère,
« ma chère Louise, papa Jean-Claude; je vous
« embrasse longtemps, comme si je vous tenais
« sur mon cœur. »

En finissant, Catherine Lefèvre s'attendrit.

Quel brave garçon ! fit-elle ; ça ne connaît
que son devoir. Enfin... voilà... Tu entends,
Louise... il t'embrasse longtemps ! »

Louise alors se jetant dans ses bras, elles
s'embrassèrent, et la mère Catherine, malgré la
fermeté de son caractère, ne put retenir deux

grosses larmes, qui suivirent les sillons de ses
joues, puis se remettant :

« Allons, allons, dit-elle, tout va bien ! Venez,
Brainstein, vous allez manger un morceau de
bœuf et prendre un verre de vin. Voici toujours
un écu de six livres pour votre course ; je voudrais pouvoir vous en donner autant tous les
huit jours pour une lettre pareille. »

Le piéton, charmé de cette aubaine, suivit la
vieille : Louise marchait derrière, et Jean-
Claude venait ensuite, impatient d'interroger
Brainstein sur ce qu'il avait appris en route,
touchant les événements actuels mais il n'en
tira rien de nouveau, sinon que les alliés blo-
quaient Bitche, Lutzelstein, et qu'ils avaient
perdu quelques centaines d'hommes, en es-
sayant de forcer le défilé du Graufthal.

XX

Vers dix heures du soir, Catherine Lefèvre et Louise, après avoir souhaité le bonsoir à Hullin, montèrent dans la chambre au-dessus de la grande salle, pour aller se coucher. Il y avait là deux grands lits de plume à duvet, de toile bleue rayée de rouge, qui s'élevait jusqu'au plafond.

« Allons, s'écria la vieille fermière en grimpant sur sa chaise, allons, dors bien, mon enfant, moi, je n'en puis plus; je vais m'en donner! »

Elle tira la couverture, et cinq minutes après elle dormait profondément.

Louise ne tarda point à suivre son exemple.

Or, cela durait depuis environ deux heures, lorsque la vieille fut éveillée en sursaut par un tumulte épouvantable :

« Aux armes! criait-on; aux armes; — Hé ! par ici, mille tonnerres! ils arrivent! »

Cinq ou six coups de feu se suivirent, illuminant les vitres noires.

« Aux armes! aux armes! »

Les coups de fusil retentirent de nouveau. On allait, on venait, on courait.

La voix de Hullin, sèche, vibrante, s'entendait donnant des ordres.

Puis, à gauche de la ferme, bien loin, il y eut comme un pétillement sourd, profond, dans les gorges du Grosmann.

« Louise! Louise! cria la vieille fermière, tu entends?

— Oui!... Oh! mon Dieu, c'est terrible! »

Catherine sauta de son lit.

« Lève-toi, mon enfant, dit-elle ; habillons-nous. »

Les coups de fusil redoublaient, passant sur les vitres comme des éclairs.

« Attention! » criait Materne.

On entendait aussi les hennissements d'un cheval au dehors, et le trépignement d'une foule de monde dans l'allée, dans la cour et devant la ferme : la maison semblait ébranlée jusque dans ses fondements.

Tout à coup les coups de fusil partirent par les fenêtres de la salle du rez-de-chaussée. Les deux femmes s'habillaient à la hâte. En ce moment un pas lourd fit crier l'escalier; la porte s'ouvrit, et Hullin parut avec une lanterne, pâle, les cheveux ébouriffés, les joues frémissantes.

« Dépêchez-vous ! s'écria-t-il ; nous n'avons pas une minute à perdre.

— Que se passe-t-il donc? » demanda Catherine.

La fusillade se rapprochait.

« Eh ! hurla Jean-Claude les bras en l'air, est-ce que j'ai le temps de vous l'expliquer? »

La fermière comprit qu'il n'y avait qu'à obéir. Elle prit sa capuche et descendit l'escalier avec Louise. A la lueur tremblotante des coups de feu, Catherine vit Materne, le cou nu, et son fils Kasper, tirant du seuil de l'allée sur les abatis, et dix autres derrière eux qui leur passaient les fusils, de sorte qu'ils n'avaient qu'à épauler et à faire feu. Toutes ces figures entassées, chargeant, armant, avançant le bras, avaient un aspect terrible. Trois ou quatre cadavres, affaissés contre le mur décrépit, ajoutaient à l'horreur du combat; la fumée montait dans la masure.

En arrivant sur l'escalier, Hullin cria :

« Les voici, grâce au ciel ! »

Et tous les braves gens qui se trouvaient là, levant la tête, crièrent :

« Courage ! mère Lefèvre ! »

Alors la pauvre vieille, brisée par ces émotions, se prit à pleurer. Elle s'appuya sur l'épaule de Jean-Claude; mais celui-ci l'enleva comme une plume et sortit en courant le long du mur à droite. Louise suivait en sanglotant.

Au dehors, on n'entendait que des sifflements, des coups secs contre le mur ; le crépi se détachait, les tuiles roulaient, et tout en face, du côté des abatis, à trois cents pas, on voyait les uniformes blancs, en ligne, éclairés par leur propre feu dans la nuit noire, puis sur leur gauche, de l'autre côté du ravin des Minières, les montagnards qui les prenaient en écharpe.

Hullin disparut à l'angle de la ferme; là tout était sombre : c'est à peine si l'on voyait le docteur Lorquin, à cheval devant un traîneau, un grand sabre de cavalerie au poing, deux pistolets d'arçon passés à la ceinture, et Frantz Materne, avec une douzaine d'hommes, le fusil au pied, frémissant de rage. Hullin assit Catherine dans le traîneau sur une botte de paille, puis Louise à côté d'elle.

« Vous voilà! s'écria le docteur, c'est bien heureux! »

Et Frantz Materne ajouta :

« Si ce n'était pas pour vous, mère Lefèvre, vous pouvez croire que pas un ne quitterait le plateau ce soir ; mais pour vous il n'y a rien à dire.

— Non, crièrent les autres, il n'y a rien à dire. »

Au même moment, un grand gaillard, aux jambes longues comme celles d'un héron et le dos voûté, passa derrière le mur en courant et criant :

« Ils arrivent... sauve qui peut ! »

Hullin pâlit.

« C'est le grand rémouleur du Harberg, » fit-il, en grinçant des dents.

Frantz, lui, ne dit rien : il épaula sa carabine, ajusta et fit feu.

Louise vit le rémouleur, à trente pas dans l'ombre, étendre ses deux grands bras et tomber la face contre terre.

Frantz rechargeait son arme en souriant d'un air bizarre.

Hullin dit :

« Camarades, voici notre mère, celle qui nous a donné de la poudre et qui nous a nourris pour la défense du pays, et voici mon enfant ; sauvez-les ! »

Tous répondirent :

« Nous les sauverons, ou nous mourrons avec elles.

— Et n'oubliez pas d'avertir Divès qu'il reste au Falkenstein jusqu'à nouvel ordre !

— Soyez tranquille, maître Jean-Claude.

— Alors en route, docteur, en route ! s'écria le brave homme.

— Et vous, Hullin ? fit Catherine.

— Moi, ma place est ici ; il s'agit de défendre notre position jusqu'à la mort !

— Papa Jean-Claude ! » cria Louise en lui tendant les bras.

Mais il tournait déjà le coin, le docteur frappait son cheval, le traîneau filait sur la neige, et derrière, Frantz Materne et ses hommes, la carabine sur l'épaule, allongeaient le pas, tandis que le roulement de la fusillade continuait autour de la ferme. Voilà ce que Catherine Lefèvre et Louise virent dans l'espace de quelques minutes. Il s'était sans doute passé quelque chose d'étrange et de terrible dans cette nuit. La vieille fermière, se rappelant son rêve, devint silencieuse. Louise essuyait ses larmes et jetait un long regard vers le plateau, éclairé comme par un incendie. Le cheval bondissait sous les coups du docteur ; les montagnards de l'escorte avaient peine à suivre. Longtemps encore le tumulte, les clameurs du combat, les détonations et le sifflement des balles, hachant les broussailles, s'entendirent ; mais tout cela s'affaiblit de plus en plus, et bientôt, à la descente du sentier, tout disparut comme en rêve.

Le traîneau venait d'atteindre l'autre versant de la montagne, et filait comme une flèche dans les ténèbres. Le galop du cheval, la respiration haletante de l'escorte, de temps en temps le cri du docteur : « hue, Bruno ! hue donc ! » troublaient seuls le silence.

Une grande nappe d'air froid, remontant des vallées de la Sarre, apportait de bien loin, comme un soupir, les rumeurs éternelles des torrents et des bois. La lune écartait un nuage, et regardait en face les sombres forêts du Blanru, avec leurs grands sapins chargés de neige. Dix minutes après, le traîneau arrivait au coin de ces bois, et le docteur Lorquin, se retournant sur sa selle, s'écriait :

« Maintenant, Frantz, qu'allons-nous faire ? Voici le sentier qui tourne vers les collines de Saint-Quirin, et voici l'autre qui descend au Blanru : lequel prendre ? »

Frantz et les hommes de l'escorte s'étaient rapprochés. Comme ils se trouvaient alors sur le versant occidental du Donon, ils commençaient à revoir de l'autre côté, à la cime des airs, la fusillade des Allemands, qui venaient par le Grosmann. On n'apercevait que le feu, et quelques instants après on entendait la détonation rouler dans les abîmes.

« Le sentier des collines de Saint-Quirin, dit Frantz, est le plus court pour aller à la ferme du Bois-de-Chênes ; nous gagnerons au moins trois bons quarts d'heure.

— Oui, s'écria le docteur, mais nous risquons d'être arrêtés par les kaïserlicks, qui tiennent maintenant le défilé de la Sarre. Voyez, ils sont déjà maîtres des hauteurs ; ils ont sans doute envoyé des détachements sur la Sarre-Rouge pour tourner le Donon.

— Prenons le sentier du Blanru, dit Frantz, c'est plus long, mais c'est plus sûr. »

Le traîneau descendit à gauche le long des bois. Les partisans à la file, le fusil en arrêt, marchaient sur le haut du talus, et le docteur, à cheval dans le chemin creux, fendait les flots de neige. Au-dessus pendaient les branches des sapins en demi-voûte, couvrant de leur ombre noire le sentier profond, tandis que la lune éclairait les alentours. Ce passage avait quelque chose de si pittoresque et de si majestueux, qu'en toute autre circonstance Catherine en eût été émerveillée, et Louise n'aurait pas manqué d'admirer ces longues gerbes de givre, ces festons scintillant comme le cristal aux rayons de la pâle lumière ; mais alors leur âme était pleine d'inquiétude, et d'ailleurs, lorsque le traîneau fut entré dans la gorge, toute clarté disparut, et les cimes des hautes montagnes d'alentour restèrent seules éclairées. Comme ils marchaient ainsi depuis un quart d'heure, en silence, Catherine, après avoir longtemps retourné sa langue, ne pouvant y tenir davantage, s'écria :

« Docteur Lorquin, maintenant que vous nous tenez dans le fond du Blanru, et que vous pouvez faire de nous tout ce qu'il vous plaît, m'expliquerez-vous enfin pourquoi on nous entraîne de force ? Jean-Claude est venu me prendre, il m'a jetée sur cette botte de paille... et me voilà !

— Hue, Bruno ! » fit le docteur.

Puis il répondit gravement :

« Cette nuit, mère Catherine, il nous est arrivé le plus grand des malheurs. Il ne faut pas en vouloir à Jean-Claude, car, par la faute d'un autre, nous perdons le fruit de tous nos sacrifices ?

— Par la faute de qui ?

— De ce malheureux Labarbe, qui n'a pas gardé le défilé du Blutfeld. Il est mort ensuite en faisant son devoir ; mais cela ne répare pas le désastre, et, si Piorette n'arrive pas à temps pour soutenir Hullin, tout est perdu ; il faudra quitter la route et battre en retraite.

— Comment ! le Blutfeld a été pris ?

— Oui, mère Catherine. Qui diable aurait jamais pensé que les Allemands entreraient par là ? Un défilé presque impraticable pour les piétons, encaissé entre des rochers à pic, où les pâtres eux-mêmes ont de la peine à descendre avec leurs troupeaux de chèvres. Eh bien ! ils ont passé là, deux à deux ; ils ont tourné la Roche-Creuse, ils ont écrasé Labarbe, et puis ils sont tombés sur Jérôme, qui s'est défendu comme un lion jusqu'à neuf heures du soir ; mais, à la fin, il a bien fallu se jeter dans les sapinières et laisser le passage aux *kaiserlicks*. Voilà le fond de l'histoire. C'est épouvantable. Il faut qu'il y ait eu dans le pays un homme assez lâche, assez misérable pour guider l'ennemi sur nos derrières, et nous livrer pieds et poings liés. — Oh ! le brigand ! s'écria Lorquin d'une voix frémissante, je ne suis pas méchant, mais s'il me tombait sous la patte, comme je vous le disséquerais !... — Hue, Bruno ! hue donc ! »

Les partisans marchaient toujours sur le talus, sans rien dire, comme des ombres.

Le traîneau se reprit à galoper, puis sa marche se ralentit ; le cheval soufflait.

La vieille fermière restait silencieuse, pour classer ses nouvelles idées dans sa tête.

« Je commence à comprendre, dit-elle au bout de quelques instants ; nous avons été attaqués cette nuit de front et de côté.

— Justement, Catherine ; par bonheur, dix minutes avant l'attaque, un homme de Marc Divès, — un contrebandier, Zimmer, l'ancien dragon — était arrivé ventre à terre nous prévenir. Sans cela nous étions perdus. Il est tombé dans nos avant-postes, après avoir traversé un détachement de Cosaques sur le plateau du Grosmann. Le pauvre diable avait reçu un coup de sabre terrible, ses entrailles pendaient sur la selle ; n'est-ce pas, Frantz ?

— Oui, répondit le chasseur d'une voix sourde.

— Et qu'a-t-il dit ? demanda la vieille fermière.

— Il n'a eu que le temps de crier : « Aux armes !... Nous sommes tournés... Jérôme m'envoie... Labarbe est mort... Les Allemands ont passé au Blutfeld. »

— C'était un brave homme ! fit Catherine.

— Oui, c'était un brave homme ! » répondit Frantz la tête inclinée.

Alors tout redevint silencieux, et longtemps, le traîneau s'avança dans la vallée tortueuse. Par instants, il fallait s'arrêter, tant la neige était profonde, trois ou quatre montagnards descendaient alors prendre le cheval par la bride, et l'on continuait.

« C'est égal, reprit Catherine sortant tout à coup de ses rêveries, Hullin aurait bien pu me dire...

— Mais s'il vous avait parlé de ces deux attaques, interrompit le docteur, vous auriez voulu rester.

— Et qui peut m'empêcher de faire ce que je veux ? S'il me plaisait de descendre en ce moment du traîneau, est-ce que je ne serais pas libre ?... J'ai pardonné à Jean-Claude ; je m'en repens !

— Oh ! maman Lefèvre, s'il allait être tué pendant que vous dites cela ! murmura Louise.

— Elle a raison, cette enfant, » pensa Catherine.

Et bien vite elle ajouta :

« Je dis que je m'en repens, mais c'est un si brave homme, qu'on ne peut pas lui en vouloir. Je lui pardonne de tout mon cœur ; à sa place, j'aurais fait comme lui. »

À deux ou trois cents pas plus loin, ils entrèrent dans le défilé des Roches. La neige avait cessé de tomber, la lune brillait entre deux grands nuages blancs et noirs. La gorge étroite, bordée de rochers à pic, se déroulait au loin, et sur les côtés les hautes sapinières s'élevaient à perte de vue. Là, rien ne troublait le calme des grands bois ; on se serait cru bien loin de toute agitation humaine. Le silence était si profond, qu'on entendait chaque pas du cheval dans la neige, et, de temps en temps, sa respiration brusque. Frantz Materne s'arrêtait parfois, promenant un coup d'œil sur les côtes sombres, puis allongeant le pas pour rattrapper les autres.

Et les vallées succédaient aux vallées; le traîneau montait, descendait, tournait à droite, puis à gauche, et les partisans, la baïonnette bleuâtre au bout du fusil, suivaient sans relâche.

Ils venaient d'atteindre ainsi, vers trois heures du matin, la prairie des Brimbelles, où l'on voit encore de nos jours un grand chêne qui s'avance au tournant de la vallée. De l'autre côté, sur la gauche, au milieu des bruyères toutes blanches de neige, derrière son petit mur de pierres sèches et les palissades de son petit jardin, commençait à poindre la vieille maison forestière du garde Cuny, avec ses trois ruches posées sur une planche, son vieux cep de vigne noueux, grimpant jusque sous le toit en auvent, et sa petite cime de sapin suspendue à la gouttière en guise d'enseigne, car Cuny faisait aussi le métier de cabaretier dans cette solitude.

En cet endroit, comme le chemin longe le haut du mur de la prairie, qui se trouve à quatre ou cinq pieds en contre-bas, et qu'un gros nuage voilait la lune, le docteur, craignant de verser, s'arrêta sous le chêne.

« Nous n'avons plus qu'une heure de chemin, mère Lefèvre, cria-t-il, ainsi bon courage, rien ne nous presse.

—Oui, dit Frantz, le plus gros est fait, et nous pouvons laisser souffler le cheval. »

Toute la troupe se réunit autour du traîneau; le docteur mit pied à terre. Quelques-uns battirent le briquet pour allumer leur pipe; mais on ne disait rien, chacun songeait au Donon. Que se passait-il là-bas? Jean-Claude parviendrait-il à se maintenir sur le plateau jusqu'à l'arrivée de Piorette? Tant de choses pénibles, tant de réflexions désolantes se pressaient dans l'âme de ces braves gens, que pas un n'avait envie de parler.

Comme ils étaient là depuis cinq minutes sous le vieux chêne, au moment où le nuage se retirait lentement, et que la pâle lumière s'avançait du fond de la gorge, tout à coup, à deux cents pas en face d'eux, une figure noire à cheval parut dans le sentier entre les sapins. Cette figure, haute, sombre, ne tarda point à recevoir un rayon de la lune; alors on vit distinctement un Cosaque avec son bonnet de peau d'agneau, et sa grande lance suspendue sous le bras, la pointe en arrière. Il s'avançait au petit pas; déjà Frantz l'ajustait, quand, derrière lui, on vit apparaître une autre lance, puis un autre Cosaque, puis un autre... Et, dans toute la profondeur de la futaie, sur le fond pâle du ciel, on ne vit plus alors que s'a-

giter des banderoles en queue d'hirondelle, scintiller des lances et s'avancer des Cosaques à la file, directement vers le traîneau, mais sans se presser, comme des gens qui cherchent, les uns le nez en l'air, les autres penchés sur la selle, pour voir sous les broussailles : il y en avait plus de trente.

Qu'on juge de l'émotion de Louise et de Catherine, assises au milieu du chemin. Elles regardaient toutes deux la bouche béante. Encore une minute, elles allaient être au milieu de ces bandits. Les montagnards semblaient stupéfaits; impossible de retourner : d'un côté le mur de la prairie à descendre, de l'autre la montagne à gravir. La vieille fermière, dans son trouble, prit Louise par le bras en criant d'une voix étouffée :

« Sauvons-nous dans le bois ! »

Elle voulut enjamber le traîneau, mais son soulier resta dans la paille.

Tout à coup, un des Cosaques fit entendre une exclamation gutturale qui parcourut toute la ligne.

« Nous sommes découverts ! » cria le docteur Lorquin en tirant son sabre.

A peine avait-il jeté ce cri, que douze coups de fusil éclairaient le sentier d'un bout à l'autre, et qu'un véritable hurlement de sauvages répondait à la détonation : les Cosaques débouchaient du sentier dans la prairie en face, les reins affaissés, les jambes pliées en équerre, lançant leurs chevaux à toute bride, et filant vers la maison forestière comme des cerfs.

« Hé ! les voilà qui se sauvent au diable ! » cria le docteur.

Mais le brave homme s'était trop hâté de parler : à deux ou trois cents pas dans la vallée, tout à coup, les Cosaques se massèrent comme une bande d'étourneaux en décrivant un cercle; puis, la lance en arrêt, le nez entre les oreilles de leurs chevaux, ils arrivèrent ventre à terre droit sur les partisans, en criant d'une voix rauque : « Hourra! hourra! »

Ce fut un moment terrible.

Frantz et les autres se jetèrent sur le mur, pour couvrir le traîneau.

Deux secondes après, on ne s'entendait plus; les lances froissaient les baïonnettes, les cris de rage répondaient aux imprécations, on ne voyait plus sous l'ombre du grand chêne, où filtraient quelques rayons de lumière blafarde, que des chevaux debout, la crinière hérissée, cherchant à franchir le mur de la prairie, et, au-dessous, de véritables figures barbares, les yeux luisants, le bras levé, lançant leurs coups avec fureur, avançant, reculant, et poussant des cris à vous faire dresser les cheveux sur la tête.

Louise, toute pâle, et la vieille fermière, ses grands cheveux gris épars, se tenaient debout dans la paille.

Le docteur Lorquin, devant elles, parait les coups avec son sabre, et, tout en ferraillant, leur criait :

« Couchez-vous, morbleu!... couchez-vous donc!... »

Mais elles ne l'entendaient pas.

Louise, au milieu de ce tumulte, de ces hurlements féroces, ne songeait qu'à couvrir Catherine, et la vieille fermière, — qu'on juge de sa terreur, — venait de reconnaître Yégof sur un grand cheval maigre, Yégof, la couronne de fer-blanc en tête, la barbe hérissée, la lance au poing, et sa longue peau de chien flottant sur les épaules. Elle le voyait là comme en plein jour : c'était lui, dont le sombre profil s'élevait à dix pas, les yeux étincelants, dardant sa longue flèche bleue dans les ténèbres, et cherchant à l'atteindre. Que faire?... se soumettre, subir son sort!... Ainsi les plus fermes caractères se sentent brisés par un destin inflexible : la vieille se croyait marquée d'avance; elle regardait tous ces gens bondir comme des loups, se porter des coups, les parer au clair de lune. Elle en voyait quelques-uns s'affaisser; des chevaux, la bride sur le cou, s'échapper dans la prairie... Elle voyait la plus haute lucarne de la maison forestière s'ouvrir à gauche, et le vieux Cuny, en manches de chemise, mettre son fusil en joue, sans oser tirer dans la bagarre... Elle voyait toutes ces choses avec une lucidité singulière et se disait : « Le fou est revenu... Quoi qu'on fasse, il perdra ma tête à sa selle. Il faut que ça finisse comme dans mon rêve! »

Et tout en effet semblait justifier ses craintes : les montagnards, trop inférieurs en nombre, reculaient. Bientôt il y eut un tourbillon; les cosaques, franchissant le mur, arrivaient sur le sentier; un coup de lance, mieux dirigé, fila jusque dans le chignon de la vieille, qui sentit ce fer froid glisser sur sa nuque :

« Oh! les misérables! » cria-t-elle en tombant et se retenant des deux mains aux rênes.

Le docteur Lorquin lui-même venait d'être renversé contre le traineau. Frantz et les autres, cernés par vingt cosaques, ne pouvaient accourir. Louise sentit une main se poser sur son épaule : la main du fou, du haut de son grand cheval.

À cet instant suprême, la pauvre enfant, folle d'épouvante, fit entendre un cri de détresse; puis elle vit quelque chose reluire dans les ténèbres, les pistolets de Lorquin, et, rapide comme l'éclair, les arrachant de la ceinture du docteur, elle fit feu des deux coups à la fois,

brûlant la barbe de Yégof, dont la face rouge fut illuminée, et brisant la tête d'un cosaque qui se penchait vers elle, les yeux blancs écarquillés de convoitise. Ensuite, elle saisit le fouet de Catherine, et debout, pâle comme une morte, elle cingla les flancs du cheval, qui partit en bondissant. Le traîneau volait dans les broussailles; il se penchait à droite, à gauche. Tout à coup il y eut un choc : Catherine, Louise, la paille, tout roula dans la neige sur la pente du ravin. Le cheval s'arrêta tout court, renversé sur les jarrets, la bouche pleine d'écume sanglante : il venait de heurter un chêne.

Si rapide qu'eût été cette chute, Louise avait vu quelques ombres passer comme le vent derrière le taillis. Elle avait entendu une voix terrible, celle de Divès, crier : « En avant. pointez! »

Ce n'était qu'une vision, une de ces apparitions confuses, telles qu'il nous en passe devant les yeux à la dernière heure; mais, en se relevant, la pauvre jeune fille ne conserva plus aucun doute : on ferraillait à vingt pas de là, derrière un rideau d'arbres, et Marc criait : « Hardi, mes vieux!... pas de quartier! »

Puis elle vit une douzaine de cosaques grimper la côte en face, au milieu des bruyères, comme des lièvres, et au-dessous, par une éclaircie, Yégof traversant la vallée au clair de lune, comme un oiseau effaré. Plusieurs coups de fusil partirent; mais le fou ne fut pas atteint, et, se dressant de plein vol sur ses étriers, il se retourna, agitant sa lance d'un air de bravade, et poussant un « hourra! » de cette voix perçante du héron qui vient d'échapper à la serre de l'aigle, et gagne le vent à tire-d'aile. Deux coups de fusil partirent encore de la maison forestière; quelque chose, un lambeau de guenille, se détacha des reins du fou, qui poursuivit sa course, répétant ses « hourra! » d'un accent rauque, en gravissant le sentier qu'avaient suivi ses camarades.

Et toute cette vision disparut comme un rêve.

Alors Louise se retourna; Catherine était debout à côté d'elle, non moins stupéfaite, non moins attentive. Elles se regardèrent un instant, puis elles s'embrassèrent avec un sentiment de bonheur inexprimable.

« Nous sommes sauvées! » murmura Catherine.

Et toutes deux se mirent à pleurer.

« Tu t'es bravement comportée, disait la fermière; c'est beau, c'est bien. Jean-Claude, Gaspard et moi, nous pouvons être fiers de toi! »

Louise était agitée d'une émotion si profonde, qu'elle en tremblait des pieds à la tête. Le danger passé, sa douce nature reprenait le dessus;

elle ne pouvait comprendre son courage de tout à l'heure.

Au bout d'un instant, se trouvant un peu remises, elles s'apprêtaient à remonter dans le chemin, lorsqu'elles virent cinq ou six partisans et le docteur qui venaient à leur rencontre.

« Ah! vous avez beau pleurer, Louise, dit Lorquin, vous êtes un dragon, un vrai diable. Maintenant vous faites la bouche en cœur; mais nous vous avons tous vue à l'ouvrage. Et, à propos, mes pistolets, où sont-ils? »

En ce moment, les broussailles s'écartèrent, et le grand Marc Divès, sa latte pendue au poing, apparut en criant :

« Hé! mère Catherine, en voilà des secousses. Mille tonnerres! quelle chance que je me sois trouvé là. Ces gueux vous dévalisaient de fond en comble! »

—Oui, dit la vieille fermière en fourrant ses cheveux gris sous son bonnet, c'est un grand bonheur.

—Si c'est un bonheur! Je le crois bien : il n'y a pas plus de dix minutes, j'arrive avec mon fourgon chez le père Cuny. « N'allez pas au Donon qu'il me dit, depuis une heure, le ciel est tout rouge de ce côté... on se bat pour sûr là-haut. — Vous croyez? — Ma foi oui. — Alors Joson va partir en éclaireur, et voir un peu, et nous autres nous viderons un verre en attendant. » Bon! à peine Joson sorti, j'entends des cris du cinq cents diables : « Qu'est-ce que c'est, Cuny? — Je n'en sais rien. » Nous poussons la porte et nous voyons la bagarre. « Hé! s'écria le grand contrebandier, c'est nous qui ne faisons pas long feu. » Je saute sur mon Fox, et en avant. Quelle chance! »

—Ah! dit Catherine, si nous étions sûrs que nos affaires vont aussi bien sur le Donon, nous pourrions nous réjouir.

—Oui, c'est, Frantz m'a raconté cela, c'est le diable, il faut toujours que quelque chose cloche, répondit Marc. Enfin... enfin... nous restons là, les pieds dans la neige. Espérons que Piorette ne laissera pas écraser ses camarades, et allons vider nos verres, encore à moitié pleins. »

Quatre autres contrebandiers venaient d'arriver, disant que ce gueux de Yégof pourrait bien revenir avec un tas de brigands de son espèce.

« C'est juste, répondit Divès. Nous allons retourner au Falkenstein, puisque c'est l'ordre de Jean-Claude; mais nous ne pouvons pas emmener notre fourgon, il nous empêcherait de prendre la traverse, et, dans une heure, tous ces bandits nous tomberaient sur le casaquin. Montons toujours chez Cuny; Catherine et Louise ne seront pas fâchées de boire un coup,

ni les autres non plus; ça leur remettra le cœur à la bonne place. Hue, Bruno! »

Il prit le cheval par la bride. On venait de charger deux hommes blessés sur le traîneau. Deux autres ayant été tués, avec sept ou huit cosaques étendus sur la neige, leurs grandes bottes écartées, tout cela fut abandonné, et l'on se dirigea vers la maison du vieux forestier. Frantz se consolait de n'être pas au Donon. Il avait éventré deux cosaques, et la vue de l'auberge le mit d'assez bonne humeur. Devant la porte stationnait le fourgon de cartouches. Cuny sortit en criant :

« Soyez les bienvenus, mère Lefèvre, quelle nuit pour des femmes! Asseyez-vous. Que se passe-t-il là-haut? »

Tandis qu'on vidait bouteille à la hâte, il fallut encore une fois tout expliquer. Le bon vieux, vêtu d'une simple casaque et d'une culotte verte, la face ridée, la tête chauve, écoutait, les yeux arrondis, joignant les mains et criant :

« Bon Dieu! bon Dieu! dans quel temps vivons-nous! On ne peut plus suivre les grands chemins sans risquer d'être attaqué. C'est pire que les vieilles histoires des Suédois. »

Et il hochait la tête.

« Allons, s'écria Divès, le temps presse, en route, en route! »

Tout le monde étant sorti, les contrebandiers conduisirent le fourgon, qui renfermait quelques milliers de cartouches et deux petites tonnes d'eau-de-vie, à trois cents pas de là, au milieu de la vallée, puis ils dételèrent les chevaux.

« Allez toujours en avant! cria Marc; dans quelques minutes nous vous rejoindrons.

—Mais que veux-tu faire de cette voiture-là? disait Frantz. Puisque nous n'avons pas le temps de l'emmener au Falkenstein, mieux vaudrait la laisser sous le hangar de Cuny, que de l'abandonner au milieu du chemin.

—Oui, pour faire pendre le pauvre vieux, lorsque les cosaques arriveront, car ils seront ici avant une heure. Ne t'inquiète de rien, j'ai mon idée. »

Frantz rejoignit le traîneau, qui s'éloignait. Bientôt on dépassa la scierie du Marquis, et l'on coupa directement à droite, pour gagner la ferme du Bois-de-Chênes, dont la haute cheminée se découvrait sur le plateau, à trois quarts de lieue. Comme on était à mi-côte, Marc Divès et ses hommes arrivèrent, criant :

« Halte! arrêtez un peu. Regardez là-bas. »

Et tous, ayant tourné les yeux vers le fond de la gorge, virent les cosaques caracoler autour de la charrette, au nombre de deux ou trois cents.

« Ils arrivent, sauvons-nous! » cria Louise.

Frantz l'ajustait déjà quand, derrière lui, on vit apparaître une autre lance... (Page 77.)

—Attendez un peu, dit le contrebandier, nous n'avons rien à craindre. »

Il parlait encore, qu'une nappe de flamme immense étendait ses deux ailes pourpres d'une montagne à l'autre, éclairant les bois jusqu'au faîte, les rochers, la petite maison forestière, à quinze cents mètres au-dessous ; puis il y eut une détonation telle que la terre en trembla.

Et, comme tous les assistants éblouis se regardaient les uns les autres, muets d'épouvante, les éclats de rire de Marc se mêlèrent aux bourdonnements de leurs oreilles.

« Ha ! ha ! ha ! s'écriait-il, j'étais sûr que les gueux s'arrêteraient autour du fourgon, pour boire mon eau-de-vie, et que la mèche aurait le temps de gagner les poudres !... Croyez-vous qu'ils vont nous suivre ? Leurs bras et leurs jambes pendent maintenant aux branches des sapins !... Allons, hue !... Et fasse le ciel qu'il en arrive autant à tous ceux qui viennent de passer le Rhin !... »

Toute l'escorte, les partisans, le docteur, tout le monde, était devenu silencieux. Tant d'émotions terribles inspiraient à chacun des pensées sans fin, telles que la vie ordinaire n'en a jamais. Et chacun se disait : « Qu'est-ce que les hommes, pour se détruire ainsi, pour se tourmenter, se déchirer, se ruiner ? Que se sont-ils fait pour se haïr ? Et quel est l'esprit, l'âme féroce qui les excite, si ce n'est le démon lui-même ?

Divès seul et ses gens ne s'émouvaient pas de ces choses, et, tout en galopant, riant, et s'applaudissant :

Il y en a beaucoup qui ne verront plus les leurs. (Page 82.)

« Moi, criait le grand contrebandier, je n'ai jamais vu de farce pareille... Ha! ha! ha! dans mille ans j'en rirais encore. »

Puis il devenait sombre et criait :

« C'est égal, tout cela doit venir de Yégof. Il faudrait être aveugle pour ne pas reconnaître que c'est lui qui a conduit les Allemands au Blutfeld. Je serais fâché qu'il eût été éclaboussé par un morceau de ma charrette ; je lui garde quelque chose de mieux que ça. Tout ce que je désire, c'est qu'il continue à bien se porter, jusqu'à ce que nous nous rencontrions quelque part, au coin d'un bois. Que ce soit dans un an, dix ans, vingt ans, n'importe, pourvu que la chose arrive ! Plus j'aurai attendu, plus j'aurai d'appétit : les bons morceaux se mangent froids, comme la hure de sanglier au vin blanc. »

Il disait cela d'un air bonhomme, mais ceux qui le connaissaient devinaient là-dessous quelque chose de très-dangereux pour Yégof.

Une demi-heure après, tout le monde arrivait sur le plateau de la ferme du Bois-de-Chênes.

XXI

Jérôme de Saint-Quirin avait opéré sa retraite sur la ferme. Depuis minuit, il en occupait le plateau.

« Qui vive! crièrent ses sentinelles à l'approche de l'escorte

—C'est nous, ceux du village des Charmes, répondit Marc Divès de sa voix tonnante.

On vint les reconnaître, puis ils passèrent.

La ferme était silencieuse; une sentinelle, l'arme au bras, se promenait devant la grange, où dormaient sur la paille une trentaine de partisans. Catherine, à la vue de ces grands toits sombres, de ces vieux hangars, de ces étables, de toute cette antique demeure où s'était passée sa jeunesse, où son père, son grand-père avaient écoulé tranquillement leur paisible et laborieuse existence, et qu'elle allait abandonner peut-être pour toujours, Catherine éprouva un serrement de cœur terrible; mais elle n'en dit rien, et, sautant du traîneau, comme autrefois au retour du marché:

• Allons, Louise, dit-elle, nous voilà chez nous, grâce à Dieu. •

Le vieux Duchêne avait poussé la porte en criant:

• C'est vous, madame Lefèvre?

—Oui, c'est nous!... Pas de nouvelles de Jean-Claude?

—Non, madame. •

Alors tout le monde entra dans la grande cuisine.

Quelques charbons brillaient encore sur l'âtre, et sous l'immense manteau de la cheminée était assis dans l'ombre Jérôme de Saint-Quirin, avec sa grande capote de bure, sa longue barbe fauve en pointe, le gros bâton de cormier entre les genoux et la carabine appuyée au mur.

• Hé, bonjour, Jérôme! lui cria la vieille fermière.

—Bonjour, Catherine, répondit le chef grave et solennel du Grosmann. Vous arrivez du Donon?

—Oui... Ça va mal, mon pauvre Jérôme! Les *kaiserlicks* attaquaient la ferme quand nous avons quitté le plateau. On ne voyait que des habits blancs de tous les côtés. Ils commençaient à franchir les abatis...

—Alors vous croyez que Hullin sera forcé d'abandonner la route?

—Si Piorette ne vient pas à son secours, c'est possible! •

Les partisans s'étaient rapprochés du feu. Marc Divès se penchait sur la braise pour allumer sa pipe; en se relevant, il s'écria:

• Moi, Jérôme, je ne te demande qu'une chose; je sais d'avance qu'on s'est bien battu où tu commandais...

—On a fait son devoir, répondit le cordonnier; il y a soixante hommes étendus sur la pente du Grosmann, qui pourront le dire au dernier jugement.

—Oui; mais qui donc a conduit les Alle-

lemands? ils n'ont pu trouver d'eux-mêmes le passage du Blutfeld.

—C'est Yégof, le fou Yégof, dit Jérôme, dont les yeux gris, entourés de grosses rides et couverts d'épais sourcils blancs parurent s'illuminer dans les ténèbres.

—Ah!... tu en es bien sûr?

—Les hommes de Labarbe l'ont vu monter, il conduisait les autres. •

Les partisans se regardèrent avec indignation.

En ce moment, le docteur Lorquin, resté dehors pour dételer le cheval, ouvrit la porte en criant:

• La bataille est perdue! Voici nos hommes du Donon; je viens d'entendre la corne de Lagarmitte. •

Il est facile de s'imaginer l'émotion des assistants à cette nouvelle. Chacun se prit à songer aux parents, aux amis, qu'on ne reverrait peut-être jamais, et tous, ceux de la cuisine et de la grange, se précipitèrent à la fois sur le plateau. Dans le même instant, Robin et Dubourg, placés en sentinelle au haut du Bois-de-Chênes, crièrent:

• Qui vive?

—France! • répondit une voix.

Et, malgré la distance, Louise, croyant reconnaître la voix de son père, fut saisie d'une émotion telle, que Catherine dut la soutenir.

Presque aussitôt un grand nombre de pas retentirent sur la neige durcie, et Louise, n'y pouvant tenir, cria d'une voix frémissante:

• Papa Jean-Claude!...

—J'arrive, répondit Hullin, j'arrive!

—Mon père? s'écria Frantz Materne en courant au-devant de Jean-Claude.

—Il est avec nous, Frantz.

—Et Kasper?

—Il a reçu un petit atout, mais ce n'est rien; tu vas les voir tous les deux. •

Catherine se jetait au même instant dans les bras de Hullin.

• Oh! Jean-Claude, quel bonheur de vous revoir!

—Oui, fit le brave homme d'une voix sourde, il y en a beaucoup qui ne verront plus les leurs!

—Frantz, criait alors le vieux Materne, hé! par ici! •

Et, de tous côtés, dans l'ombre, on ne voyait que des gens se chercher, se serrer la main et s'embrasser. D'autres appelaient: • Niclau! Saphéri! • mais plus d'un ne répondit pas. Alors les voix devenaient rauques, comme étranglées, et finissaient par se taire. La joie des uns et la consternation des autres donnaient une sorte d'épouvante. Louise était dans les bras de Hullin, et pleurait à chaudes larmes.

« Ah! Jean-Claude, disait la mère Lefèvre, vous en apprendrez sur cette enfant-là. Maintenant je ne vous dirai rien, mais nous avons été attaqués...

—Oui... nous causerons de cela plus tard.... le temps presse, dit Hullin; la route du Donon est perdue, les Cosaques peuvent être ici au petit jour, et nous avons encore bien des choses à faire. »

Il tourna le coin et entra dans la ferme; tout le monde le suivit; Duchêne venait de jeter un fagot sur le feu. Toutes ces figures noires de poudre, encore animées par le combat, les habits déchirés de coups de baïonnette, quelques-unes sanglantes, s'avançant des ténèbres en pleine lumière, offraient un spectacle étrange. Kasper, le front bandé de son mouchoir, avait reçu un coup de sabre; sa baïonnette, ses buffleteries et ses hautes guêtres de toile bleue étaient tachées de sang. Le vieux Materne, lui, grâce à sa présence d'esprit imperturbable, revenait sain et sauf de la bagarre. Les débris des deux troupes de Jérôme et de Hullin se trouvaient ainsi réunis. C'étaient les mêmes physionomies sauvages, animées de la même énergie et du même esprit de vengeance; seulement les derniers, harassés de fatigue, s'asseyaient à droite, à gauche, sur les fagots, sur la pierre de l'évier, sur la dalle basse de l'âtre, la tête entre les mains, les coudes aux genoux. Les autres regardaient en tous sens, et, ne pouvant se convaincre de la disparition de Hans, de Joson, de Daniel, échangeaient des questions que suivaient de longs silences. Les deux fils de Materne se tenaient par le bras, comme s'ils avaient eu peur de se perdre, et leur père, derrière eux, appuyé contre le mur, le coude sur sa carabine, les regardait d'un œil satisfait. « Ils sont là, je les vois, semblait-il se dire; ce sont de fameux gaillards! Ils ont sauvé leur peau tous les deux! » Et le brave homme toussait dans sa main. Quelqu'un venait-il lui parler de Pierre, de Jacques, de Nicolas, de son fils ou de son frère, il répondait au hasard: « Oui, oui, il y en a beaucoup là-bas, sur le dos... Que voulez-vous? c'est la guerre... Votre Nicolas a fait son devoir... il faut se consoler. » En attendant il pensait: « Les miens sont hors de la nasse, voilà le principal! »

Catherine dressait la table avec Louise. Bientôt Duchêne, remontant de la cave une tonne de vin sur l'épaule, la déposa sur le buffet; il en fit sauter la bonde, et chaque partisan vint présenter son verre, son pot ou sa cruche, à la gerbe pourpre qui miroitait aux reflets du foyer.

« Mangez et buvez! leur criait la vieille fermière; tout n'est pas fini, vous aurez encore besoin de forces. Hé! Frantz, décroche-moi donc ces jambons! Voici le pain, les couteaux. Asseyez-vous, mes enfants. »

Frantz, avec sa baïonnette, embrochait les jambons dans la cheminée.

On avançait les bancs, on s'asseyait, et, malgré le chagrin, on mangeait de ce vigoureux appétit que ni les douleurs présentes, ni les préoccupations de l'avenir ne peuvent faire oublier aux montagnards. Tout cela n'empêchait pas une tristesse poignante de serrer la gorge de ces braves gens, et tantôt l'un, tantôt l'autre, s'arrêtant tout à coup, laissait tomber sa fourchette et s'en allait de table disant: «J'en ai assez! »

Pendant que les partisans réparaient ainsi leurs forces, les chefs s'étaient réunis dans la salle voisine, pour prendre les dernières résolutions de la défense. Ils étaient assis autour de la table, éclairée par une lampe de fer-blanc, le docteur Lorquin, son grand chien *Pluton* le nez en l'air près de lui, Jérôme dans l'angle d'une fenêtre à droite, Hullin à gauche, tout pâle. Marc Divès, le coude sur la table, la joue dans la main, tournait ses larges épaules à la porte; il ne montrait que son profil brun et l'un des coins de sa longue moustache. Materne seul restait debout, selon son habitude, contre le mur, derrière la chaise de Lorquin, la carabine au pied. Dans la cuisine bourdonnait le tumulte.

Lorsque Catherine, mandée par Jean-Claude, entra, elle entendit une sorte de gémissement qui la fit tressaillir; c'était Hullin qui parlait.

« Tous ces braves enfants, tous ces pères de famille qui tombaient les uns après les autres, criait-il d'une voix déchirante, croyez-vous que cela ne me prenait pas au cœur? Croyez-vous que je n'aurais pas mieux aimé mille fois être massacré moi-même? Ah! dans cette nuit, vous ne savez pas ce que j'ai souffert! Perdre la vie, ce n'est rien; mais porter seul une responsabilité pareille!... »

Il se tut; le frémissement de ses lèvres, une larme qui coulait lentement sur sa joue, son attitude, tout montrait les scrupules de l'honnête homme, en face d'une de ces situations où la conscience elle-même hésite et cherche de nouveaux appuis. Catherine alla tout doucement s'asseoir dans le grand fauteuil à gauche. Au bout de quelques secondes, Hullin ajouta d'un ton plus calme:

« Entre onze heures et minuit, Zimmer arrive en criant: « Nous sommes tournés! Les Allemands descendent du Grosmann; Labarbe est écrasé; Jérôme ne peut plus tenir! Et puis il ne dit plus rien. Que faire?... Est-ce que je pouvais battre en retraite? est-ce que je pouvais abandonner une position qui nous avait coûté tant de sang, la route du Donon, le chemin de Paris? Si je l'avais fait, est-ce que je n'aurais pas été un misérable? Mais je n'avais que trois cents hommes contre quatre mille à Grandfontaine, et je ne sais combien qui descendaient de la montagne! Eh bien! coûte que coûte, je me décide à tenir; c'était notre devoir. Je me dis: « La vie n'est rien sans l'honneur!... nous mourrons tous; mais on ne dira pas que nous avons livré le chemin de la France. Non, non, on ne le dira pas! »

En ce moment, la voix de Hullin reprit son timbre frémissant; ses yeux se gonflèrent de larmes, et il ajouta:

« Nous avons tenu; mes braves enfants ont tenu jusqu'à deux heures. Je les voyais tomber. Ils tombaient en criant: « Vive la France!!! » Dès le commencement de l'action, j'avais fait prévenir Piorette. Il arriva au pas de course, avec une cinquantaine d'hommes solides. Il était déjà trop tard! L'ennemi nous débordait à droite et à gauche; il tenait les trois quarts du plateau, et nous avait refoulés dans les sapinières du côté de Blanru; son feu plongeait sur nous. Tout ce que je pus faire, ce fut de réunir mes blessés, ceux qui se traînaient encore, et de les mettre sous l'escorte de Piorette; une centaine de mes hommes se joignirent à lui. Moi, je n'en gardai que cinquante pour aller occuper le Falkenstein. Nous avons passé sur le ventre des Allemands qui voulaient nous couper la retraite. Heureusement, la nuit était noire; sans cela, pas un seul d'entre nous n'aurait réchappé. Voilà donc où nous en sommes; tout est perdu! Le Falkenstein seul nous reste, et nous sommes réduits à trois cents hommes. Maintenant il s'agit de savoir si nous voulons aller jusqu'au bout. Moi, je vous l'ai dit, je souffre de porter seul une responsabilité si grande. Tant qu'il a été question de défendre la route du Donon, il ne pouvait y avoir aucun doute: chacun se doit à la patrie; mais cette route est perdue; il nous faudrait dix mille hommes pour la reprendre, et, dans ce moment, l'ennemi entre en Lorraine... Voyons, que faut-il faire? »

—Il faut aller jusqu'au bout, dit Jérôme.

—Oui, oui! crièrent les autres.

—Est-ce votre avis, Catherine?

—Certainement! » s'écria la vieille fermière, dont les traits exprimaient une ténacité inflexible.

Alors Hullin, d'un ton plus ferme, exposa son plan:

« Le Falkenstein est notre point de retraite.

C'est notre arsenal, c'est là que nous avons nos munitions; l'ennemi le sait, il va tenter un coup de main de ce côté. Il faut que nous tous, ici présents, nous y allions pour le défendre; il faut que tout le pays nous voie, qu'on se dise: « Catherine Lefèvre, Jérôme, Materne et ses garçons, Hullin, le docteur Lorquin sont là. Ils ne veulent pas déposer les armes! » Cette idée ranimera le courage de tous les gens de cœur. En outre, Piorette tiendra dans les bois; sa troupe se grossira de jour en jour. Le pays va se couvrir de Cosaques, de pillards de toute espèce; lorsque l'armée ennemie sera entrée en Lorraine, je ferai un signe à Piorette; il se jetera entre le Donon et la route, et tous les traînards éparpillés dans la montagne seront pris comme dans un épervier. Nous pourrons aussi profiter des chances favorables, pour enlever les convois des Allemands, inquiéter leurs réserves, et, si le bonheur veut, comme il faut l'espérer, que tous ces *kaiserlicks* soient battus en Lorraine par notre armée, alors nous leur couperons la retraite. »

Tout le monde se leva, et Hullin, entrant dans la cuisine, fit aux montagnards cette simple allocution:

« Mes amis, nous venons de décider que l'on pousserait la résistance jusqu'au bout. Cependant chacun est libre de faire ce qu'il voudra, de déposer les armes, de retourner à son village; mais que ceux qui veulent se venger se réunissent à nous! ils partageront notre dernier morceau de pain et notre dernière cartouche. »

Le vieux flotteur Colon se leva et dit:

« Hullin, nous sommes tous avec toi; nous avons commencé à nous battre tous ensemble nous finirons tous ensemble.

—Oui, oui! s'écrièrent les autres.

—Vous êtes tous décidés? Eh bien! écoutez-moi. Le frère de Jérôme va prendre le commandement.

—Mon frère est mort, interrompit Jérôme il est resté sur la côte du Grosmann. »

Il y eut un instant de silence; puis, d'une voix forte, Hullin poursuivit:

« Colon, tu vas prendre le commandement de tous ceux qui restent, à l'exception des hommes qui formaient l'escorte de Catherine Lefèvre, et que je retiens avec moi. Tu iras rejoindre Piorette dans la vallée du Blanru, en passant par les *Deux-Rivières*.

—Et les munitions? s'écria Marc Divès.

—J'ai ramené mon fourgon, dit Jérôme; Colon pourra s'en servir.

—Qu'on attelle aussi le traîneau, s'écria Catherine; les Cosaques arrivent, ils pilleront tout. Il ne faut pas que nos gens partent les mains vides; qu'ils emmènent les bœufs, les vaches et les chèvres; qu'ils emportent tout : c'est autant de gagné sur l'ennemi. »

Cinq minutes après, la ferme était au pillage; on chargeait le traîneau de jambons, de viandes fumées, de pain; on faisait sortir le bétail des écuries, on attelait les chevaux à la grande voiture, et bientôt le convoi se mit en marche, Robin en tête, soufflant dans sa grande trompe d'écorce, et les partisans derrière poussant aux roues. Lorsqu'il eut disparu dans le bois, et que le silence succéda subitement à tout ce bruit, Catherine, en se retournant, vit Hullin derrière elle, pâle comme un mort.

« Eh bien, Catherine, lui dit-il, tout est fini!... Nous allons monter là-haut! »

Frantz, Kasper et ceux de l'escorte, Marc Divès, Materne, tous l'arme au pied dans la cuisine, attendaient.

« Duchêne, dit la brave femme, descendez au village; il ne faut pas que l'ennemi vous maltraite à cause de moi. »

Le vieux serviteur, secouant alors sa tête blanche, les yeux pleins de larmes, répondit :

« Autant que je meure ici, madame Lefèvre. Voilà bientôt cinquante ans que je suis arrivé à la ferme... Ne me forcez pas de m'en aller : ce serait ma mort.

—Comme vous voudrez, mon pauvre Duchêne, répondit Catherine attendrie; voici les clefs de la maison. »

Et le pauvre vieux alla s'asseoir au fond de l'âtre, sur un escabeau, les yeux fixes, la bouche entr'ouverte, comme perdu dans une immense et douloureuse rêverie.

On se mit en route pour le Falkenstein. Marc Divès, à cheval, sa grande latte pendue au poing, formait l'arrière-garde. Frantz et Hullin, à gauche, observaient le plateau; Kasper et Jérôme, à droite, la vallée; Materne et les hommes de l'escorte entouraient les femmes. Chose bizarre! devant les chaumières du village des Charmes, sur le seuil des maisonnettes, aux lucarnes, aux fenêtres, apparaissaient des figures jeunes et vieilles, regardant d'un œil curieux cette fuite de la mère Lefèvre, et les mauvaises langues ne l'épargnaient pas : « Ah! les voilà dénichés! criait-on; mêlez-vous donc de ce qui ne vous regarde pas! »

D'autres faisaient la réflexion, tout haut, que Catherine avait été riche assez longtemps, et que c'était à chacun son tour de traîner la semelle. Quant aux travaux, à la sagesse, à la bonté de cœur, à toutes les vertus de la vieille fermière, au patriotisme de Jean-Claude, au courage de Jérôme et des trois Materne, au désintéressement du docteur Lorquin, au dévouement de Marc Divès, personne n'en disait rien : — ils étaient vaincus!

XXII

Au fond de la vallée des Bouleaux, à deux portées de fusil du village des Charmes, sur la gauche, la petite troupe se mit à gravir lentement le sentier du vieux *burg*. Hullin, se rappelant qu'il avait suivi le même chemin, lorsqu'il était allé acheter de la poudre à Marc Divès, ne put se défendre d'une tristesse profonde. Alors, malgré son voyage à Phalsbourg, malgré le spectacle des blessés de Hanau et de Leipzig, malgré le récit du vieux sergent, il ne désespérait de rien; il conservait toute son énergie, et ne doutait pas du succès de la défense. Maintenant tout était perdu : l'ennemi descendait en Lorraine, les montagnards fuyaient. Marc Divès côtoyait le mur dans la neige; son grand cheval, accoutumé sans doute à ce voyage, hennissait, levant la tête et l'abaissant sous le poitrail par brusques saccades. Le contrebandier se retournait de temps en temps, pour jeter un coup d'œil sur le plateau du Bois-de-Chênes en face. Tout à coup il s'écria :

« Hé! voici les Cosaques qui se montrent! »

A cette exclamation toute la troupe fit halte pour regarder. On était déjà bien haut sur la montagne au-dessus du village et même de la ferme du Bois-de-Chênes. Le jour gris de l'hiver dispersait les vapeurs matinales, et, dans les replis de la côte, on découvrait la silhouette de plusieurs Cosaques, le nez en l'air, le pistolet levé, s'approchant au petit pas de la vieille métairie. Ils étaient espacés en tirailleurs, et semblaient craindre une surprise. Quelques instants après, on en vit poindre d'autres, remontant la vallée des Houx, puis d'autres encore, et tous, dans la même attitude, debout sur leurs étriers pour voir de loin, comme des gens qui vont à la découverte. Les premiers, ayant dépassé la ferme et n'observant rien de menaçant, agitèrent leurs lances et firent demitour. Tous les autres accoururent alors ventre à terre, comme les corbeaux qui suivent à tire-d'aile celui d'entre eux qui s'élève, supposant qu'il vient d'apercevoir une proie. En quelques secondes, la ferme fut entourée, la porte ouverte. Deux minutes plus tard, les vitres volaient en éclats; les meubles, les paillasses, le linge, tombaient par les fenêtres de tous les côtés à la fois. Catherine, son nez crochu recourbé sur la lèvre, regardait tout ce ravage d'un air calme. Longtemps elle ne dit rien

mais, voyant tout à coup Yégof, qu'elle n'avait
pas aperçu jusqu'alors, frapper Duchêne du
manche de sa lance et le pousser hors de la
ferme, elle ne put retenir un cri d'indignation :
« Oh! le gueux!... Faut-il être lâche pour
frapper un pauvre vieux qui ne peut se défendre... Ah! brigand, si je te tenais !

—Allons, Catherine, cria Jean-Claude en voilà
bien assez ; à quoi bon se rassasier d'un pareil
spectacle?

—Vous avez raison, dit la vieille fermière.
partons : je serais capable de descendre pour
me venger toute seule. »

Plus on montait, plus l'air devenait vif.
Louise, la fille des *Heimathslôs*, un petit panier
de provisions au bras, grimpait en tête de la
troupe. Le ciel bleuâtre, les plaines d'Alsace et
de Lorraine, et, tout au bout de l'horizon,
celles de la Champagne, toute cette immensité
sans bornes où se perdait le regard, lui donnait
des éblouissements d'enthousiasme. Il lui semblait avoir des ailes et plonger dans l'azur,
comme ces grands oiseaux qui glissent de la
cime des arbres dans les abîmes, en jetant leur
cri d'indépendance. Toutes les misères de ce
bas monde, toutes ses injustices et ses souffrances étaient oubliées. Louise se revoyait
toute petite sur le dos de sa mère, la pauvre
bohème errante, et se disait : « Je n'ai jamais
été plus heureuse, je n'ai jamais eu moins de
soucis, je n'ai jamais tant ri, tant chanté!
Pourtant le pain nous manquait souvent alors.
Ah! les beaux jours! » Et des bribes de vieilles
chansons lui revenaient à l'esprit.

Aux approches du rocher rougeâtre, incrusté
de gros cailloux blancs et noirs, et penché sur
le précipice comme les arceaux d'une immense
cathédrale, Louise et Catherine s'arrêtèrent en
extase. Au-dessus, le ciel leur paraissait encore
plus profond, le sentier creusé en volute dans
le roc plus étroit. Les vallées à perte de vue,
les bois infinis, les étangs lointains de la Lorraine, le ruban bleu du Rhin sur leur droite,
tout ce grand spectacle les émut, et la vieille
fermière dit avec une sorte de recueillement :
« Jean-Claude, celui qui a taillé ce roc dans
le ciel, qui a creusé ces vallées, qui a semé sur
tout cela les forêts, les bruyères et les mousses,
celui-là peut nous rendre la justice que nous
méritons. »

Comme ils regardaient ainsi sur la première
assise du rocher, Marc conduisit son cheval
dans une caverne assez proche, puis il revint,
et, se mettant à grimper devant eux, il leur dit :
« Prenez garde, on peut glisser. »

En même temps il leur montrait à droite le
précipice tout bleu, avec des cimes de sapins
au fond. Tout le monde devint silencieux jus-

qu'à la terrasse, où commençait la voûte. Là,
chacun respira plus librement. On vit, au milieu du passage, les contrebandiers Brenn,
Pfeifer, et Toubac, avec leurs grands manteaux
gris et leurs feutres noirs, assis autour d'un
feu qui s'étendait le long de la roche. Marc
Divès leur dit :

« Nous voilà! Les *kaiserlicks* sont les maîtres... Zimmer a été tué cette nuit... Hexe-
Baizel est-elle là-haut?

—Oui, répondit Brenn, elle fait des cartouches.

—Cela peut encore servir, dit Marc. Ayez
l'œil ouvert, et si quelqu'un monte, tirez
dessus. »

Les Materne s'étaient arrêtés au bord de la
roche, et ces trois grands gaillards roux, le
feutre retroussé, la corne à poudre sur la
hanche, la carabine sur l'épaule, les jambes
sèches, musculeuses, solidement établis à la
pointe du roc, offraient un groupe étrange sur
le fond bleuâtre de l'abîme. Le vieux Materne,
la main étendue, désignait au loin, bien loin,
un point blanc presque imperceptible au milieu
des sapinières, en disant :

« Reconnaissez-vous cela, mes garçons? »

Et tous trois regardaient les yeux à demi
fermés.

« C'est notre maison, répondait Kasper.

« Pauvre Magrédel! reprit le vieux chasseur
après un instant de silence; doit-elle être inquiète depuis huit jours! doit-elle faire des
vœux pour nous à sainte Odile! »

En ce moment, Marc Divès, qui marchait le
premier, poussa un cri de surprise.

« Mère Lefèvre, dit-il en s'arrêtant, les cosaques ont mis le feu à votre ferme! »

Catherine reçut cette nouvelle avec le plus
grand calme, et s'avança jusqu'au bord de la
terrasse; Louise et Jean-Claude la suivirent.
Au fond de l'abîme s'étendait un grand nuage
blanc; on voyait, à travers ce nuage, une étin-
celle sur la côte du Bois-de-Chênes, c'était tout;
mais, par instants, lorsque soufflait la bise, l'incendie apparaissait : les deux hauts pignons
noirs, le grenier à foin embrasé, les petites
écuries flamboyantes; puis tout disparaissait
de nouveau.

« C'est déjà presque fini, dit Hullin à voix
basse.

—Oui, répondit la vieille fermière, voilà quarante ans de travail et de peines qui s'envolent
en fumée; mais c'est égal, ils ne peuvent brû-
ler mes bonnes terres, la grande prairie de
l'Eichmath. Nous recommencerons à travailler.
Gaspard et Louise referont tout cela. Moi, je
ne me repens de rien. »

Au bout d'un quart d'heure, des milliers d'éncelles s'élevèrent, et tout s'écroula. Les pignons noirs restèrent seuls debout. Alors on se remit à grimper le sentier. Au moment d'atteindre la terrasse supérieure, on entendit la voix aigre de Hexe-Baizel :

« C'est toi, Catherine ? criait-elle. Ah ! je ne pensais jamais que tu viendrais me voir dans mon pauvre trou. »

Baizel et Catherine Lefèvre avaient été jadis à l'école ensemble, et elles se tutoyaient.

« Ni moi non plus, répondit la vieille fermière ; c'est égal, Baizel, dans le malheur, on est contente de retrouver une vieille camarade d'enfance. » Baizel semblait touchée.

« Tout ce qui est ici, Catherine, est à toi, s'écria-t-elle, tout ï... »

Elle montrait son pauvre escabeau, son balai de genêts verts et les cinq ou six bûches de son âtre. Catherine regarda tout cela quelques instants en silence et dit :

« Ce n'est pas grand, mais c'est solide ; on ne brûlera pas ta maison, à toi ! »

—Non, ils ne la brûleront pas, dit Hexe-Baizel en riant ; il leur faudrait tous les bois du comté de Dabo pour la chauffer un peu. Hé ! hé ! hé ! »

Les partisans, après tant de fatigues, sentaient le besoin du repos ; chacun se hâtait d'appuyer son fusil au mur et de s'étendre sur le sol. Marc Divès leur ouvrit la seconde caverne, où ils étaient du moins à l'abri ; puis il sortit avec Hullin pour examiner la position.

XXIII

Sur la roche du Falkenstein, à la cime des irs, s'élève une tour ronde, effondrée à sa base. Cette tour, couverte de ronces, d'épines blanches et de myrtiles, est vieille comme la montagne ; ni les Français, ni les Allemands, ni les Suédois ne l'ont détruite. La pierre et le ciment sont reliés avec une telle solidité, qu'on ne peut en détacher le moindre fragment. Elle a un air sombre et mystérieux qui vous reporte des temps reculés, où la mémoire de l'homme ne peut atteindre. A l'époque du passage des bêtes sauvages, Marc Divès s'y embusquait d'habitude, lorsqu'il n'avait rien de mieux à faire, et quelquefois, à la tombée du jour, au moment où les bandes arrivent à travers la brume et décrivent un large circuit avant de se reposer, il en abattait deux ou trois, ce qui réjouissait Hexe-Baizel, toujours fort empressée de les mettre à la broche. Souvent aussi, en automne, Marc tendait dans les broussailles des lacets,

où les grives se prenaient volontiers ; enfin la vieille tour lui servait de bûcher. Combien de fois Hexe-Baizel, lorsque le vent du nord soufflait à décorner des bœufs, et que le bruit, le craquement des branches et le gémissement immense des forêts d'alentour montaient là-haut comme la clameur d'une mer en furie, combien de fois Hexe-Baizel avait-elle failli être enlevée jusque sur la Kilberi en face ! Mais elle se tenait cramponnée aux broussailles, des deux mains, et le vent ne réussissait qu'à faire flotter ses cheveux roux.

Divès, s'étant aperçu que son bois, couvert de neige et trempé par la pluie, donnait plus de fumée que de flamme, avait abrité la vieille tour d'un toit en planches. A cette occasion, le contrebandier racontait une singulière histoire :—Il prétendait avoir découvert, en posant les chevrons, au fond d'une fissure, une chouette blanche comme neige, aveugle et débile, pourvue en abondance de mulots et de chauves-souris. C'est pourquoi il l'avait appelée la *grand'mère du pays*, supposant que tous les oiseaux venaient l'entretenir à cause de son extrême vieillesse.

A la fin du jour, les partisans, placés en observation, comme les locataires d'un vaste hôtel, à tous les étages de la roche, virent les uniformes blancs apparaître dans les gorges d'alentour. Ils débouchaient en masses profondes de tous les côtés à la fois, ce qui démontrait clairement leur intention de bloquer le Falkenstein. Marc-Divès, voyant cela, devint plus rêveur. « S'ils nous entourent, pensait-il, nous ne pourrons plus nous procurer de vivres ; il faudra nous rendre ou mourir de faim. »

On distinguait parfaitement l'état-major ennemi, stationnant à cheval autour de la fontaine du village des Charmes. Là se trouvait un grand chef à large panse, qui contemplait la roche avec une longue lunette ; derrière lui se tenait Yégof, et il se retournait de temps en temps pour l'interroger. Les femmes et les enfants formaient cercle plus loin, d'un air d'extase, et cinq ou six cosaques caracolaient. Le contrebandier ne put y tenir davantage ; il prit Hullin à part.

« Regarde, lui dit-il, cette longue file de shakos qui se glissent le long de la Sarre, et, de ce côté-ci, les autres qui remontent la vallée comme des lièvres, en allongeant les jambes : ce sont des *kaiserlicks*, n'est-ce pas ? Eh bien ! que vont-ils faire là, Jean-Claude ?

—Ils vont entourer la montagne.

—C'est très-clair. Combien crois-tu qu'il y ait là de monde ?

—De trois à quatre mille hommes.

—Sans compter ceux qui se promènent dans

Voilà quarante ans de travail et de peines qui s'envolent en fumée (Page 86.)

la campagne. Eh bien! que veux-tu que Flo-
rette fasse contre ce tas de vagabonds, avec tes
trois cents hommes? Je te le demande fran-
chement, Hullin.

—Il ne pourra rien faire, répondit le brave
homme simplement. Les Allemands savent que
nos munitions sont au Falkenstein; ils crai-
gnent un soulèvement après leur entrée en Lorraine, et veulent assurer leurs derrières. Le
général ennemi a reconnu qu'on ne peut nous
prendre de vive force; il se décide à nous réduire par la famine. Tout cela, Marc, est posi-
tif, mais nous sommes des hommes, nous ferons notre devoir: nous mourrons ici! »

Il y eut un instant de silence; Marc Divès
fronçait le sourcil, et ne paraissait pas du tout
convaincu.

« Nous mourrons! reprit-il en se grattant la
nuque; moi, je ne vois pas du tout pourquoi
nous devons mourir; cela n'entre pas dans nos
idées de mourir: il y a trop de gens qui seraient contents!

—Que veux-tu faire? dit Hullin d'un ton sec;
tu veux te rendre?

—Me rendre! cria le contrebandier. Me
prends-tu pour un lâche?

—Alors explique-toi.

—Ce soir, je pars pour Phalsbourg. Je risque
ma peau en traversant les lignes de l'ennemi,
mais j'aime encore mieux cela que de me croiser les bras ici et de périr par la famine. J'entre-
rai dans la place à la première sortie, ou je
tâcherai de gagner une poterne. Le commandant Meunier me connaît; je lui vends du tabac

Depuis trois jours les vivres manquaient complètement. (Page 93.)

depuis trois ans. Il a fait comme toi les campagnes d'Italie et d'Egypte. Eh bien! je lui exposerai la chose. Je verrai Gaspard Lefèvre. Je ferai tant, qu'on nous donnera peut-être une compagnie. Rien que l'uniforme, vois-tu, Jean-Claude. et nous sommes sauvés : tout ce qui reste de braves gens se réunit à Piorette et, dans tous les cas, on peut nous délivrer. Enfin, voilà mon idée; qu'en penses-tu ?

Il regardait Hullin, dont l'œil fixe et sombre l'inquiétait.

« Voyons est-ce que ce n'est pas une chance !

— C'est une idée, dit enfin Jean-Claude. Je ne m'y oppose pas. »

Et regardant le contrebandier à son tour dans le blanc des yeux :

« Tu me jures de faire ton possible pour entrer dans la place?

— Je ne jure rien du tout, répondit Marc, dont les joues brunes se couvrirent d'une rougeur subite; je laisse ici tout ce que j'ai : mon bien, ma femme, mes camarades, Catherine Lefèvre, et toi, mon plus vieil ami !... Si je ne reviens pas, je serai un traître ; mais si je reviens, Jean-Claude, tu m'expliqueras un peu ce que tu viens de me demander : nous éclaircirons ce petit compte entre nous!

— Marc, dit Hullin, pardonne-moi, ces jours-ci j'ai trop souffert! j'ai eu tort; le malheur rend défiant... Donne-moi la main... Va, sauve-nous , sauve Catherine, sauve mon enfant! Je te le dis maintenant : nous n'avons plus de ressource qu'en toi. »

La voix de Hullin tremblait. Divès se laissa fléchir; seulement il ajouta :

« C'est égal, Jean-Claude, tu n'aurais pas dû me dire cela dans un pareil moment; n'en parlons plus jamais !... Je laisserai ma peau en route, ou bien je reviendrai vous délivrer. Ce soir, à la nuit, je partirai. Les *kaiserlicks* cernent déjà la montagne; n'importe, j'ai un bon cheval, et puis j'ai toujours eu de la chance. »

À six heures, les dernières cimes étaient descendues dans les ténèbres. Des centaines de feux, scintillant au fond des gorges, annonçaient que les Allemands préparaient leur repas. Marc Divès descendit la brèche en tâtonnant. Hullin écouta quelques secondes encore les pas de son camarade; puis il se dirigea, tout soucieux, vers la vieille tour, où l'on avait établi le quartier général. Il souleva la grosse couverture de laine qui fermait le nid de hiboux, et vit Catherine, Louise et les autres accroupis autour d'un petit feu, qui éclairait les murailles grises. La vieille fermière, assise sur un bloc de chêne, les mains nouées autour des genoux, regardait la flamme d'un œil fixe, les lèvres serrées, le teint verdâtre. Louise, adossée au mur, semblait rêveuse. Jérôme, debout derrière Catherine, les mains croisées sur son bâton, touchait de son gros bonnet de loutre au toit vermoulu. Tous étaient tristes et découragés. Hexe-Baizel, qui soulevait le couvercle d'une marmite, et le docteur Lorquin, qui grattait le crépi du vieux mur avec la pointe de son sabre, conservaient seuls leur physionomie habituelle.

« Nous voilà, dit le docteur, revenus aux temps des Triboques. Ces murs-là ont plus de deux mille ans. Il a dû couler une bonne quantité d'eau des hauteurs du Falkenstein et du Grosmann, par la Sarre au Rhin, depuis qu'on n'a pas fait de feu dans cette tour.

— Oui, répondit Catherine comme au sortir d'un rêve, et bien d'autres que nous ont souffert ici le froid, la faim et la misère. Qui l'a su ? Personne. Et dans cent, deux cents, trois cents ans, d'autres peut-être viendront encore s'abriter à cette même place. Ils trouveront, comme nous, la muraille froide, la terre humide. Ils feront un peu de feu. Ils regarderont, comme nous regardons, et ils diront comme nous : « Qui a souffert avant nous ici? Pourquoi ont-ils souffert ? Ils étaient donc poursuivis, chassés comme nous le sommes, pour venir se cacher dans ce misérable trou? » Et ils songeront aux temps passés... et personne ne pourra leur repondre ! »

Jean-Claude s'était rapproché. Au bout de quelques secondes, la vieille fermière, relevant la tête, se prit à dire en le regardant :

« Eh bien ! nous sommes bloqués : l'ennemi veut nous prendre par la famine !

— C'est vrai, Catherine, répondit Hullin. Je ne m'attendais pas à cela. Je comptais sur une attaque de vive force; mais les *kaiserlicks* n'en sont pas encore où ils pensent. Divès vient de partir pour Phalsbourg; il connaît le commandant de place... et si l'on envoie seulement quelques centaines d'hommes à notre secours...

— Il ne faut pas compter là-dessus, interrompit la vieille. Marc peut être pris ou tué par les Allemands, et puis, à supposer qu'il parvienne à traverser leurs lignes, comment pourra-t-il entrer à Phalsbourg? Vous savez bien que la place est assiégée par les Russes ! »

Alors tout le monde resta silencieux.

Hexe-Baizel apporta bientôt la soupe, et l'on fit cercle autour de la grande écuelle fumante.

XXIV

Catherine Lefèvre sortit de l'antique masure vers sept heures du matin; Louise et Hexe-Baizel dormaient encore; mais le grand jour, le jour splendide des hautes régions, remplissait déjà les abîmes. Au fond, à travers l'azur, se dessinaient les bois, les vallons, les rochers, comme les mousses et les cailloux d'un lac sous le cristal bleuâtre. Pas un souffle ne troublait l'air; et Catherine, en face de ce spectacle immense, se sentit plus calme, plus tranquille que dans le sommeil même. « Que sont nos misères d'un jour, se dit-elle, nos inquiétudes et nos souffrances? Pourquoi fatiguer le ciel de nos gémissements? pourquoi redouter l'avenir? Tout cela ne dure qu'une seconde; nos plaintes ne comptent pas plus que le soupir de la cigale en automne : est-ce que ses cris empêchent l'hiver d'arriver? Ne faut-il pas que les temps s'accomplissent, que tout meure pour renaître? Nous sommes déjà morts, et nous sommes revenus; nous mourrons encore, et nous reviendrons. Et les montagnes, avec leurs forêts, leurs rochers et leurs ruines, seront toujours là pour nous dire : « Souviens-toi! souviens-toi! Tu m'as vu, regarde encore, et tu me reverras dans les siècles des siècles ! »

Ainsi rêvait la vieille, et l'avenir ne lui faisait plus peur; les pensées pour elle n'étaient que des souvenirs.

Et comme elle était là depuis quelques instants, tout à coup un bourdonnement de voix vint frapper ses oreilles, elle se retourna, et vit Hullin avec les trois contrebandiers, qui causaient gravement entre eux, de l'autre côté du plateau. Ils ne l'avaient pas aperçue, et semblaient engagés dans une discussion sérieuse.

Le vieux Brenn, au bord de la roche, un bout de pipe noire entre les dents, la joue ridée comme une vieille feuille de choux, le nez rond, la moustache grise, la paupière flasque, plissée sur son œil roux, et les longues manches de sa houppelande retombant à ses côtés, regardait différents points que lui montrait Hullin dans la montagne; et les deux autres, enveloppés de leurs longs manteaux gris, s'avançaient, reculaient, levaient la main au-dessus du sourcil, et paraissaient absorbés par une attention profonde.

Catherine s'était rapprochée, bientôt elle entendit :

« Alors vous ne croyez pas qu'il soit possible de descendre d'aucun côté?

—Non, Jean-Claude, il n'y a pas moyen, répondit Brenn; ces brigands-là connaissent le pays à fond : tous les sentiers sont gardés. Tiens, regarde le paquis des Chevreuils le long de cette mare : jamais les gardes n'ont eu l'idée de l'observer seulement; eh bien! eux, ils le défendent. Et là-bas, le passage du Rothstein, un vrai chemin de chèvres, ou l'on ne passe pas une fois en dix ans... tu vois briller une baïonnette derrière la roche, n'est-ce pas? Et cet autre, ici, ou j'ai filé huit ans avec mes sacs, sans rencontrer un gendarme, ils le tiennent aussi : il faut que le diable leur ait montré tous les défilés.

—Oui, s'écria le grand Toubac, et si ce n'est pas le diable qui s'en mêle, c'est au moins Yégof!

— Mais, reprit Hullin, il me semble que trois ou quatre hommes solides, décidés, pourraient enlever un de ces postes.

— Non, ils s'appuient l'un sur l'autre; au premier coup de fusil, on aurait un regiment sur le dos, répondit Brenn. D'ailleurs supposons qu'on ait la chance de passer, comment revenir avec des vivres? Moi, voilà mon avis : c'est impossible! »

Il y eut quelques instants de silence.

« Après ça, dit Toubac, si Hullin veut, nous essayerons tout de même.

—Nous essayerons quoi, dit Brenn; de nous faire casser les reins pour nous échapper, nous, et laisser les autres dans le filet. Ça m'est égal; si l'on va, j'irai! Mais quant à dire que nous reviendrons avec des provisions, je soutiens que c'est impossible. Voyons, Toubac, par ou veux-tu passer et par ou veux-tu revenir? Il ne s'agit pas ici de promettre, il faut tenir. Si tu connais un passage, dis-le moi. Depuis vingt ans j'ai battu la montagne avec Marc, je connais tous les chemins, tous les sentiers à dix

lieues d'ici, et je ne vois pas d'autre passage que dans le ciel! »

Hullin se retourna en ce moment et vit la mère Lefèvre, qui se tenait à quelques pas, l'oreille attentive.

« Tiens! vous étiez là, Catherine? dit-il. Nos affaires prennent une vilaine tournure.

—Oui, j'entends : il n'y a pas moyen de renouveler nos provisions.

— Nos provisions! dit Brenn avec un sourire étrange; savez-vous, mère Lefèvre, pour combien de temps nous en avons?

— Mais pour une quinzaine, répondit la brave femme.

— Nous en avons pour huit jours, fit le contrebandier, en vidant les cendres de sa pipe sur son ongle.

— C'est la vérité, dit Hullin. Marc Divès et moi, nous croyions à une attaque du Falkenstein; nous ne pensions jamais que l'ennemi songerait à le bloquer comme une place forte. Nous nous sommes trompés!...

— Et qu'allons-nous faire? demanda Catherine toute pâle.

— Nous allons réduire la ration de chacun à la moitié. Si, dans quinze jours, Marc n'arrive pas, nous n'aurons plus rien... alors nous verrons! »

Ce disant, Hullin, Catherine et les contrebandiers, la tête inclinée, reprirent le chemin de la brèche. Ils mettaient le pied sur la pente, lorsqu'à trente pas au-dessous d'eux apparut Materne, qui grimpait tout essoufflé dans les décombres, et s'accrochait aux broussailles pour aller plus vite.

« Eh bien, lui cria Jean-Claude, que se passe-t-il, mon vieux?

— Ah! te voilà... J'allais te trouver; un officier ennemi s'avance sur le mur du vieux burg, avec un petit drapeau blanc; il a l'air de vouloir nous parler. »

Hullin, se dirigeant aussitôt vers la pente de la roche, vit, en effet, un officier allemand debout sur le mur, et qui semblait attendre qu'on lui fît signe de monter. Il était à deux portées de carabine; plus loin stationnaient cinq ou six soldats l'arme au pied. Après avoir inspecté ce groupe, Jean-Claude se retourna et dit :

« C'est un parlementaire qui vient sans doute nous sommer de rendre la place.

— Qu'on lui tire un coup de fusil! s'écria Catherine; c'est tout ce que nous avons de mieux à lui répondre. »

Tous les autres paraissaient du même avis, excepté Hullin, qui, sans faire aucune observation, descendit à la terrasse, ou se trouvait le reste des partisans.

« Mes enfants, dit-il, l'ennemi nous envoie un

parlementaire. Nous ne savons pas ce qu'il nous veut. Je suppose que c'est une sommation de mettre bas les armes, mais il est possible que soit autre chose. Frantz et Kasper vont aller à sa rencontre ; ils lui banderont les yeux au pied de la roche et l'amèneront ici. »

Personne n'ayant d'objection à faire, les fils de Materne passèrent leur carabine en sautoir et s'éloignèrent sous la voûte en spirale. Au bout de dix minutes environ, les deux grands chasseurs roux arrivèrent près de l'officier ; il y eut une rapide conférence entre eux, après quoi tous les trois se mirent à grimper au Falkenstein. A mesure que montait la petite troupe on distinguait mieux l'uniforme du parlementaire et même sa physionomie : c'était un homme maigre, aux cheveux blond cendré, à la taille bien prise, aux mouvements résolus. Au bas de la roche, Frantz et Kasper lui bandèrent les yeux, et bientôt on entendit leurs pas sous la voûte. Jean-Claude, allant à leur rencontre, dénoua lui-même le mouchoir en disant:

« Vous désirez me communiquer quelque chose, monsieur : je vous écoute. »

Les partisans étaient alors à quinze pas de ce groupe. Catherine Lefèvre, la plus avancée, fronçait les sourcils ; — sa figure osseuse, son nez long et recourbé, les trois ou quatre mèches de ses cheveux gris, tombant au hasard sur ses tempes plates et sur les pommettes de ses joues creuses, la pression de ses lèvres et la fixité de son regard parurent d'abord attirer l'attention de l'officier allemand, puis la douce et pâle figure de Louise derrière elle, puis Jérôme à la longue barbe fauve, drapé dans sa tunique de bure, puis le vieux Materne appuyé sur sa courte carabine, puis les autres, et enfin la haute voûte rouge, dont les masses colossales, pétries de silex et de granit, pendaient au-dessus du précipice avec quelques ronces desséchées. Hexe-Baizel, derrière Materne, son long balai de genêts verts à la main, le cou tendu et le talon au bord de la roche, parut l'étonner une seconde.

Lui-même était l'objet d'une attention singulière. On reconnaissait dans son attitude, dans sa physionomie longue, fine et brune, dans ses yeux gris-clair, dans sa moustache rare, dans la délicatesse de ses membres durcis par les travaux de la guerre, une race aristocratique : il y avait en lui quelque chose du vieux routier et de l'homme du monde, du sabreur et du diplomate.

Cette inspection réciproque terminée en un clin d'œil, le parlementaire dit en bon français:

« C'est au commandant Hullin que j'ai l'honneur de m'adresser?

— Oui, monsieur, » répondit Jean-Claude.

Et comme l'autre promenait un regard indécis autour du cercle :

« Parlez haut, monsieur, s'écria-t-il, que tout le monde vous entende ! Lorsqu'il s'agit d'honneur et de patrie, personne n'est de trop en France, les femmes s'y entendent aussi bien que nous. Vous avez des propositions à me faire? Et d'abord de quelle part?

— De la part du général commandant en chef. Voici ma commission.

— Bon ! nous vous écoutons, monsieur. »

Alors l'officier, élevant la voix, dit d'un ton ferme :

« Permettez-moi d'abord, commandant, de vous dire que vous avez magnifiquement rempli votre devoir : vous avez forcé l'estime de vos ennemis.

— En matière de devoir, répondit Hullin, il n'y a pas de plus ou de moins ; nous avons fait notre possible.

— Oui, ajouta Catherine d'un ton sec, et puisque nos ennemis nous estiment à cause de cela, eh bien, ils nous estimeront encore plus dans huit ou quinze jours, car nous ne sommes pas au bout de la guerre. On en verra d'autres. »

L'officier tourna la tête, et resta comme stupéfait de l'énergie sauvage empreinte dans le regard de la vieille.

« Ce sont de nobles sentiments, reprit-il après un instant de silence ; mais l'humanité a ses droits, et répandre le sang inutilement c'est faire le mal pour le mal.

— Alors pourquoi venez-vous dans notre pays ? cria Catherine d'une voix d'aigle. Allez-vous-en, et nous vous laisserons tranquilles ! »

Puis elle ajouta :

« Vous faites la guerre comme des brigands : vous volez, vous pillez, vous brûlez ! Vous méritez tous d'être pendus. On devrait vous précipiter de cette roche pour le bon exemple. »

L'officier pâlit, car la vieille lui parut capable d'exécuter sa menace ; cependant il se remit presque aussitôt, et répliqua d'un ton calme :

« Je sais que les Cosaques ont mis le feu à la ferme qui se voit en face de ce rocher ; ce sont des pillards, comme il s'en trouve à la suite de toutes les armées, et cet acte isolé ne prouve rien contre la discipline de nos troupes. Les soldats français en ont fait bien d'autres en Allemagne, et particulièrement dans le Tyrol ; non contents de piller et d'incendier les villages, ils fusillaient impitoyablement tous les montagnards soupçonnés d'avoir pris les armes pour défendre leur pays. Nous pourrions user de représailles, ce serait notre droit, mais nous ne sommes point des barbares ; nous comprenons ce que le patriotisme a de noble et de grand, même dans ses inspirations les plus regrettables. D'ailleurs, ce n'est pas au peuple français que nous faisons la guerre, c'est à l'empereur Napoléon. Aussi le général, en apprenant la conduite des Cosaques, a flétri publiquement cet acte de vandalisme, et, de plus, il a décidé qu'une indemnité serait accordée au propriétaire de la ferme...

—Je ne veux rien de vous, interrompit Catherine brusquement; je veux rester avec mon injustice... et me venger! »

Le parlementaire comprit, à l'accent de la vieille, qu'il ne pourrait lui faire entendre raison, et qu'il était même dangereux de lui donner la réplique. Il se retourna donc vers Hullin et lui dit:

« Je suis chargé, commandant, de vous offrir les honneurs de la guerre, si vous consentez à rendre cette position. Vous n'avez point de vivres, nous le savons. D'ici à quelques jours, vous seriez forcés de mettre bas les armes. L'estime que vous porte le général en chef l'a seule décidé à vous faire ces conditions honorables. Une plus longue résistance n'aboutirait à rien. Nous sommes maîtres du Donon, notre corps d'armée passe en Lorraine; ce n'est pas ici que se décidera la campagne, vous n'avez donc aucun intérêt à défendre un point inutile. Nous voulons vous épargner les horreurs de la famine sur cette roche. Voyons, commandant, décidez. »

Hullin se tourna vers les partisans et leur dit simplement:

« Vous avez entendu ?... Moi, je refuse; mais je me soumettrai, si tout le monde accepte les propositions de l'ennemi.

—Nous refusons tous! dit Jérôme.

—Oui, oui, tous! » répétèrent les autres.

Catherine Lefèvre, jusqu'alors inflexible, regardant par hasard Louise, parut attendrie; elle la prit par le bras, et, se tournant vers le parlementaire, elle lui dit:

« Nous avons une enfant avec nous; est-ce qu'il n'y aurait pas moyen de l'envoyer chez un de nos parents à Saverne? »

A peine Louise eut-elle entendu ces mots, que, se précipitant dans les bras de Hullin avec une sorte d'effroi, elle s'écria:

« Non, non! Je veux rester avec vous, papa Jean-Claude, je veux mourir avec vous!...

—C'est bien, monsieur, dit Hullin tout pâle; allez, dites à votre général ce que vous avez vu; dites-lui que le Falkenstein nous restera jusqu'à la mort!—Kasper, Frantz, reconduisez le parlementaire. »

L'officier semblait hésiter, mais, comme il ouvrait la bouche pour faire une observation, Catherine, tout verte de colère, s'écria:

« Allez... allez... vous n'êtes pas encore où vous pensez. C'est ce brigand de Yégof qui vous a dit que nous n'avions pas de vivres, mais nous en avons pour deux mois, et dans deux mois notre armée vous aura tous exterminés. Les traîtres n'auront pas toujours beau jeu: malheur à vous! »

Et comme elle s'animait de plus en plus, le parlementaire jugea prudent de s'en aller; il se retourna vers ses guides, qui lui remirent le bandeau et le conduisirent jusqu'au pied du Falkenstein.

Ce que Hullin avait ordonné au sujet des vivres fut exécuté le jour même; chacun reçut la demi-ration pour la journée. Une sentinelle fut placée devant la caverne de Hexe-Baizel, où se trouvaient les provisions; on en barricada la porte, et Jean-Claude décida que les distributions se feraient en présence de tout le monde, afin d'empêcher les injustices; mais toutes ces précautions ne devaient pas préserver les malheureux de la plus horrible famine.

XX

Depuis trois jours les vivres manquaient complètement au Falkenstein, et Divès n'avait pas donné signe de vie. Combien de fois, durant ces longues journées d'agonie, les montagnards avaient-ils tourné les yeux vers Phalsbourg! combien de fois avaient-ils prêté l'oreille, croyant entendre les pas du contrebandier, tandis que le vague murmure de l'air remplissait seul l'espace!

C'est au milieu des tortures de la faim que s'écoula tout entière la dix-neuvième journée depuis l'arrivée des partisans au Falkenstein. Ils ne parlaient plus; accroupis à terre, la face amaigrie, ils restaient perdus dans une rêverie sans fin. Parfois, ils se regardaient les uns les autres d'un œil étincelant, comme prêts à se dévorer; puis ils redevenaient calmes et mornes.

Lorsque le corbeau de Yégof, volant de cime en cime, s'approchait de ce lieu de malheur, le vieux Materne épaulait sa carabine; mais aussitôt l'oiseau de mauvais augure s'éloignait à tire-d'aile, en poussant des croassements lugubres, et le bras du vieux chasseur retombait inerte. Et, comme si l'épuisement de la faim n'eût pas suffi pour combler la mesure de tant de misère, les malheureux n'ouvraient la bouche que pour s'accuser et se menacer les uns les autres.

« Ne me touchez pas criait Hexe-Baizel d'une

voix de fouine, à ceux qui la regardaient; ne me regardez pas, ou je vous mords! »

Louise délirait; ses grands yeux bleus, au lieu d'objets réels, ne voyaient plus que des ombres voltiger sur le plateau, raser la cime des buissons et se poser sur la vieille tour.

« Voici des vivres! » disait-elle.

Alors les autres s'emportaient contre la pauvre enfant, criant avec fureur qu'elle voulait se moquer d'eux, et qu'elle prît garde!

Jérôme seul restait encore parfaitement calme; mais la grande quantité de neige qu'il avait bue, pour apaiser le déchirement de ses entrailles, inondait tout son corps et sa face osseuse de sueur froide.

Le docteur Lorquin avait noué un mouchoir autour de ses reins, et le serrait de plus en plus, prétendant satisfaire ainsi son estomac. Il s'était assis contre la tour, les yeux fermés; d'heure en heure, il les ouvrait, disant:

« Nous en sommes à la première... à la seconde... à la troisième période. Encore un jour, et tout sera fini! »

Il se mettait ensuite à disserter sur les druides, sur Odin, Brahma, Pythagore, faisant des citations latines et grecques, annonçant la transformation prochaine de ceux du Harberg en loups, en renards, en animaux de toute sorte.

« Moi, criait-il, je serai lion! je mangerai quinze livres de bœuf par jour! »

Puis se reprenant:

« Non, je veux être homme; je prêcherai la paix, la fraternité, la justice! » Ah! mes amis, disait-il, nous souffrons par notre propre faute. Qu'avons-nous fait de l'autre côté du Rhin depuis dix ans? De quel droit voulions-nous imposer des maîtres à ces peuples? Pourquoi n'échangions-nous pas nos idées, nos sentiments, les produits de nos arts et de notre industrie avec eux? Pourquoi n'allions-nous pas les trouver en frères, au lieu de vouloir les asservir? Nous aurions été bien reçus! Qu'ils ont dû souffrir, les malheureux, pendant ces dix années de violence et de rapine!... Maintenant ils se vengent... et c'est justice!... Que la malédiction du ciel retombe sur les misérables qui divisent les peuples pour les opprimer! »

Après ces moments d'exaltation, il s'affaissait contre le mur de la tour et murmurait:

« Du pain... oh! rien qu'un morceau de pain! »

Les garçons de Materne, accroupis dans les broussailles, la carabine à l'épaule, semblaient attendre le passage d'un gibier qui n'arrivait jamais; l'idée de l'affût éternel soutenait leurs forces expirantes.

Quelques-uns, repliés sur eux-mêmes, grelottaient et se sentaient dévorés par la fièvre;

ils accusaient Jean-Claude de les avoir conduits au Falkenstein.

Hullin, avec une force de caractère surhumaine, allait et venait encore, observant ce qui se passait dans les vallées d'alentour, sans rien dire.

Parfois il s'avançait jusqu'au bord de la roche, et ses larges mâchoires serrées, l'œil étincelant, il regardait Yégof assis devant un grand feu, sur le plateau du Bois-de-Chênes, au milieu d'une bande de cosaques. Depuis l'arrivée des Allemands dans la vallée des Charmes, le fou n'avait pas quitté ce poste: il semblait de là surveiller l'agonie de ses victimes.

Tel était l'aspect de ces malheureux sous le ciel immense.

Le supplice de la faim, au fond d'un cachot, est effrayant sans doute, mais sous le ciel inondé de lumière, aux yeux de tout un pays, en face des ressources de la nature, cela dépasse toute expression.

Or, à la fin de ce dix-neuvième jour, entre quatre et cinq heures du soir, le temps s'était assombri; de grandes nuées grises s'élevaient derrière la cime neigeuse du Grosmann; le soleil, rouge comme un boulet qui sort de la fournaise, jetait quelques derniers éclairs dans l'horizon brumeux. Le silence sur la roche était profond. Louise ne donnait plus signe de vie; Kasper et Frantz conservaient leur immobilité dans les broussailles comme des pierres. Catherine Lefèvre, accroupie à terre, ses genoux pointus entre ses bras décharnés, les traits rigides et durs, les cheveux pendant sur ses joues verdâtres, l'œil hagard et le menton serré comme un étau, ressemblait à quelque vieille sibylle assise au milieu des bruyères. Elle ne parlait plus. Ce soir-là, Hullin, Jérôme, le vieux Materne et le docteur Lorquin s'étaient réunis autour de la vieille fermière pour mourir ensemble. Ils étaient tous silencieux, et les derniers rayons du crépuscule éclairaient leur groupe noir. A droite, derrière une saillie du roc, brillaient dans l'abîme quelques feux des Allemands. Et comme ils étaient là, tout à coup la vieille, sortant de son immense rêverie, murmura d'abord quelques mots inintelligibles.

« Divès arrive! dit-elle ensuite à voix basse; je le vois... il sort de la poterne, à droite de l'arsenal... Gaspard le suit, et... »

Alors elle compta lentement:

« Deux cent cinquante hommes... dit-elle; des gardes nationaux et des soldats... Ils traversent le fossé... Ils montent derrière la demi-lune... Gaspard parle avec Marc... Que lui dit-il? »

Elle parut écouter :

« Dépêchons-nous ! — Oui, dépêchez-vous... le temps presse... Les voilà sur le glacis ! »

Il y eut un long silence ; puis, tout à coup, la vieille, se dressant de toute sa hauteur, les bras écartés, les cheveux hérissés, la bouche toute grande ouverte, hurla d'une voix terrible :

« Courage ! tuez ! tuez ! ah ! ah ! »

Et elle retomba lourdement.

Ce cri épouvantable avait éveillé tout le monde ; il eût éveillé des morts. Tous les assiégés semblaient renaître. Quelque chose était dans l'air. Était-ce l'espérance, la vie, l'âme ? Je ne sais ; mais tous arrivaient à quatre pattes, comme des fauves, retenant leur souffle pour entendre. Louise elle-même se remuait doucement et levait la tête. Frantz et Kasper se traînaient sur les genoux ; et, chose bizarre, Hullin, portant les yeux dans les ténèbres du côté de Phalsbourg, croyait voir un pétillement de fusillade annonçant une sortie.

Catherine avait repris sa première attitude ; mais ses joues, tout à l'heure inertes comme un masque de plâtre, frémissaient sourdement ; son œil se recouvrait du voile de la rêverie. Tous les autres prêtaient l'oreille : on eût dit que leur existence était suspendue à ses lèvres. Il s'était passé près d'un quart d'heure, quand la vieille reprit lentement :

« Ils ont traversé les lignes ennemies... Ils courent à Lutzelbourg... Je les vois... Gaspard et Divès sont en avant avec Desmarets, Ulrich, Weber et nos amis de la ville... Ils arrivent ... ils arrivent ! ... »

Elle se tut de nouveau ; longtemps encore on écouta, mais la vision était passée. Les secondes succédaient aux secondes, lentes comme des siècles, quand tout à coup Hexe-Baizel se prit à dire d'une voix aigre :

« Elle est folle ! elle n'a rien vu... — Marc, je le connais... il se moque bien de nous. Qu'est-ce que ça lui fait, si nous dépérissons ! Pourvu qu'il ait sa bouteille de vin et des andouilles, et qu'il puisse fumer tranquillement sa pipe au coin du feu, le reste lui est bien égal. Ah ! le brigand ! »

Alors tout rentra dans le silence, et les malheureux, un instant ranimés par l'espoir d'une délivrance prochaine, retombèrent dans le découragement.

« C'est un rêve, pensaient-ils ; Hexe-Baizel a raison ; nous sommes condamnés à mourir de faim ! »

Sur ces entrefaites, la nuit était venue. Quand la lune se leva derrière les hautes sapinières, éclairant les groupes mornes des assiégés, Hullin seul veillait encore au milieu des ardeurs de la fièvre. Il entendait au loin, bien loin dans les gorges, la voix des sentinelles allemandes criant : « *Wer dà ! wer dà !* » les rondes du bivouac allant par les bois, le hennissement grêle des chevaux au piquet, leurs ruades et les cris de leurs gardiens. Vers minuit, le brave homme finit cependant par s'endormir comme les autres. Lorsqu'il se réveilla, l'horloge du village des Charmes sonnait quatre heures. Hullin, à ces vibrations lointaines, sortit de son engourdissement, il ouvrit les paupières, et, comme il regardait sans conscience de lui-même, cherchant à recueillir ses souvenirs, une vague lueur de torche passa devant ses yeux ; il en eut peur, et se dit : « Est-ce que je deviens fou ? La nuit est toute noire, et je vois des torches !... »

Pourtant la flamme reparut ; il la regarda mieux, puis se leva brusquement, appuyant durant quelques secondes la main sur sa face contractée. Enfin, hasardant encore un regard, il vit distinctement un feu sur le Giromani, de l'autre côté du Blanru, un feu qui balayait le ciel de son aile pourpre, et faisait tourbillonner l'ombre des sapins sur la neige. Et, se rappelant que ce signal avait été convenu entre lui et Piorette pour annoncer une attaque, il se prit à trembler des pieds à la tête, sa figure se couvrit de sueur, et, marchant dans les ténèbres à tâtons comme un aveugle, les mains étendues, il bégaya :

« Catherine... Louise... Jérôme ! »

Mais personne ne lui répondit, et, après avoir tâtonné de la sorte, croyant marcher tandis qu'il ne faisait pas un pas, le malheureux tomba en criant :

« Mes enfants !... Catherine !... on vient !... nous sommes sauvés ! »

Aussitôt il se fit un vague murmure ; on aurait dit que les morts se réveillaient. Il y eut un éclat de rire sec : c'était Hexe-Baizel devenue folle de souffrance. Puis Catherine s'écria :

« Hullin... Hullin... qui a parlé ? »

Jean-Claude, revenu de son émotion, s'écria d'un accent plus ferme :

« Jérôme, Catherine, Materne, et vous tous, êtes-vous morts ? Ne voyez-vous pas ce feu, là-bas, du côté du Blanru ? C'est Piorette qui vient à notre secours. »

Et, dans le même instant, une détonation profonde roula dans les gorges du Jægerthâl avec un bruit d'orage. La trompette du jugement dernier n'aurait pas produit plus d'effet sur les assiégés ; ils se réveillèrent tous à coup :

« C'est Piorette ! c'est Marc ! criaient des voix cassées, sèches, des voix de squelettes ; on vient à notre secours ! »

Et tous les misérables cherchaient à se rele-

Arrivé près du général, Yégof fit quelques gestes. (Page 98.)

ver; quelques-uns sanglotaient, mais ils n'avaient plus de larmes. Une seconde détonation les mit debout.

« Ce sont des feux de peloton, s'écria Hullin, les nôtres tirent aussi par peloton, nous avons des soldats en ligne; — vive la France !

—Oui, répondit Jérôme, la mère Catherine avait raison; les Phalsbourgeois viennent à notre secours : ils descendent les collines de la Sarre; et voilà maintenant Piorette qui attaque par le Blanru. »

En effet, la fusillade commençait à pétiller des deux côtés à la fois, vers le plateau du Bois-de-Chênes et les hauteurs de la Kilbéri.

Alors les deux chefs s'embrassèrent; et, comme ils marchaient à tâtons dans la nuit profonde, cherchant à gagner le bord de la roche, tout à coup la voix de Materne leur cria :

« Prenez garde, le précipice est là ! »

Ils s'arrêtèrent, regardant à leurs pieds, mais on ne voyait rien; un courant d'air froid, remontant de l'abîme, vous avertissait seul du danger. Toutes les cimes et les gorges d'alentour étaient plongées dans les ténèbres. Sur les flancs de la côte en face, les lueurs de la fusillade passaient comme des éclairs, illuminant tantôt un vieux chêne, le profil noir d'un rocher, tantôt un coin de bruyères, et des groupes d'hommes allant et venant comme au milieu d'un incendie. — On entendait à deux mille pieds au-dessous, dans les profondeurs de la gorge, des rumeurs sourdes, le galop des chevaux, des clameurs, des commandements. Parfois le cri du montagnard qui hèle, ce cri

Écrasons-les ! Écrasons-les, comme au Blutfeld !... (Page 98.)

prolongé qui va d'une cime à l'autre, ohé ! oh !
hé ! » s'élevait jusqu'au Falkenstein comme un
soupir.

« C'est Marc, disait Hullin : c'est la voix de Marc.

— Oui, c'est Marc qui nous avertit d'avoir
bon courage, » répondait Jérôme.

Tous les autres, accroupis autour d'eux, le
cou tendu, les mains au bord de la roche, regardaient. La fusillade continuait toujours avec
une vivacité qui trahissait l'acharnement de la
bataille, mais impossible de rien voir. Oh !
qu'ils auraient voulu prendre part à cette lutte
suprême, les malheureux ! Avec quelle ardeur
ils se seraient précipités dans le combat ! La
crainte d'être encore abandonnés, de voir au
jour leurs défenseurs en retraite, les rendait
muets d'épouvante.

Cependant le jour commençait à poindre : le
pâle crépuscule montait derrière les cimes
noires ; quelques rayons descendaient dans les
vallées ténébreuses : une demi-heure après, ils
argentaient les brumes de l'abîme. Hullin,
jetant un regard à travers les crevasses de ces
nuages, reconnut enfin la position. Les Allemands avaient perdu les hauteurs du Valtin et
le plateau du Bois-de-Chênes. Ils s'étaient
massés dans la vallée des Charmes, au pied du
Falkenstein, au tiers de la côte, pour n'être pas
dominés par le feu de leurs adversaires. En face
de la roche, Piorette, maître du Bois-de-Chênes,
ordonnait des abatis du côté de la descente des
Charmes. Il allait et venait, son bout de pipe
aux dents, le feutre sur l'oreille, la carabine
en bandoulière. Les haches bleues des bûche-

rons scintillaient au soleil levant. A gauche du village, sur la côte du Valtin, au milieu des bruyères, Marc Divès, sur un petit cheval noir à longue queue traînante, la latte pendue au poignet, indiquait les ruines et le chemin de *schlitte*. Un officier d'infanterie et quelques gardes nationaux en habits bleus l'écoutaient. Gaspard Lefèvre, seul, en avant de ce groupe, appuyé sur son fusil, semblait méditatif. On comprenait, à son attitude, les résolutions désespérées qu'il formait pour le moment de l'attaque. Enfin, tout au sommet de la colline, contre le bois, deux ou trois cents hommes, rangés en ligne, l'arme au pied, regardaient aussi.

La vue de ce petit nombre de défenseurs serra le cœur des assiégés; d'autant plus que les Allemands, sept ou huit fois supérieurs en nombre, commençaient à former deux colonnes d'attaque, pour reprendre les positions qu'ils avaient perdues. Leur général envoyait des cavaliers de tous côtés porter ses ordres. Les baïonnettes se mettaient à défiler.

« C'est fini! dit Hullin à Jérôme. Qu'est-ce que cinq ou six cents hommes peuvent faire contre quatre mille en ligne de bataille? Les Phalsbourgeois retourneront chez eux et diront: « Nous avons fait notre devoir! » Et Piorette sera écrasé! »

Tous les autres pensaient de même; mais ce qui porta leur désespoir au comble, ce fut de voir tout à coup une longue file de Cosaques déboucher dans la vallée des Charmes ventre à terre, et le fou Yégof à leur tête, galopant comme le vent: sa barbe, la queue de son cheval, sa peau de chien et sa chevelure rousse, tout cela fendait l'air. Il regardait la roche et brandissait sa lance au-dessus de sa tête. Au fond de la vallée, il piqua droit vers l'état-major ennemi. Arrivé près du général, il fit quelques gestes, indiquant l'autre côté du plateau du Bois-de-Chênes.

« Ah le brigand! s'écria Hullin. Voyez, il dit que Piorette n'a pas d'abatis de ce côté-là, qu'il faut tourner la montagne. »

En effet, une colonne se mit aussitôt en marche dans cette direction, tandis qu'une autre se dirigeait sur les abatis, pour masquer le mouvement de la première.

« Materne, cria Jean-Claude, est-ce qu'il n'y aurait pas moyen d'envoyer une balle au fou? »

Le vieux chasseur hocha la tête.

« Non, dit-il, c'est impossible; il est hors de portée. »

En ce moment, Catherine fit entendre un cri sauvage, un cri d'épervier:

« Écrasons-les!... Écrasons-les comme au Blutfeld! »

Et cette vieille, tout à l'heure si faible, alla se jeter sur un quartier de roc, qu'elle enleva des deux mains; puis, ses longs cheveux gris épars, son nez crochu recourbé sur ses lèvres serrées, les joues tendues, les reins pliés, elle s'avança d'un pas ferme jusqu'au bord de l'abîme, et la roche partit dans les airs, traçant une courbe immense.

On entendit un fracas horrible au-dessous, des éclats de sapin jaillirent de tous côtés, puis on vit l'énorme pierre rebondir à cent pas d'un nouvel élan, descendre la pente rapide, et, par un dernier bond, arriver sur Yégof et l'écraser aux pieds du général ennemi. Tout cela s'était accompli en quelques secondes.

Catherine, debout au bord de la roche, riait d'un rire de crécelle qui n'en finissait plus.

Et tous les autres, tous ces fantômes comme animés d'une vie nouvelle, se précipitaient sur les décombres du vieux *burg* en criant: « A mort! à mort!... Écrasons-les comme au Blutfeld! »

On n'avait jamais vu de scène plus terrible. Ces êtres, aux portes de la tombe, maigres et décharnés comme des squelettes, retrouvaient leur force pour le carnage. Ils ne trébuchaient plus, ils ne chancelaient plus; ils enlevaient chacun sa pierre et couraient la jeter au précipice, puis revenaient en prendre une autre, sans même regarder ce qui se passait au-dessous.

Maintenant qu'on se figure la stupeur des *kaiserliks* à ce déluge de décombres et de roches. Tous s'étaient retournés au bruit des pierres bondissant à la file par-dessus les broussailles et les bouquets d'arbres, et d'abord ils étaient restés comme pétrifiés; mais levant les yeux plus haut et voyant d'autres pierres descendre et descendre toujours, et par-dessus tout cela les spectres aller et venir, lever les bras, se décharger et repartir encore; voyant leurs camarades broyés, — des files de quinze à vingt hommes renversées d'un seul coup, — un cri immense avait retenti de la vallée des Charmes jusqu'au Falkenstein, et, malgré la voix des chefs, malgré la fusillade qui recommençait à droite et à gauche, tous les Allemands s'étaient débandés pour échapper à cette mort horrible.

Au plus fort de la déroute, le général ennemi était cependant parvenu à rallier un bataillon et descendait au pas vers le village. Cet homme, calme au milieu du désastre, avait quelque chose de grand et de digne. Il se retournait parfois d'un air sombre pour regarder bondir les roches, qui faisaient des trouées sanglantes dans sa colonne.

Jean-Claude l'observait, et, malgré l'enivrement du triomphe, malgré la certitude d'avoir échappé à la famine, le vieux soldat ne pouvait se défendre d'un sentiment d'admiration :

« Regarde, disait-il à Jérôme, il fait comme nous autres en revenant du Donon et du Grosmann : il reste le dernier, et ne cède que pas à pas. Décidément il y a des hommes de cœur dans tous les pays ! »

Marc Divès et Piorette, témoins de ce coup de fortune, descendaient alors au milieu des sapinières, pour essayer de couper la retraite au général ennemi, mais ils ne purent y parvenir. Le bataillon, réduit de moitié, forma le carré derrière le village des Charmes, et remonta lentement la vallée de la Sarre, s'arrêtant parfois, comme un sanglier blessé qui fait tête à la meute, lorsque les hommes de Piorette ou ceux de Phalsbourg essayaient de le serrer de trop près.

Ainsi se termina la grande bataille du Falkenstein, connue dans la montagne sous le nom de *Bataille des Roches*.

XXVI

À peine le combat terminé, vers huit heures, Marc Divès, Gaspard et une trentaine de montagnards, avec des hottes de vivres, montèrent au Falkenstein. Quel spectacle les attendait là-haut ! Tous les assiégés, étendus à terre semblaient morts. On avait beau les secouer, leur crier dans les oreilles : « Jean-Claude !... Catherine !... Jérôme ! » ils ne répondaient pas. Gaspard Lefèvre, voyant sa mère et Louise immobiles et les dents serrées, dit à Marc que si elles n'en revenaient pas, il se ferait sauter la tête avec son fusil. Marc répondit que chacun était libre, mais que, pour sa part, il ne se brûlerait pas la cervelle à cause de Hexe-Baizel. Enfin, le vieux Colon ayant déposé sa hotte sur une pierre, Kasper Materne renifla tout à coup, ouvrit les yeux, et, voyant les vivres, se mit à claquer des dents comme un renard à la chasse.

Alors on comprit ce que cela voulait dire, et Marc Divès, allant de l'un à l'autre, leur passa simplement sa gourde sous le nez, ce qui suffisait pour les ressusciter. Ils voulaient tout avaler à la fois; mais le docteur Lorquin, malgré sa fringale, eut encore le bon sens de prévenir Marc de ne pas les écouter, et que le moindre étouffement les ferait périr. C'est pourquoi chacun ne reçut qu'un peu de pain, un œuf et un verre de vin, ce qui ranima singulièrement leur moral; puis on chargea Catherine, Louise et les autres sur les *schlittes*, et l'on redescendit au village.

Quant à peindre maintenant l'enthousiasme et l'attendrissement de leurs amis, lorsqu'on les vit revenir, plus maigres que Lazarus debout dans sa fosse, c'est chose impossible. On se regardait, on s'embrassait, et à chaque nouveau venu d'Abreschwiller, de Dagsbourg, de Saint-Quirin ou d'ailleurs, c'était à recommencer.

Marc Divès fut obligé de raconter plus de vingt fois l'histoire de son voyage à Phalsbourg. Le brave contrebandier n'avait pas eu de chance : — après avoir échappé par miracle aux balles des *kaiserliks*, il était allé tomber, dans la vallée de Spartzprod, au milieu d'une bande de Cosaques, qui l'avaient dévalisé de fond en comble. Il lui avait fallu rôder ensuite durant deux semaines autour des postes russes qui cernaient la ville, essuyant le feu de leurs sentinelles, et risquant vingt fois d'être arrêté comme espion, avant de pouvoir pénétrer dans la place. Enfin, le commandant Meunier, alléguant la faiblesse de la garnison, avait d'abord refusé tout secours, et ce n'est qu'à la sollicitation pressante des bourgeois de la ville, qu'il avait fini par consentir à détacher deux compagnies.

Les montagnards, écoutant ce récit, admiraient le courage de Marc, sa persévérance au milieu des dangers.

« Eh ! répondait le grand contrebandier d'un air de bonne humeur à ceux qui le félicitaient, je n'ai fait que mon devoir; est-ce que je pouvais laisser périr les camarades ? Je sais bien que ce n'était pas facile; ces gueux de Cosaques sont plus fins que les douaniers : ils vous flairent d'une lieue comme les corbeaux; mais c'est égal, nous les avons dépistés tout de même. »

Au bout de cinq ou six jours, tout le monde fut sur pied. Le capitaine Vidal, de Phalsbourg, avait laissé vingt-cinq hommes au Falkenstein, pour garder les poudres; Gaspard Lefèvre était du nombre, et le gaillard descendait tous les matins au village. Les alliés avaient tous passé en Lorraine : on n'en voyait plus en Alsace qu'autour des places fortes. Bientôt on apprit les victoires de Champ-Aubert et de Montmirail; mais les temps étaient venus d'un grand malheur : les alliés, malgré l'héroïsme de notre armée et le génie de l'Empereur, entrèrent à Paris.

Ce fut un coup terrible pour Jean-Claude, Catherine, Materne, Jérôme et toute la montagne; mais le récit de ces événements n'entre pas dans notre histoire, d'autres ont raconté ces choses.

La paix faite, au printemps, on rebâtit la

ferme du Bois-de-Chênes : les bûcherous, les saboliers, les maçons, les flotteurs et tous les ouvriers du pays y mirent la main.

Vers la même époque, l'armée ayant été licenciée, Gaspard se coupa les moustaches, et son mariage avec Louise eut lieu.

Ce jour-là arrivèrent tous les combattants du Falkenstein et du Donon, et la ferme les reçut portes et fenêtres ouvertes à deux battants. Chacun apportait ses présents aux mariés : Jérôme, des petits souliers pour Louise ; Materne et ses fils, un coq de bruyère, le plus amoureux des oiseaux, comme chacun sait ; Divès, des paquets de tabac de contrebande pour Gaspard ; et le docteur Lorquin, une layette de fine toile blanche.

Il y eut table ouverte jusque dans les granges et sous les hangars. Ce qu'on consomma de vin, de pain, de viande, de tartes et de *kougelhof*, je ne puis le dire ; mais ce que je sais bien, c'est que Jean-Claude, fort sombre depuis l'entrée des alliés à Paris, se ranima ce jour-là en chantant le vieil air de sa jeunesse, aussi allégrement que lorsqu'il était parti, le fusil sur l'épaule, pour Valmy, Jemmapes et Fleurus. Les échos du Falkenstein en face répétèrent au loin ce vieux chant patriotique ; le plus grand, le plus noble que l'homme ait jamais entendu sous le ciel. Catherine Lefèvre frappait la mesure sur la table avec le manche de son couteau, et s'il est vrai, comme plusieurs le disent, que les morts viennent écouter quand on parle d'eux, les nôtres durent être contents, et le *Roi de Carreau* dut écumer dans sa barbe rousse.

Vers minuit, Hullin se le , et s'adressant aux mariés, il leur dit :

« Vous aurez de braves enfants ; je les ferai sauter sur mes genoux, je leur apprendrai ma vieille chanson, et puis j'irai rejoindre les anciens ! »

Cela dit, il embrassa Louise ; et, bras dessus, bras dessous, avec Marc Divès et Jérôme, il descendit à sa cassine, suivi de toute la noce, qui répétait en chœur le chant sublime. On n'avait jamais vu de plus belle nuit : des étoiles innombrables brillaient au ciel dans l'azur sombre ; les buissons au bas de la côte, où l'on avait enterré tant de braves gens, frissonnaient tout bas. Chacun se sentait joyeux et attendri. Sur le seuil de la petite baraque, on se serra la main, on se souhaita le bonsoir ; et tous, les uns à droite, les autres à gauche, par petites troupes, s'en retournèrent à leurs villages.

« Bonne nuit, Materne, Jérôme, Divès, Piorette, bonne nuit ! » criait Jean-Claude.

Ses vieux amis se retournaient en agitant leurs feutres, et tous se disaient en eux-mêmes :

« Il y a pourtant des jours où l'on est bien heureux d'être au monde. Ah ! s'il n'y avait jamais ni pestes, ni guerres, ni famines, — si les hommes pouvaient s'entendre, s'aimer et se secourir, — s'il ne s'élevait point d'injustes défiances entre eux, — la terre serait un vrai paradis ! »

LE PASSAGE DES RUSSES

Je vous ai raconté nos malheurs pendant la campagne de 1813. Vous avez vu nos batailles de Weissenfelz, de Lutzen, de Bautzen et de Dresde, où nous étions toujours les maîtres.

Ensuite nos misères de Groos-Béren et de la Katzbach, où la pluie, la mauvaise nourriture, les marches et les contre-marches nous avaient en quelque sorte ruinés de fond en comble.

Ensuite tous les peuples soulevés contre nous, parce qu'ils ne voulaient plus de nos rois, de nos princes, de nos ducs et de notre armée chez eux : Cinq cent quatre-vingt mille Russes, Allemands et Suédois sur notre dos, la défection des Bavarois et des Wurtembergeois, la terrible bataille de Leipzig, la trahison des Saxons, la retraite de Hanau, le typhus en Alsace et en Lorraine, l'invasion, et la défense des Vosges par les montagnards!

Je vous ai raconté ces choses le cœur bien triste.

D'autres auraient voulu cacher la vérité, comme s'il fallait avoir honte de ses malheurs, quand on a fait son devoir, quand on a montré du courage au milieu des plus grandes souffrances, et que les ennemis vous ont écrasés sous le nombre.

Dieu merci! de pareilles idées ne me viendront jamais. Je pense, au contraire, que nos enfants doivent profiter de ces leçons, et que la vie n'est pas assez longue pour les amuser avec des mensonges.

C'est pourquoi je continue, et j'espère que les gens raisonnables m'approuveront de ne jamais rien dire de trop, car la vérité parle assez d'elle-même, sans qu'on veuille encore lui donner de la force.

Voici donc ce que m'a raconté le vieil arpenteur Jérôme, des Quatre-Vents, sur le passage de la grande armée russe en 181 :

« Il y a maintenant cinquante ans, Christian, que des peuples barbares ont envahi la France, depuis la Hollande jusqu'à Bâle en Suisse. Il y a cinquante ans que les uhlans, les Croates, les baskirs ont passé comme des bandes de loups au-dessous de Huningue, qu'ils ont investi Belfort, Neuf-Brisach, Schlestadt et Strasbourg, et que l'épouvante s'est répandue dans notre malheureux pays.

« Ils arrivent!... Ils arrivent!... Ils prennent tout!... Personne ne vient à notre secours... Nous sommes perdus!... »

On n'entendait que cela; tout le monde était en l'air.

A chaque instant, quelqu'un arrivait de Saverne, de Marmoutier, de Wasselonne ou d'ailleurs : un marchand, un garde forestier, un colporteur, en criant :

« Ils remplissent l'Alsace!... Le canon tire de tous les côtés... Les montagnards se défendent... Ils ont coupé la grande route du Donon... Les Cosaques sont à Dosenheim, au Graufthal, tout le long des bois... Ils vont venir! Les portes de Phalsbourg sont déjà fermées et les canons sur les remparts... Qu'on se dépêche... Que ceux qui veulent garder quelque chose le cachent! »

Et la peur augmentait de minute en minute, comme lorsque les cloches sonnent et qu'on entend crier :

« Au feu!... au feu!... »

Jamais on ne pourra se figurer une désolation pareille : tous ces gens qui gagnent les bois avec leurs vaches et leurs chèvres, ces femmes, ces enfants, ces pauvres vieux, qui depuis cinq ou six ans ne remuaient plus derrière leur âtre, et qui maintenant allaient en se traînant au Holderloch, à la Bande-Noire, ou sous la Roche-Plate.

Et puis tout à coup les Cosaques qui traversent les Quatre-Vents sur leurs petites *biques*; ces espèces de sauvages, comme étonnés et craintifs d'être chez nous, regardant les pauvres baraques vides, observant de loin les remparts de Phalsbourg, debout sur leurs étriers de corde, et repartant ventre à terre annoncer aux autres que tous les passages sont libres, que pas un homme ne garde les défilés, qu'ils n'ont qu'à venir !

Ah ! depuis j'ai pensé bien souvent qu'au lieu d'aller attaquer le pays des autres, l'Empereur aurait mieux fait de garder assez d'hommes pour défendre la France : les vieux soldats d'Espagne, ceux d'Allemagne et de Russie nous seraient alors bienvenus! Et ces cosaques, ces uhlans, tous ces autres qui vinrent par centaines de mille, n'auraient pas trouvé nos baraques sans fusils et nos défilés sans canons.

Enfin les choses sont ainsi : à force de remporter des victoires, nous n'avions plus de monde, et le peuple qu'on peut regarder comme le plus brave de l'univers était forcé de supporter une pareille humiliation.

Quand on y songe, tout se révolte en vous !...

Mais je ne veux pas en dire plus... Oublions ce que nous avons fait les uns chez les autres... C'est le bon sens de la vieillesse qui me fait dire cela... J'aime tous les hommes !... Soyons prudents et justes... Et puisqu'un conscrit français de 1813 nous a raconté Leipzig, qu'un vieux soldat prussien raconte Iéna, un vieux général russe Austerlitz, et un officier autrichien Wagram. De cette manière, l'amour de la paix viendra à tout le monde, et le Seigneur, qui nous a mis ici-bas pour nous aimer, nous aider et nous secourir, sera content.

Moi, pendant que ces choses se passaient, j'étais aux Quatre-Vents, dans le grand lit de plumes au fond de l'alcôve, chez ma bonne vieille grand'mère Madeleine. Huit jours avant, j'avais eu le malheur de me casser une jambe, en *schlittant* du bois dans la vallée de la Scierie. Je pouvais à peine me remuer. Et de voir ma sœur tremblante, ma pauvre vieille grand'mère, les lèvres serrées, courir chez nos voisins dans les plus terribles inquiétudes, cela me déchirait le cœur.

Tout le reste de la semaine, il n'y eut rien de nouveau. Le dimanche qui tombait le 10 janvier 1814, ma grand'mère, à la nuit, ferma notre porte au verrou, comme d'habitude, en disant :

« Je suis sûre que ces gueux vont nous laisser en repos ici... Ils prendront le chemin du Fâlberg ou du Graufthal... Est-ce qu'ils ont besoin de passer près des canons de la ville ? »

Je pensais aussi comme elle. Loïse alla se coucher en haut, et la grand'mère resta pour veiller auprès de moi dans le vieux fauteuil.

Tout semblait tranquille aux environs, mais je ne pouvais pas dormir : l'idée que les ennemis remplissaient l'Alsace m'empêchait de fermer l'œil.

La grand'mère dormait depuis longtemps, et, vers onze heures, j'allais éteindre ma petite veilleuse, quand tout à coup un grand murmure attira mon attention au dehors. Il faisait très-froid. En été, j'aurais cru que ce bruit venait d'un coup de vent dans les arbres du jardin, mais nous étions au cœur de l'hiver. J'écoutai mieux, et comme ma grand'mère dormait toujours, je la touchai :

« Qu'est-ce que c'est? fit-elle en se levant. Est-ce que tu veux boire ?

—Non... Écoutez!... »

Nous écoutâmes ensemble, et la grand'mère, au bout d'un instant, me dit :

« Je n'ai jamais rien entendu de pareil. »

En même temps elle alluma la lampe et ouvrit un volet. Mais elle avait à peine ouvert, qu'un Russe, un officier tout blanc de givre, la repoussa en criant :

« Fermez !... fermez!... »

Cela n'avait duré qu'une seconde ; et, dans cette seconde, nous avions vu la côte en face, la route et le vallon au-dessous couverts d'une masse de soldats, qui se touchaient presque et grelottaient ensemble. Ils étaient là peut-être plus de vingt mille, qui défilaient sous les canons de Phalsbourg. Un encombrement au bout du village, ou plus loin au bois de hêtres, les forçait d'attendre.

Le ciel était sombre, on ne pouvait pas les voir de la place; mais un seul rayon dans cette nuit noire suffisait pour donner l'éveil aux sentinelles.

Tout cela me passa par la tête, et je sentis que je devenais tout pâle.

J'avais aussi reconnu les trois ou quatre appuyés contre notre volet pour être des Russes, à leurs gros bonnets plats et à leurs longues capotes grises, les baudriers noirs en travers.

Et, comme ma grand'mère me regardait dans un grand trouble, voilà qu'on frappe à la porte.

« Ils veulent entrer, me dit-elle; qu'est-ce qu'il faut faire, Jérôme !

—Ouvrez!... nous ne sommes pas les plus forts, il faut obéir. »

Alors elle sortit dans l'allée et tira le verrou.

Presque aussitôt cinq ou six officiers russes, avec leurs shakos relevés devant, aplatis derrière, leurs grands manteaux vert sombre, le sabre à la ceinture et les hautes bottes montant jusqu'aux genoux, entrèrent en se penchant sous notre porte, et regardant à droite et à gauche.

La grand'mère les suivait, et le premier d'entre eux, un vieux tout gris, grand, sec, la figure longue, des glaçons pendus à la moustache, dit en bon français :

« Du feu ! ma bonne femme, du feu !... Dépêchons-nous ! »

Jamais je n'ai vu ma pauvre vieille grand'mère aussi troublée ; elle se dépêchait d'obéir, de tirer les braises de la cendre et de mettre dessus un bon fagot, en soufflant de toutes ses forces.

Les autres attendaient au milieu de la chambre, pendant que le vieux, qui voyait tout, me regardait sous mes rideaux :

« Votre fils est malade? dit-il.

—Mon Dieu oui, répondit la grand'mère en soufflant toujours ; mais ça va mieux.

—Ah ! bon... bon... dit l'officier en s'approchant de l'âtre, où la flamme montait dans les feuilles sèches. »

Alors ils se tenaient tous autour du feu, dans le plus grand silence ; et la grand'mère me fit signe, en clignant de l'œil, pour me dire :

« Ça va bien ! »

Elle avait eu terriblement peur : elle avait cru qu'on venait nous piller.

Moi, la pensée qu'une si brave femme était forcée de servir nos ennemis, et de se réjouir encore parce qu'ils ne nous faisaient pas de mal, cette pensée me saignait le cœur.

Au bout de quelques instants, les Russes se mirent à regarder de tous les côtés notre chambre, les poutres du plafond, les images de sainte Madeleine et de saint Nicolas, le petit escalier au fond, la huche à pain, le cuveau, etc. Ils causaient entre eux en russe, et je pense qu'ils parlaient des modes de leur pays auprès des nôtres.

Ils me regardaient aussi d'un air grave.

Cela durait depuis environ un quart d'heure, lorsqu'on entendit dehors leur régiment se remettre en marche.—Aussitôt le vieux demanda si l'on voyait notre maison de la ville, et la grand'mère lui répondit que non, parce qu'elle était au-dessous de la côte.—Les autres étaient déjà sortis, et le vieux finit par dire :

« C'est bon !... Vous laisserez la porte ouverte... Les soldats sont fatigués, ils peuvent avoir besoin de boire... de se réchauffer un instant. Soyez tranquille, on ne veut pas vous faire de mal... Au contraire... nous sommes vos amis... nous n'avons affaire qu'à votre empereur. »

En même temps il fit un petit signe de tête,

comme pour nous remercier, et ma grand'mère me dit :

—Voilà le plus brave homme que j'aie vu. On ne dirait jamais que c'est un Russe. Puisqu'ils ne veulent pas nous faire de mal... que les soldats boivent tant qu'ils voudront... voici le baquet. »

Je ne pouvais pas raisonner contre elle, et lui faire comprendre qu'on dit toujours les mêmes choses lorsqu'on va chez les autres. Elle était trop contente, je ne voulais pas troubler sa joie.

Et depuis cet instant, les soldats ne faisaient qu'entrer et sortir par bandes de huit, dix, quinze, et tous en entrant commençaient par faire un signe de tête à ma grand'mère, en l'appelant :

« *Moutter!... Moutter!...* » [*]

De sorte qu'elle disait :

« Ces Russes sont tous des gens honnêtes et de beaux hommes. Ils voient que je suis vieille, que j'ai la tête grise, et ils m'appellent : *Moutter!* —Ce ne sont pas nos soldats à nous, qui se comporteraient aussi bien avec des gens d'âge. »

J'étais ennuyé de l'entendre faire tous ces compliments à nos ennemis ; mais ils arrivaient tous les uns après les autres, en l'appelant : —*Moutter!... moutter!...* —et naturellement elle trouvait tout bien.

On entendait dehors les pas innombrables de cette armée qui passait toujours. C'était quelque chose de terrible. Et comme je savais ce qu'ils nous voulaient, comme j'avais entendu dire bien des fois au vieux cabaretier Colin, de Phalsbourg, que si jamais nous étions battus, les ennemis nous ramèneraient les anciens nobles, qu'ils rétabliraient les couvents, qu'ils rendraient les biens du peuple aux seigneurs et aux moines, comme je savais tout cela, je me disais :

« Mon Dieu... mon Dieu! quel malheur que la nuit soit si noire... comme on vous faucherait ce tas de gueux... comme on leur lancerait des obus... Mais ceux de Phalsbourg ne savent rien ; ils ne se doutent pas qu'en ce moment l'armée russe défile sous les canons de la place. »

Je regardais ces soldats, avec leurs gros favoris roux, leurs grosses figures carrées, leurs petits yeux ronds, leur nez court ; et plus ils appelaient ma grand'mère : —*Moutter! Moutter!* —plus cela m'indignait.

Enfin la grand'mère était tellement contente de cela, qu'elle avait pris une espèce d'autorité sur ces gens, elle leur montrait les places, et même leur faisait signe, d'un air fâché, de

[*] Mère.

Passage des Russes. (Page 101.)

marcher doucement pour ne pas éveiller Loïse, et tous obéissaient en répondant :

« *Ya, moutter!... ya, moutter!...* »

On n'a jamais rien vu de pareil.

Ce défilé continua jusque vers quatre heures du matin. Alors deux coups de canon partirent dans le silence, en faisant grelotter nos vitres, et depuis ce moment la canonnade continua sur les traînards et les voitures de l'arrière-garde. Mais à quoi cela pouvait-il servir? La grande armée russe avait défilé, en quelques heures, sous le canon d'une forteresse qui aurait dû l'arrêter six semaines.

Tous ces coups de canon ou rien, c'était la même chose.

Et le plus triste, c'est que huit jours plus tard on apprit la trahison de Yégof et la défaite des partisans au Donon : soixante mille Autrichiens débouchaient en Lorraine; rien ne les empêchait de se réunir aux Russes et de marcher sur Paris.—Ceux qui n'ont pas vu ces choses-là sont bien heureux ! »

« Oui, mère

RÉD. :

30

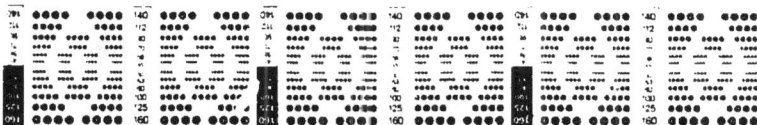

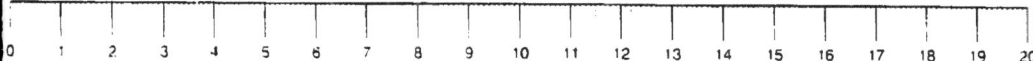

graphicom
338 57 70

MIRE ISO N° 1
NF Z 43-007
AFNOR
Cedex 7 92080 PARIS LA DÉFENSE

0 1 2 3 4 5 6 7 8 9 10 11 12 13 14 15 16 17 18 19 20

DPCi

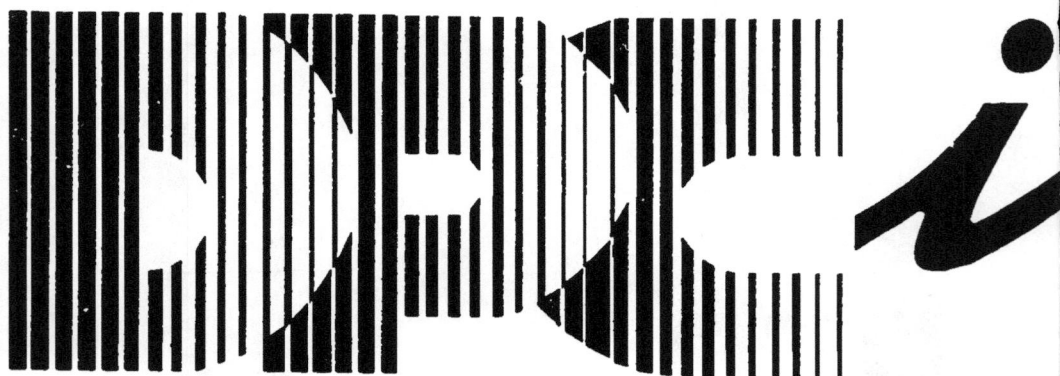

15, rue Jean-Baptiste Colbert
ZI Caen Nord - BP 6042
14062 CAEN CEDEX
Tél. 31.46.15.00
RCS Caen B 352491922

Film exécuté en 1992

www.ingramcontent.com/pod-product-compliance
Lightning Source LLC
Chambersburg PA
CBHW052132090426

42741CB00009B/2053